D1730101

Michael F. B. Bellersen

Ihr Erfolg mit Affirmationen

Michael F. B. Bellersen

Ihr Erfolg mit Affirmationen!

Das große Buch der Affirmationen für alle Lebenslagen

Die weltweit größte Affirmations - Sammlung !

Haftungsausschluss

Dieses Buch dient der Information über Methoden der Selbsthilfe. Die hier beschriebenen Verfahren ersetzen keine professionelle medizinische Behandlung. Die Anwendung der beschriebenen Verfahren erfolgt auf eigene Verantwortung.

Der Inhalt dieses Buches ist bestmöglich recherchiert und verfasst. Dennoch übernimmt der Autor keine Gewähr für die Vollständigkeit des Inhaltes. Auch übernimmt der Autor keine Verantwortung für daraus resultierende Handlungen. Die hier zitierten Resultate sind keine Garantie für ein zu erreichendes Ergebnis. Sie spiegeln das Ergebnis des persönlichen konsequenten Einsatzes wider. Der Erfolg hängt von Ihren Entscheidungen, Ihrem Engagement dem Zeiteinsatz, Ihrer Disziplin und Konsequenz ab.

Weiterhin übernimmt der Autor keine Verantwortung für die Aktualität der genannten Quellen.

Die genannten Namen und Produkte unterliegen den Markenrechten der jeweiligen Firmen.

Bibliografische Information der Deutschen Nationalbibliothek

Die Deutsche Nationalbibliothek verzeichnet diese Publikation in der Deutschen Nationalbibliografie; detaillierte bibliografische Daten sind im Internet über www.dnb.de abrufbar.

Bildquellennachweis

Seite 302

Herstellung und Verlag: BoD – Books on Demand, Norderstedt
Gestaltung: Michael Bellersen
ISBN: 9783848252275

Inhalt

Vorwort

In meiner Jugend sang ein deutscher Kabarettist namens Max Hansen (1897-1961) ein Lied:

„Ich red' mir ein, es geht mir gut. Es geht mir ausgezeichnet, es geht mir fabelhaft, wunderbar. Ich mach mir immer selber Mut - ein Hypochonder ist, wer das nicht tut. Ich schicke fort den Doktor, den Professor. Geht schon besser, geht schon besser..."

Was besonders in der Notzeit nach dem 1. Weltkrieg als melancholische Antwort auf die Frage nach dem Befinden kursierte, wurde seinerzeit von dem französischen Apotheker Émile Coué (1857-1926) als Möglichkeit zur „Selbstmeisterung durch Autosuggestion" beschrieben und ist das, was wir heute als positive Affirmation kennen.

Als Apotheker stellte er fest, wie wichtig es war, dass er einen positiven Kommentar abgab, wenn die Kunden ihre Medizin abholten. Wenn er sagte: *„Mit diesem Medikament werden Sie sicher ganz schnell gesund"*, wirkte die Arznei sehr viel besser, als wenn er gar nichts dazu sagte. Damit war das Prinzip der Suggestion erkannt.

Émile Coué

Es war ihm wichtig, die Heilkräfte der Menschen zu stärken und möglichst vielen beizubringen, wie sie sich selber helfen konnten.

Seinen Patienten sagte Coué klar: *„Ich habe keine Heil-kraft, nur Sie selbst. In uns steckt eine Kraft von unermesslicher Energie, mit der wir - wenn richtig genutzt - uns selbst meistern können. Sie ermöglicht uns nicht nur physischen und mentalen Krankheiten zu entkommen, sondern auch relativ glücklich zu leben."*

Große Erfolge kann man laut Coué mit der einfachen Übung erzielen, sich lebenslang täglich nach dem Er-wachen und vor dem Schlafen etwa 20 Mal halblaut vorzusprechen: *„Es geht mir mit jedem Tag immer besser und besser!"*

So konnte mit dieser Übung eine positive Wirkung erzielt werden, auch wenn man damals als „Angriffspunkt" nur die allgemeine Beeinflussbarkeit des Menschen durch Suggestion als Wirkmoment annahm.

Erst die weitere Entwicklung der Psychotherapie entdeckte als wichtigen Faktor den Bereich der Überzeugungen und Einstellungen, die sich seit den frühesten Erfahrungen des Menschen entwickeln und welche die Lebensführung, den Umgang mit sich selbst und mit anderen Menschen beeinflussen.

Das ist der Bereich, den die amerikanische Psychotherapie als „Beliefsystem" bezeichnet. Hierbei handelt es sich um Grundüberzeugungen („Beliefs"), die durch sekundäre, von ihnen abgeleiteten Überzeugungen und entsprechendes Handeln aufrechterhalten werden.

Sie entsprechen persönlichen Glaubenssätzen, wirken unterschwellig und sind maßgeblich an der Schaffung der persönlichen Realität - positiv oder negativ - beteiligt.

Auch wenn sie von den Betroffenen gelegentlich klar identifiziert werden können, ist es nicht möglich, sie durch bewusste Bemühung zu entmachten.

Genau hier setzt das Buch an. Es enthält eine Fülle von mehr als 3300 positiven Affirmationen, die der Autor für die wichtigsten Lebensbereiche zusammengestellt hat und zeigt Möglichkeiten, wie diese effektiv zur Wirkung gebracht werden können.

Diese große Auswahl ist geeignet, Menschen bei der Veränderung ihrer Einstellung anzusprechen und anhand der Auswahl fühlen zu lassen, welche der Affirmationen für ihren Bedarf besonders zutreffen und diese gegebenenfalls an ihre Bedürfnisse anzupassen und damit zu arbeiten.

Als besondere zusätzliche Hilfe bietet der Autor die Möglichkeit an, Affirmationen, analog dem, was Coué verbal versuchte, an den Organismus elektroakustisch so zu „übertragen", dass sie an der „richtigen Stelle ankommen können". Dieser Weg ist durch entsprechende seriöse Überprüfung als erfolgreich nachgewiesen.

Die Verbindung zwischen Affirmationen und neuen Technologien macht moderne Methoden und Lösungswege zugänglich.

So ist dieses Werk höchst empfehlenswert, um Menschen zu helfen, ihr Leben und ihre Wirklichkeit positiv zu verändern.

Univ. Doz. Dr. Harry Merl

Gramastetten, Oberösterreich, Oktober 2012

Ab heute gestalte ICH mein Leben!

Einführung

Ich möchte Ihnen meinen Glückwunsch aussprechen! Sie sind jetzt bereit, die Verantwortung für Ihr Leben in die eigenen Hände zu nehmen und Ihr Leben aktiv zum Besseren zu verändern.

Leider ist der Weg zu großen Erfolgen in der Regel nicht auf den ersten Blick erkennbar. Nur für diejenigen, die den Mut haben, durch das Tor der Veränderungen zu gehen, öffnen sich alle Möglichkeiten und es werden sich schon bald Triumphe einstellen.

Im Leben geht es nicht darum, sich selbst zu finden, sondern darum sich zu entwickeln.
George Bernhard Shaw

Eine Aufgabe im Leben ist es, zu lernen und mit Herausforderungen umzugehen. Es gibt keinen Menschen, der keine Krisen zu bewältigen hat. Jeder-ohne Aussnahme-hat sein persönliches Paket zu tragen. Viele werden oft bis an ihre Grenzen gefordert.

Das griechische Wort „Krisis" bedeutet ursprünglich Beurteilung, Entscheidung, Wendepunkt. Eine Krise kann immer eine Chance sein, die Beurteilung einer Lebenssituation, das Treffen einer Entscheidung und schließlich der Wendepunkt.

Das kann aber auch intensives Wachstum bedeuten. Indem wir schwierige Lebensphasen durchlaufen, machen wir wertvolle Erfahrungen und können uns so beständig weiterentwickeln. Persönliches Wachstum und stärkende Lebensphasen finden überwiegend dann statt, wenn wir mit Herausforderungen konfrontiert werden.

Wachstum schmerzt in jedem Alter.
Else Pannek[1]

Bodybuilder kennen das. Starke Muskeln bauen sich erst auf, wenn sie entsprechend häufig bis zur Schmerzgrenze gefordert werden.

Im Rückblick bin ich für meine schwierigen Lebensphasen sehr dankbar, denn es waren immer Zeiten intensiven Lernens.

---

1 Alle Zitate von Else Pannek mit freundlicher Genehmigung: www.elsepannek.de

Zu sein, was wir sind, und zu werden, wozu wir fähig sind, das ist das einzige Ziel des Lebens.

R. L. Stevenson

Jeder Mensch möchte glücklich sein und am Ende seines Lebens auf ein gutes, gelungenes Leben zurückblicken können. Dr. Merl nennt dieses „Der Traum vom gelungenen Selbst" und spricht vom Ich-Haus, welches aus der Summe aller persönlichen Erfahrungen besteht. Je mehr positive, aufbauende und stärkende Erfahrungen gemacht werden, desto glücklicher sind wir und desto schöner strahlt unser Ich-Haus.

Wesentlich dabei ist die Kommunikation mit Menschen, die uns mit guten, also „zuträglichen Informationen" (Dr. Merl) versorgen. Dieses sind Informationen und Botschaften, die es gut mit uns meinen, die uns aufbauen, stärken und auch trösten.

Dabei sind wir jedoch nicht allein auf andere Menschen angewiesen. Wir können uns selbst diese „zuträgliche Informationen" zukommen lassen, je mehr, desto besser. Das ideale Mittel sind Affirmationen.

Affirmationen sind - wenn richtig angewandt - geeignet, den persönlichen Fortschritt zu beschleunigen und schwierige Lebensphasen besser zu meistern. Immer sind sie das Werkzeug, eine Persönlichkeit zu stärken, aufzubauen und wachsen zu lassen.

Die bereitgestellten Affirmationen können Ihnen in zweifacher Hinsicht dienen. Beim Lesen werden Sie unterschiedliche Eindrücke und Gefühle wahrnehmen. Dieses sind wichtige Indikatoren, die Auskunft über Ihren Gesamtzustand und eventuelle Problembereiche geben können.

In der Regel ist dieses kein klarer, eindeutiger Bereich, sondern eine Verschachtelung von vielen Lebensbereichen und Erfahrungen. Erfühlen Sie für sich ganz persönlich, was jetzt gerade für Sie die höchste Priorität hat.

Eine gute Bekannte berichtete mir, dass sie während des Lesens der Affirmationen ihre persönliche Lebenssituation mit all ihren Herausforderungen wie in einem Spiegel klar erkennen konnte.

Mit dieser wichtigen Erkenntnis können Sie dann gezielt die für Ihre persönliche Situation passenden Affirmationen heraussuchen und damit arbeiten.

Lassen Sie sich zu Freude, Kraft und Gelingen inspirieren und passen Sie die Formulierungen ruhig Ihrem persönlichen Gefühl an oder kreieren Sie einfach Ihre eigenen Affirmationen. Wie Sie diese am besten einsetzen und nutzen, wird im Detail beschrieben.

> Affirmationen sind die einfachste und kraftvollste Methode, sich positiv zu verändern.

Die vorliegende Zusammenstellung von mehr als 3300 Affirmationen aus fast allen Lebensbereichen dient als Grundlage und Anregung zur Erstellung Ihrer persönlichen Affirmationen.

In den ersten Kapiteln wird auf Denkstrukturen und interne, unbewusste ablaufende Programme eingegangen. Es wird erklärt, warum und wie Affirmationen funktionieren und wie sie erfolgreich angewendet werden.

Es wird Ihnen bereits eine große Hilfe sein, Ihre persönlichen Affirmationen regelmäßig im Laufe des Tages mehrfach für sich laut oder unhörbar zu sprechen.

Als Besitzer des Buches haben Sie die Möglichkeit einige Affirmationen als mp3-Datei aus dem Internet herunterzuladen[1], die sie mit einem mp3-Player gut nutzen können. Bitte beachten Sie, dass diese Affirmationen bereits sehr wirksam sind und entsprechend der Anweisung benutzt werden müssen.

Die volle Kraft der Affirmationen kann sich allerdings erst optimal entfalten, wenn sie mit einer speziellen Technik verarbeitet wird. Ich habe die zurzeit verfügbaren Methoden mit ihren Vor und Nachteilen beschrieben, sodass Sie sich selber einen Überblick verschaffen und die für Sie beste Methode nutzen können.

Die Kombination der Affirmationen mit den neuesten technischen Verfahren hat sich als außerordentlich effektiv

---

1 www.mindtrainer24.com unter „Downloads" finden Sie nähere Angaben.

erwiesen. Allerdings sollte man die Anwendung konsequent durchführen, denn über Jahrzehnte ein-gefahrene Verhaltens- und Denkmuster ändern sich nicht über Nacht. Und doch geschehen Veränderungen häufig schneller als erwartet. Lassen Sie sich positiv überraschen!

Über Anregungen und Erfahrungsberichte freue ich mich besonders, da diese dazu dienen, die Anwendungen noch effektiver gestalten zu können.

Viel Freude und Erfolg wünscht Ihnen Ihr

Michael Bellersen

Unsere Gedanken

Die rechts am Rand aufgeführten Aussagen über die Gedanken wurden bereits vor vielen hundert Jahren gemacht und sind doch topaktuell.

Haben Sie jemals daran gedacht, wie mächtig unsere Gedanken sind? Bestimmte Gedanken sind Energien, Kraft und vor allem Ursachen.

Wir sind heute in körperlicher und geistiger Ausprägung genau das, was unsere Gedanken aus uns gemacht haben. Für unsere Zukunft ist es also entscheidend, was wir jetzt gerade in diesem Moment denken!

Pro Tag hat ein Mensch durchschnittlich 30 000 bis 60 000 Gedanken. Davon sind in etwa 3 % positive, 25 % negative und 72 % flüchtige, neutrale Gedanken. Sie kommen und gehen. Es ist fast unmöglich, nicht zu denken. Ständig werden wir durch unsere Sinne und Erinnerungen angeregt zu denken. Die Gedanken, die uns zu dem machen, wer und was wir sind, sind nicht die flüchtigen, oberflächlichen, vagabundierenden Gedanken, derer wir uns für einen kurzen Moment bewusste sind und welche dann wieder verschwinden.

Die Gedanken jedoch, die assoziiert sind mit tiefen Gefühlen, die Gedanken, auf die wir uns konzentrieren, unsere Aufmerksamkeit richten, die Gedanken, die uns zur Gewohnheit geworden sind, diese sind die machtvollen Kräfte, die uns zu dem machen, was wir sind.

In Krisenfällen kann sich das obige Zahlenverhältnis drastisch zu 3 % positiven und 75 % negativen Gedanken verschieben.

Jeder kraftvolle, mit Emotionen angetriebene Gedanke besitzt eine suggestive Kraft und sät seinen Samen in jedes Leben, das wir berühren.

Wir wissen durch eigene Erfahrungen, dass jeder Gedanke nachweisbare Veränderungen in unserem Körper bewirkt. Denken Sie nur einen Moment an Ihre Lieblingsspeise. Ihr Körper reagiert sofort darauf.

So wie der Mensch in seinem Herzen denkt, so ist er.
Salomon, ca. 1000 v. Chr.
Bibel, Sprichw. 23:7

Alles, was wir sind, ist das Ergebnis dessen, was wir bisher gedacht haben.
Buddha, ca. 500 v. Chr.

Unser Leben ist das Ergebnis unserer Gedanken.
So wie die Gedanken sind, ist auch der Charakter, denn die Seele wird von den Gedanken geprägt.
                    Marc Aurel

Achte auf die Reinheit deiner Gedanken! Gesundheit hat ihren Anfang im Denken.
                    Helga Schäferling

Alle negativen Gedanken wie Hass, Eifersucht, Angst usw. agieren als Gifte, wodurch die natürlichen Prozesse des Körpers gestört und Schwäche und Krankheiten verursacht werden können. Harmonische Gedanken dagegen wie Vertrauen, Hoffnung, Freude und Dankbarkeit bringen Gesundheit und Stärke.

Intensive Gedanken und Vorstellungen werden von Sportlern beispielsweise bewusst genutzt, um neuronale Muster anzulegen. Mit solchen Vorstellungsregulationen stellen sie sich auf den Wettkampf ein, verinnerlichen also vor dem Wettkampf bereits alle Abläufe, sodass diese dann automatisch ablaufen.

Neurobiologen haben nachgewiesen, dass die bloße Vorstellung einer Bewegung annähernd dieselben neuronalen Strukturen aktiviert, wie eine tatsächlich ausgeführte Bewegung.[1]

Spätestens jetzt dürfte klar sein, wie wichtig es ist, nur die besten Gedanken zu pflegen.

Häufig nehmen wir an, dass unsere Gedanken uns allein gehören, dass sie geheime Dinge sind, die wir für uns behalten können.

Aber immer wiederkehrende Gedanken bleiben nicht geheim. Sie sind in unserem Gesicht offenkundig und manifestieren sich in unserem Leben. Gedanken formen die Linien auf unserer Stirn, pflügen Furchen in die Wangen, zeichnen die Linien um den Mund und offenbaren unser Wesen durch den Ausdruck der Augen.

Unser Denken wird aber nicht nur durch unseren Körper offenbar, sondern vielmehr durch unseren Charakter. Nichts ist wahrer, als dass Gedanken unseren Charakter bestimmen.

Da wir nun wissen, dass unsere Gedanken letztlich bestimmen, wer und was wir sind, ist es umso wichtiger, die „besten" Gedanken zu pflegen.

---

1 siehe Spiegelneuronen, Wikipedia

Zweifelslos ist es nicht einfach, seine Gedanken unter Kontrolle zu halten. Das musste bereits Martin Luther lernen:

„Ja, die bösen Gedanken! Wir können zwar nicht verhindern, dass die Vögel über unsere Köpfe fliegen, aber wir können sie daran hindern, auf unseren Köpfen Nester zu bauen." [2]

Mit anderen Worten, wir sollten negativen Gedanken keinen Raum geben. Uns ist allen klar, dass es nicht leicht ist, Gedanken zu kontrollieren. Daher ist es gut zu wissen, dass es Möglichkeiten gibt, die uns helfen, unser Denken in die richtige Richtung zu lenken.

Das kraftvollste Hilfsmittel sind positive Affirmationen. Deshalb wurde dieses Buch geschrieben. Jeder - ohne Ausnahme - hat mit Hilfe von Affirmationen die Möglichkeit, sein Leben zum Besseren zu verändern.

Allerdings müssen Sie den ersten Schritt machen, die Funktionsweise verstehen und konsequent anwenden. Es ist nicht damit getan, x-hundert Mal pro Tag positive Glaubenssätze zu murmeln.

In den nächsten Kapiteln wird beschrieben, was Affirmationen sind, wie sie funktionieren und - am wichtigsten - wie sie von jedem erfolgreich genutzt werden können.

Gewonnen wird immer zuerst im Kopf.

N.N.

Man erschrickt oft, wenn man seine Gedanken belauscht.

Emanuel Wertheimer

> ## Ich pflege nur die besten Gedanken!

---

2 Luther zitiert in einem Brief von Th. Fontane, Anmerkung aus Rechtsphilosophie II von Gustaf Radbruch, Gesamtausgabe Band 2, 1993, Seite 266, C.F.Müller Juristischer Verlag GmbH, Heidelberg.

Überzeugungen, Emotionen und Gefühle

Alle Informationen, Gefühle, Empfindungen und Gedanken, die wir während unseres Lebens erfahren haben, sind im Unbewussten gespeichert und bilden unsere Überzeugung, unser Weltbild, unsere Wirklichkeit und unser Selbstbild.

Zu diesem Standpunkt kommt auch Robert M. Williams[3], indem er formuliert:

„Ihre Überzeugungen sind die Bausteine Ihrer Persönlichkeit. Sie bestimmen, ob Sie wertvoll oder wertlos sind, … kompetent oder unfähig, voller Vertrauen oder misstrauisch, zugehörig oder einsam, … flexibel oder starrsinnig, ob Sie fair oder ungerecht behandelt, geliebt oder gehasst werden. Ihre Überzeugungen haben in jedem Bereich Ihres Lebens weitreichende Konsequenzen. Überzeugungen wirken sich auf Ihr Selbstbewusstsein, auf Ihren Wohlstand, Ihre Beziehungen, Ihre Leistungen und sogar auf Ihre mentale und körperliche Gesundheit aus."

Abb. 1: Unsere Überzeugungen entwickeln sich in den ersten sieben Lebensjahren.

Die meisten Überzeugungen (Werte und Grenzen, unser Selbstbild, das Selbstkonzept) sind unbewusst und in den ersten sieben Lebensjahren entstanden. Bis zu diesem Alter sind wir den Erfahrungen und Einflüssen unseres Umfeldes, insbesondere unseren Bezugspersonen, ausgesetzt, die uns zutiefst prägen. Ganz selbstverständlich übernehmen wir ihre Einstellungen, ohne sie zu filtern. Die Überzeugungen der Bezugspersonen sind also zunächst die Grundlage unserer eigenen Überzeugungen und Verhaltensmuster.

Deshalb sind wir häufig in erlernten Verhaltensweisen, Überzeugungen und Mustern gefangen, die Einfluss auf sämtliche Mechanismen in uns sowie auf Ereignisse in unserem Umfeld haben. Es sind Programme, die sich unbewusst eingebrannt haben und uns in gewisser Hinsicht automatisch steuern.

Im täglichen Leben wirken diese Überzeugungen direkt auf unsere Emotionen und Gefühle.

---

3 Robert M. Williams ist der Entwickler der Psych-K-Methode. Mehr Informationen unter seiner Internetseite: psych-k.com

Für die meisten Menschen sind die Begriffe „Emotion" und „Gefühl" gleichwertig und es fällt schwer sie zu unterscheiden. In der Regel sind Emotionen spontan und direkt, Gefühle jedoch subtiler.

Alle Emotionen können auf zwei Pole reduziert werden: die Liebe und das Gegenteil der Liebe, die Angst. Alle anderen Emotionen bewegen sich dazwischen bzw. können daraus abgeleitet werden.

Häufig wird als Gegenteil der Liebe der Hass genannt. Hass entsteht jedoch in der Regel aus Angst, Verzweiflung, Ohnmachtsgefühl und Wut.

Emotionen (v. lat. *ex* „heraus" und *motio* „Bewegung") sind der Antrieb in unserem Leben. Liebe oder Angst lässt uns Widerstände überwinden, motiviert und treibt uns an. Emotionen sind allerdings wie ein zweischneidiges Schwert, sie können uns dienen, uns aber auch zerstören. Es kommt ganz darauf an, in welche Richtung sie gelenkt werden. Richtig genutzt machen sie DEN Unterschied in unserem Leben aus. Die Macht der Gedanken ist dabei von zentraler Bedeutung.

Basierend auf den vorherrschenden Überzeugungen entstehen Emotionen aus der Situation heraus. Aufgrund unserer Überzeugungen und der entsprechenden Interpretation von Ereignissen werden wir mit aufwühlenden Gedanken konfrontiert. Diese sind Auslöser einer meist unangemessenen Reaktion und die dahinterstehenden Emotionen geben die gewaltige Antriebskraft (Adrenalinausschüttung).

Stellen Sie sich eine Rakete vor. Das Ziel ist aufgrund der unbewussten Überzeugungen bereits vorprogrammiert. Die aufgewühlten Gedanken geben den Befehl zur Zündung, die Emotion ist der Brennstoff, wodurch die Rakete mächtigen Schub erhält und sie dem Ziel schnell näher bringt.

Ein Gedanke ohne Emotion ist weitgehend wirkungslos, ein vager Wunsch vielleicht, der kaum in Erfüllung geht, weil die notwendige Antriebskraft fehlt.

- Emotionen bestehen aus den Gegensätzen Liebe und Angst.
- Gefühle sind durch Gedanken gesteuerte Emotionen.
- Überzeugungen sind die Grundlage der Gefühle.

Jeder Gedanke ist eine Ursache, und jeder Zustand ist eine Wirkung.

Joseph Murphy

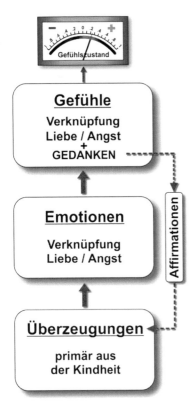

Abb. 2:
Der Zusammenhang zwischen Überzeugungen, Emotionen, Gefühlen und Affirmationen.

Erst die Kombination aus Gedanken und Emotionen erzeugt die Gefühle, gibt Kraft, Antrieb und bestimmt die Richtung.

Die Emotion der Liebe verbunden mit dem Gedanken an den Partner erzeugen so starke Gefühle, dass alles andere unwichtig erscheint, die Umwelt nur noch durch die berühmte rosarote Brille wahrgenommen wird. Verzweiflung und Hass dagegen entstehen aus Emotionen der Angst, verbunden mit Gedanken an Versagen, Krankheit, Verlust usw.

Gefühle sind aber noch mehr, sie repräsentieren unsere Überzeugungen. Besser ausgedrückt: Überzeugungen sind die Grundlage der Gefühle.

In Abbildung 2 werden die Zusammenhänge zwischen den Überzeugungen, Emotionen, Gefühlen und Affirmationen dargestellt. Die Überzeugungen haben den wesentlichen Einfluss auf unsere Emotionen, also den Zustand, in dem wir zwischen den beiden Polen Liebe und Angst hin und her schwingen.

Abhängig von unseren Gedanken (den gewollt gedachten, als auch die auf uns einströmenden) geben wir der Emotion immer eine Richtung. Es entstehen Gefühle, die in alle Richtungen extrem stark sein können. Sie sind wichtige Botschafter. Wie ein hochempfindliches Messgerät zeigen sie den inneren Zustand an, in dem wir uns befinden. Sie geben deshalb Aufschluss über unsere Überzeugung, unsere tiefste innere Einstellung und unser Selbstbild.

Leider sind die meisten Menschen in den westlichen Ländern so programmiert, dass sie unangenehme Gefühle beiseite schieben, sie verdrängen, da man ja „funktionieren muss".

Gefühle teilen uns jedoch etwas mit. Sie sind ein Spiegel unserer Überzeugungen und inneren Einstellungen, sie geben Aufschluss über Muster und Verhaltensweisen. Letztlich bieten uns Gefühle die

Gelegenheit, unsere Überzeugungen zu hinterfragen und an ihnen zu arbeiten, sie positiv zu verändern. Sie wirken wie ein Navigationsgerät, welches uns darauf aufmerksam macht, wenn wir in die falsche Richtung fahren.

Fragen Sie sich deshalb, was das Gefühl Ihnen mitteilen möchte. Schenken Sie ihm Beachtung und fragen Sie sich, was es mit Ihnen zu tun hat. Um was geht es bei dem Gefühl tatsächlich? Sind es alte Muster, Emotionen, beängstigende Gedanken? Anschließend machen Sie sich ganz klar, was Sie selber wirklich wollen. Wer will ich sein oder was möchte ich haben, wohin strebe ich? Erfühlen Sie es, versuchen Sie es zu spüren. Nun kommt die entscheidende Frage: „Was muss ich jetzt tun, damit das Realität wird?"

Der Grad meiner echten Freude zeigt, ob ich auf dem richtigen Weg bin.

N.N

Überzeugungen ändern = Verhalten ändern

Durch die Nutzung von Affirmationen (s. Abb. 2) ist es möglich, spezifische Überzeugungen langfristig und dauerhaft zu verändern und folglich mit deutlich positiveren Emotionen zu leben. Das hat dann einen andauernden Einfluss auf unsere Gefühle und somit auf das gesamte Leben, das plötzlich in viel besseren Bahnen verläuft.

Unterstützend wirkt eine ausgewogene Lebensführung und sportliche Betätigung (Ausschüttung von Glückshormonen, den Endorphinen).

Ein ausgewogenes Leben und die sportliche Betätigung führen generell zu einem besseren Grundgefühlszustand.

Abb. 3:
Wodurch das Glücks-
gefühl bestimmt wird.
(nach Lyubomirsky, 2008
und Bellersen, 2012)

*Wenn du denkst,
dann achte auf deine
Gefühle dabei. Denn nur
sie können dir sagen, ob
dein momentanes Denken
für dich gut und richtig ist.*

Helga Schäferling

In einer Studie über Glücksstrategien kommt Sonja Lyubomirsky zu dem Ergebnis, dass die Lebensumstände lediglich
zu 10% für unser Wohlbefinden verantwortlich sind, 50% des
Wohlbefindens werden angeblich durch genetische Neigungen verursacht und die restlichen 40% werden durch bewusste Aktivitäten gesteuert. [4]

Allerdings sind genetische Neigungen nicht in Stein ge-
meißelt. Laut einer Studie von Rick Nauert [5] werden Gene in
den ersten Lebensjahren durch das soziale Umfeld beeinflusst und sind somit ein Teil unserer Überzeugungen. Bruce
Lipton [6] kommt zu ähnlichen Ergebnissen (s. S. 80).

Basierend auf diesen neusten Erkenntnissen muss daher
die Aussage von Lyubomirsky erweitert werden. Es ist anzunehmen, dass unser Wohlbefinden nur 10% durch die
Lebensumstände, lediglich jeweils 20% durch genetischen
Neigungen und bewusste Aktivitäten, aber 50% durch unsere Überzeugungen gesteuert wird (s. Abb. 3).

Dieses ist ein faszinierendes Ergebnis. Es bestätigt, dass
wir durch bewusste Strategien und Ausdauer unser Leben
zum Positiven verändern können. Unabhängig von den
Genen und Lebensumständen ist es also möglich, ein glückliches und erfolgreiches Leben zu führen.

Anhand der Tabelle 1 können Sie abschätzen, wie Ihre mo-
mentane Gefühlslage aussieht. Der eine oder andere Begriff
könnte sicherlich auch einer anderen Kategorie zugeordnet
werden, aber dieses ist kein akademischer Test, sondern nur
grobe Beschreibung Ihrer jetzigen Situation.

Geben Sie sich für jeden auf Sie zutreffenden Begriff einen
Punkt. Diese werden addiert und in der letzten Zeile
(Summe) eingetragen. Jetzt haben Sie einen Überblick über

---

4 Sonja Lyubomirsky, The How of Happiness: A New Approach to Getting
the Life You Want.

5 Nauert PhD, R. (2009). Genetic Tendencies Can Be Overcome. Psych
Central. Retrieved on September 29, 2012, from http://psychcentral.com/
news/2009/04/30/genetic-tendencies-can-be-overcome/5620.html

6 Bruce Lipton, Intelligente Zellen: Wie Erfahrungen unsere Gene steuern,
Koha Verlag

Ihre Gefühlslage und außerdem auch detaillierte Anhalts-
punkte, woran Sie arbeiten sollten.

Wenn Sie beispielsweise auf zwei negative, drei neutrale
und sieben positive Punkte gekommen sind, besitzen Sie
eine überwiegend positive Gefühlslage, können diese aber
steigern, indem Sie die negativen Bereiche mit Hilfe der bereitgestellten Affirmationen bearbeiten.

negativ (-)	neutral	positiv (+)
Abscheu	Hilflosigkeit	Begeisterung
Angst / Panik	Ratlosigkeit	Dankbarkeit
Ärger	Langeweile	Entzücken
Beklemmung	Nervosität	Freude / Fröhlichkeit
Eifersucht	Schwäche	Geborgenheit
Ekel / Hohn	Ungeduld	Gelassenheit
Entsetzen	Unsicherheit	Liebe / Glück
Feindschaft	Verwirrung	Heiterkeit
Furcht	Vorsicht	Mut
Hass	Zurückhaltung	Hoffnung
Neid	Indifferenz	Interesse / Neugierde
Missgunst	Teilnahmslosigkeit	Sicherheit / Vertrauen
Misstrauen	Gleichgültigkeit	Spaß / Vergnügen
Verbitterung	Farblosigkeit	Zuneigung
Wut / Zorn	Resignation	Zuversicht
Summe:	Summe:	Summe:

In welcher Gefühlslage
befinde ich mich?

Tabelle 1: Sammlung unterschiedlichster Gefühle

Wir alle sind Gefühls- und Gemütsschwankungen unterwor-
fen, weshalb es unumgänglich ist, ständig an einem positiven
und gesunden Selbstbild zu arbeiten. Die folgenden Verhaltensweisen und Eigenschaften signalisieren, dass unser
Selbstbild verbesserungswürdig ist:

- sich mit anderen vergleichen
- schlecht über sich sprechen
- eigene Bedürfnisse nicht berücksichtigen
- ständige Schuldgefühle
- Eifersucht
- keine Komplimente machen
- keine Zuneigung geben können

*Zeit für
Veränderungen?*

Dankbarkeit

Lyubomirsky beschreibt in Ihrem Buch „The How of Happiness"[1] mehrere einfache Strategien, um das Wohlbefinden, das Glücklichsein, substantiell zu steigern. Eine einfache Methode ist, Dankbarkeit auszudrücken. Dankbarkeit kann in vielen Formen zum Ausdruck gebracht werden, aber sie hebt zwei zentrale Aspekte in der Praxis hervor.

Ich bin dankbar, nicht weil es vorteilhaft ist, sondern weil es Freude macht.   Seneca

Ihre Forschung legt nahe, dass man einmal in der Woche eine Liste von all den Dingen erstellen sollte, für die man dankbar ist. Versuchen Sie, mindestens 50 Dinge aufzuschreiben, für die Sie besonders dankbar sind. Das scheint viel zu sein. Beginnen Sie einfach mit sich selbst, also Ihrem Körper, gehen Sie ins Detail und von dort in Ihre Umgebung, Familie, Freunde, Arbeit usw. und sie werden sehen, wie schnell Sie Ihre 50 Gründe zusammen haben.

Der zweite Aspekt, den Lyubomirsky anspricht, der direkte Dank zu einer anderen Person - schriftlich, telefonisch oder unter vier Augen - ist besonders effektiv und steigert Ihr persönliches Glücksempfinden und das der anderen Person erheblich.

Rhonda Byrne schreibt:

Dankbarkeit macht zwei Herzen froh.   Else Pannek

„Jeden Morgen stehe ich nicht auf, bevor ich das Gefühl von Dankbarkeit empfunden habe für diesen neuen Tag und alles in meinem Leben, für das ich dankbar bin. Dann, wenn ich das Bett verlasse und mein Fuß den Boden berührt, sage ich: „Danke", und sobald der andere Fuß den Boden berührt, sage ich noch einmal „Danke." Bei jedem Schritt auf meinem Weg zum Badezimmer sage ich „Danke." Ich sage und fühle weiter: „Danke", während ich dusche und mich fertig mache. ... Indem ich dies tue, erschaffe ich kraftvoll meinen neuen Tag ...".[2]

---

1 Sonja Lyubomirsky, The How of Happiness: A New Approach to Getting the Life You Want.

2 Rhonda Byrne, The Secret, Seite 95 - 96

Wenn Sie sich täglich ein wenig Zeit nehmen und dankbare Gefühle aufzählen, werden Sie merken, um wie viel es Ihnen schnell besser geht.

Dankbarkeit lenkt die Gedanken und Gefühle auf das Gute, wodurch dieses verstärkt in unser Leben tritt.

Als Anregung habe ich Ihnen eine Liste mit 50 Dingen aufgestellt, für die ich dankbar bin.

Für diese Dinge bin ich dankbar:		
1. meinen Körper	18. meine Ausbildung	35. den Sonnenschein
2. meine Gesundheit	19. Schönheiten, die ich sehe	36. meine Möglichkeiten
3. einen Auftrag		37. mein Auto
4. einen harmonischen Tag	20. nette Gespräche	38. mein Fahrrad
5. mein Herz, das einen guten Job macht	21. Lebensfreude	39. meine Freizeit
	22. dass ich lachen kann	40. mein Hobby
6. meine guten Augen	23. meine Familie	41. meine Arbeit
7. ein tolles Essen	24. meine Eltern	42. mein Einkommen
8. einen schönen Abend	25. die Geschwister	43. nette Arbeitskollegen
9. meine Geschwister	26. meinen Partner	44. gute Freunde
10. meine gesunden Beine	27. unsere Kinder	45. meinen Glauben an Gott
11. meine Talente	28. deren Gesundheit	46. meine Erfahrungen
12. schöne Musik	29. meine Gefühle	47. dass ich gerne lese
13. dass ich denken kann	30. unser Heim	48. dass ich wissbegierig bin
14. meine Empfindungen	31. die Wärme	49. glückliche Momente
15. meinen guten Schlaf	32. Gemütlichkeit im Haus	50. dass ich vergeben kann
16. mein gemütliches Bett	33. Frieden und Freiheit	
17. meine Fähigkeiten	34. den schönen Garten	

Tabelle 2: Fünfzig Beispiele für Dankbarkeit

Wenn wir anderen Personen danken, machen wir noch schönere Erfahrungen. Es ist herrlich, wenn man plötzlich ein Leuchten in den Augen des anderen sieht, es entsteht eine besondere Wärme, eine stille Verbundenheit. Das wirkt wie eine aufwärts gerichtete Spirale, allen geht es dadurch besser und besser. Dieses ist wiederum ein großartiger Grund, dankbar zu sein.

Unbewusste Programme und Suggestionen

Möglicherweise ist auf Sie in der Kindheit wiederholt negativ eingewirkt worden. Z. B.: „Aus dir wird nie etwas!"

Mit hoher Wahrscheinlichkeit hat sich diese Suggestion in Ihrem Unbewussten festgesetzt und arbeitet nun als Programm daran, Ihr Selbstbewusstsein zu sabotieren.

Laut einer Harvard-Studie bekommt ein Mensch, bevor er 18 Jahre alt ist, über 180 000 negative Suggestionen zu hören. Diese Zahl beinhaltet auch all die unüberlegten Suggestionen, die Eltern ihren Kindern unabsichtlich einimpfen oder mit denen wir uns noch immer regelmäßig selbst programmieren:

- Ich bin enttäuscht von dir! [1]
- Aus dir wird niemals etwas! [1]
- Das schaffst Du nicht! [1]
- Ich kann das nicht! [2]
- Das schaffe ich nie! [2] usw.

Diese negativen Suggestionen summieren sich zu einem mächtigen, destruktiven Programmpaket in Ihrem Unbewussten, das ständig arbeitet und Sie negativ beeinflusst.

Mit Schrecken musste ich mit anhören, wie eine Mutter auf ihre etwa 4-jährige hübsche Tochter einsprach: *„Du siehst so süß aus, wenn du doch nur nicht so blöd wärst!"*

Dieses Mädchen wird lange mit dieser Erfahrung und den auslösenden Gefühlen zu tun haben. Mit weiteren Wiederholungen werden sie sich bei der Tochter als Überzeugung und negatives Programm manifestieren.

Wenn wir von etwas überzeugt sind, ist damit in der Regel auch ein starkes Gefühl verbunden. Wir haben gesehen, dass Überzeugungen die Grundlage der Gefühle und Gefühle durch Gedanken gesteuerte Emotionen sind. Aufgrund dieser Wechselbeziehung ist es mit gezielten Gedanken möglich, neue Überzeugungen zu erzeugen bzw. alte positiv zu verändern.

1 Fremdprogrammierung
2 Eigenprogrammierung

Wird also ein Gedanke bewusst durch einen anderen ersetzt, verändert sich damit unmittelbar auch das Gefühl. Der Gedanke hat aber auch eine Rückwirkung auf die Überzeugung (siehe Affirmationen, Abb. 2) und kann sie durch ständige Wiederholung langfristig verändern. Hier wird also deutlich, wie wichtig unsere Gedanken sind. Letztlich steuern wir mit ihnen das gesamte Leben und wirken somit auch auf unser Umfeld.

Unabhängig davon, was und wie wir denken, wir sind immer Schöpfer unseres Lebens. Denken wir positiv und konstruktiv, kreieren wir ein erfolgreiches, erfülltes Leben, vergleichbar mit einem gut konstruierten und gelungenen Lebenshaus. Denken wir dagegen überwiegend negativ, ist es nicht verwunderlich, wenn sich das Leben dementsprechend entwickelt, das Lebenshaus sich letztlich als Fehlkonstruktion herausstellt und der Lebensweg eine völlig neue Richtung nimmt, s. Abbildung 4.

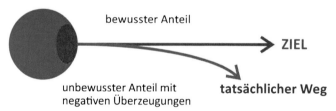

bewusster Anteil

ZIEL

unbewusster Anteil mit
negativen Überzeugungen

tatsächlicher Weg

Abb. 4: Unbewusste Überzeugungen verändern den Lebensweg.[1]

Es ist offensichtlich, dass unser Denken unser gesamtes Leben bestimmt. Somit haben wir durch die Veränderung unserer Gedanken auch die Möglichkeit unser Leben neu zu gestalten. Wir sind den unbewusst wirkenden Programmen nicht ausgeliefert, sondern können sie wie ein Computer-Programm korrigieren. Affirmationen sind das ideale Mittel dafür. Sie sind hervorragend geeignet, unsere Gedanken zu fokussieren und unsere Überzeugungen und somit unser gesamtes Leben zum Positiven zu verändern.

1 Grafikidee: www.psychotherapie.onlinehome.de

Die Kraft der Überzeugung

Émile Coué (1857-1926) gilt als Begründer der modernen Autosuggestion. Indem er bei seinen Patienten die Überzeugung von der Wirksamkeit eines Medikaments stärkte und eine hohe Erwartungshaltung erzeugte, stellten sich großartige Heilerfolge ein.

Bereits in vorgeschichtlicher Zeit wurden Kranke durch Besprechen behandelt. Selbst der griechische Philosoph und Arzt Platon (427-347 v. Chr.) war der Meinung, das Worte durchaus die Kraft haben zu heilen.

Heute spricht man bei erfolgreichen Heilungen ohne Einwirkungen von Medikamenten oder operativen Eingriffen allgemein vom Placebo-Effekt.

Placebo-Effekte sind positive Veränderungen von objektiv messbaren körperlichen Funktionen, die der symbolischen Bedeutung einer Behandlung zugeschrieben werden.[1]

Durch Gedanken kann man seinen physischen Zustand beeinflussen!

In einer Untersuchung aus dem Jahr 2009 konnte nachgewiesen werden, dass ein Placebo-Medikament messbare Effekte auf die Neuronenaktivitäten im Zentralnervensystem bewirken können.[2] Das wurde inzwischen durch weitere Untersuchungsergebnisse bestätigt.

Dieses ist ein bedeutsames Ergebnis, zeigt es doch, dass die Erwartungshaltung eines Patienten nicht nur auf subjektiven Empfindungen beruht, sondern im Körper tatsächlich Veränderungen stattfinden.

Meine Mutter erzählte mir von meiner ersten Erfahrung mit dem Placebo-Effekt. Als kleines Kind hatte ich an den Händen Warzen, die auch mit Hilfe verschiedener Salben und Tinkturen nicht verschwanden.

1 Thure von Uexküll, Wolf Langewitz: Das Placebo-Phänomen. In: Psychosomatische Medizin: Modelle ärztlichen Denkens und Handelns. Urban & Fischer bei Elsevier, 2008, S. 311 ff

2 Falk Eippert, Jürgen Finsterbusch, Ulrike Binge, Christian Büchel: Direct Evidence for Spinal Cord Involvement in Placebo Analgesia. In: Science. 16 October 2009

Eines Tages erklärte mir unser Hausarzt, vor dem ich großen Respekt hatte, dass er jetzt endlich eine sehr wirkungsvolle Salbe gefunden habe, die garantiert helfen würde. In der Tat waren alle Warzen innerhalb von zwei Wochen verschwunden. Jahre später erzählte mir meine Mutter, dass die „Wundersalbe" lediglich aus einer einfachen Hautcreme bestand.

Es gibt Schätzungen, dass die Wirkung von Arzneimitteln zu 20 bis 80 % auf den Placebo-Effekt zurückzuführen ist.[3, 4]

Man sollte meinen, dass in der Chirurgie der Placebo-Effekt eine eher untergeordnete Rolle spielt.

Das nahm auch Dr. Bruce Mosley an, ein Spezialist für Arthrose und Knieoperationen. In einem Experiment wurden 120 Patienten mit Knie-Arthrose operiert, 60 erhielten lediglich oberflächliche Schnitte auf der Haut. Am Knie wurden keinerlei Veränderungen vorgenommen.

Nach zwei Jahren waren 90 Prozent der Patienten beider Gruppen mit der Operation zufrieden. Der einzige Unterschied war, dass die Schein-Operierten weniger Schmerzen verspürten.[5]

In Fernsehberichten wurden die erstaunlichen Ergebnissen gezeigt. Sie zeigten Mitglieder der Kontrollgruppe, die wandern gingen und Basketball spielten. Alles Dinge, die vor der Operation unmöglich waren.

Der Kontrollgruppe wurde erst zwei Jahre nach der Operation mitgeteilt, dass man am Knie nichts verändert hatte. Tim Perez, ein Mitglied dieser Gruppe, konnte vor der Scheinoperation nur am Stock gehen, jetzt spielte er mit seinen Enkeln Fußball.

3 Carsten Binsack, Hilmar Liebsch, Kristin Raabe, Corinna Sachs: Der Placeboeffekt – Glaube als Medizin? S. 27 bei: Quarks & Co.
4 Kirsch, I., T. J. Moore, et al. (2002). The Emperor's New Drugs: An Analysis of Antidepressant Medication Data Submitted to the U.S. Food and Drug Administration. Prevention & Treatment (American Psychological Association) 5: Article 23.
5 J. Bruce Moseley, et al. A Controlled Trial of Arthroscopic Surgery for Osteoarthritis of the Knee. In: N Engl J Med. 2002 July 11; 347(2), S. 81-88.

In einem Interview im Dicovery Channel erklärte er: *"In dieser Welt ist alles möglich, wenn man es sich in den Kopf setzt. Ich weiß, dass unser Geist Wunder vollbringen kann."* [6]

Da die positive Erwartungshaltung gegenüber einer Behandlung als wichtigste Voraussetzung für das Auftreten eines Placebo-Effektes betrachtet wird, kann der behandelnde Arzt als Persönlichkeit sehr viel zur Heilung beitragen.

Der Umgang mit den Patienten ist wichtiger als das Medikament selbst.

Ein selbstsicherer und optimistischer Arzt, der auch noch empathisch auf den Patienten eingeht, bewirkt beim Patienten ein starkes Vertrauen und eine hohe Erwartungshaltung, wodurch der Placebo-Effekt besonders gut wirken kann. Dazu gehört auch sein Auftreten, seine Erscheinung, der berufliche Status, der gute Ruf sowie seine Kleidung, also seine gesamte Erscheinung.

Leider muss ich immer wieder beobachten, dass viele Ärzte in ihrer Praxis in Freizeitkleidung arbeiten. Möglicherweise soll das dazu beitragen, ein engeres Verhältnis zum Patienten herzustellen. Leider wird dadurch ein beträchtlicher Teil des hilfreichen Placebo-Effekts zunichte gemacht.

Überzeugungen können nicht nur positive sondern auch negative Auswirkungen haben. Man spricht dann vom Nocebo-Effekt. Dieses wird an den folgenden Beispielen deutlich.

Ein Arbeiter wurde versehentlich über Nacht in einem Kühlwagen eingeschlossen. Am nächsten Tag fanden ihn seine Kollegen, er war inzwischen erfroren.

Während der Unfalluntersuchung stellte sich allerdings heraus, dass das Kühlagwat gar nicht in Betrieb war. Der Mann konnte das jedoch nicht wissen. Allein die schreckliche Vorstellung und seine Überzeugung jetzt zu erfrieren, führte zu seinem Tod.

---

6 Bruce H. Lipton, Intelligente Zellen, Seite138, Koha-Verlag

Als Klassiker der Nocebo-Forschung gilt der Fall des 26-jährigen Derek Adams.

Weil ihn seine Freundin verlassen hatte, schluckte er aus Liebeskummer 29 Kapseln eines Medikamentes und bekam Todesangst. Durch die hohe Überdosis fiel sein Blutdruck und er musste wegen eines Kreislaufkollapses in die Klinik eingewiesen werden. Allerdings konnten die Ärzte ihn nicht stabilisieren. Die fieberhafte Recherche nach dem Medikament ergab, dass dieses nur ein Placebo war, dass er im Rahmen einer Studie bekommen hatte. Die Teilnehmer wussten natürlich nicht, ob sie ein echtes Medikament oder ein Placebo bekamen. Als der junge Mann die Nachricht hörte, dass er nur Placebos geschluckt hatte, verbesserte sich sein Zustand in kürzester Zeit.[7]

Unsere Überzeugungen steuern unser Leben!

Unsere Überzeugungen steuern in der Tat unser Leben! Diese erstaunlichen Resultate, sind ausschließlich auf die Überzeugung und Erwartungshaltung der Personen zurückzuführen. Sie zeigen beeindruckend, welche geistigen Kräfte wir besitzen. Wir müssen sie allerdings in der richtigen Art und Weise nutzen.

Es gibt zahlreiche Situationen im Leben, auf die wir keinen bzw. nur wenig Einfluss haben. Glücklicherweise haben wir die Möglichkeit, unsere Überzeugungen zu verändern und somit unserem Leben eine positive Richtung zu geben. Affirmationen sind dabei eine großartige Hilfe.

Im Internet findet man zahlreiche sehr informative wissenschaftliche Berichte über den Placebo-Effekt, die ich sehr empfehlen kann. Auf der Internetseite zum Buch finden Sie entsprechende Links und Hinweise dazu. (www.affirmation-power.de)

---

7 FAZ,21.Sept.2009, bzw. amerikanisches Fachblatt General Hospital Psychiatry), http://www.faz.net/aktuell/wissen/medizin/psychologie-ich-werde-schaden-1858100.html

Affirmationen

Der Begriff Affirmation stammt von dem lateinischen „firmare" und bedeutet so viel wie „befestigen, versichern, ermutigen, zustimmen, stärken".

> Je mehr Aufmerksamkeit man einer Sache schenkt, desto größer wird sie!

Eine Affirmation ist demzufolge eine Zustimmung oder Stärkung einer gemachten Aussage. Es ist offensichtlich, dass diese sowohl negativ als auch positiv sein kann. Wenn man von Affirmationen spricht, ist aber immer die positive Zustimmung gemeint. Affirmationen sind für uns also positiv formulierte Glaubenssätze.

Je häufiger ein Gedanke gedacht wird, umso mehr Raum nimmt er ein und desto mehr Macht wird ihm gegeben. Der Spruch „aus einer Mücke einen Elefanten machen" illustriert dieses sehr treffend. Je mehr wir uns mit einer Affirmation beschäftigen, desto mehr Raum nimmt sie in uns ein, desto mehr richten wir uns danach aus.

- Mit Affirmationen auf zu neuen Ufern -

Eine wohlüberlegte, zielgerichtete Affirmation ist daher die einfachste und wohl kraftvollste Methode, wenn es darum geht, sich positiv zu verändern, vorausgesetzt, sie wird korrekt formuliert und richtig eingesetzt.

Häufig kommt es vor, dass Affirmationen nicht funktionieren. Obwohl man sie regelmäßig liest, sie hunderte Male vor sich her spricht und sie regelmäßig anhört, passiert nichts. Warum ist das so? Dafür gibt es mehrere Gründe.

Das Ziel ist, die Überzeugungen - letztlich also die Gefühle und das Verhalten - dauerhaft zu verändern. Denken, Fühlen und Handeln sind untrennbar mit-einander verbunden. Es muss uns ganz klar sein: Überzeugungen - ob positiv oder negativ - erschaffen unsere Realität.

Wenn es mir gelingt, meine Gedanken durch korrekt genutzte Affirmationen zu verändern, dann ändern sich auch meine Gefühle und es verändert sich letztlich mein Verhalten.

Solange eine Affirmation allerdings „nur" ein angenehmer, positiver Text oder unbedeutende Worte sind, wirken sie wie die flüchtigen Gedanken ohne Kraft - wie ein Auto ohne Benzin, welches keine Kraft hat, sich in Bewegung zu setzen, es kann nicht durchstarten.

Affirmationen müssen die Kraft haben, unsere Überzeugungen zu verändern. Dazu gehören mehrere Aspekte. Affirmationen funktionieren nur dann, wenn sie mit Emotionen und kraftvollen Gefühlen verknüpft sind. Diese stellen den Antrieb, die Kraft dar, bringen das bewegende Momentum in die Affirmation.

Man muss von dem gewünschten Zustand eine lebhafte Vision haben, ihn wahrnehmen, indem man ihn bereits jetzt fühlt, verspürt und so sieht, als ob er bereits real ist. In Ihrer Vorstellung ist er tatsächlich real, es besteht jetzt eine Blaupause. Unbewusst arbeiten wir jetzt auf Hochtouren, um den Plan umzusetzen. Das Ergebnis wird nicht lange auf sich warten lassen. Damit sind Sie zum Architekten, zum Baumeister Ihres Lebens geworden!

> Eine Affirmation ist ein Werkzeug.
> Was man mit dem Werkzeug ausrichtet, hängt weniger vom Werkzeug, als vom Anwender ab.

> Das Ziel:
> Mein Verhalten dauerhaft positiv verändern.

Mit korrekt und konsequent eingesetzten Affirmationen kann jeder zum bewussten Schöpfer einer neuen, besseren Realität werden! Jeder kann sein Leben neu gestalten.

Pierre Franckh[1] sagt:

„Mit der Hilfe von Affirmationen konzentrieren wir unsere Energie auf unsere Ziele, sie sind also der eigentliche Wunderschlüssel, mit dem wir unser Leben verändern.“

Um zu verstehen, wie Affirmationen uns am besten helfen können, werden wir kurz auf die Struktur des Gehirns eingehen (die folgenden Erklärungen sind vereinfacht dargestellt).

Das bewusste und unbewusste Ich

Unser Denken besteht aus bewussten und unbewussten Anteilen. Im alltäglichen Sprachgebrauch wird meist vom Bewusstsein und Unterbewusstsein gesprochen. Daraus könnte geschlossen werden, dass es sich um zwei getrennte Seins handelt, was natürlich nicht der Fall ist. Ich verwende daher überwiegend die korrektere Bezeichnung „das Bewusste, das Unbewusste“. Nur in Ausnahmen nenne ich aus Verständnisgründen das Bewusstsein bzw. das Unterbewusstsein.

Wie unterscheiden sich das bewusste und unbewusste Ich voneinander? Wenn Sie sich zum Beispiel konzentrieren, eine Aufgabe mit voller Aufmerksamkeit angehen oder etwas bewusst tun oder sagen, übernimmt der bewusste Teil Ihres Seins diese Tätigkeiten. Viele der täglichen Aktivitäten laufen in diesem Modus. Ein wesentlich größerer Teil Ihres Alltags wird jedoch von einem anderen Teil Ihres Seins bestimmt: dem Unbewussten.

Das Unbewusste regelt all die Dinge, die - wie der Name schon sagt - unbewusst ablaufen. Also beispielsweise alle autonomen Körperfunktionen, wie den Herzschlag, die At-

---

1 Pierre Franckh, Wünsch es dir einfach, S. 39

mung und alle Organfunktionen, sowie alle erlernten Fähigkeiten, die sozusagen in Fleisch und Blut übergegangen sind. Beispielsweise das Gleichgewicht halten beim Gehen und Stehen, Essen, Fahrradfahren usw.

Wenn Sie diese unterbewussten Abläufe ständig bewusst steuern müssten, wären Sie völlig überlastet und innerhalb weniger Minuten nicht mehr unter den Lebenden.

In Ihrem Unbewussten sind auch alle Informationen und Erfahrungen gespeichert, die Sie jemals aufgenommen haben, also die Informationen über Ihre fünf Sinne, Ihre Gedanken, Gefühle, Taten, alles. Diese machen letztlich Ihre Überzeugungen aus.

Mit bestimmten Techniken kann man Erinnerungen aus der frühesten Kindheit und teilweise sogar aus dem Mutterleib abrufen. Vieles spricht dafür, dass keine Information jemals verloren geht.

Googlen Sie doch einmal nach „Stephen Wiltshire" oder gehen Sie direkt auf die zum Buch gehörende Internetseite (www.affirmation-power.de) und schauen Sie sich das Video an. Es ist absolut faszinierend!

Im Unbewussten sind alle Informationen und Erfahrungen gespeichert, die jemals aufgenommen wurden, die Informationen über die fünf Sinne, die Gedanken, Gefühle, Taten, alles!

Stephen wird auch die „menschliche Kamera" genannt. Berühmt geworden ist er durch seine Stadtbilder etwa von Rom, London, New York und Frankfurt.

Während eines Hubschrauber-Rundfluges über eine Stadt speichert er alle Einzelheiten im Gehirn ab und zeichnet anschließend in mehreren Tagen aus dem Gedächtnis ein großformatiges Panoramabild mit allen Einzelheiten.

Es spricht vieles dafür, dass auch wir „normale" Menschen diese Informationsfülle im Gehirn abspeichern. Allerdings besitzen wir nur sehr eingeschränkte Fähigkeiten, auf diesen riesigen Speicher jederzeit zugreifen zu können, um die Informationen abzurufen. Stephen hat uns da etwas voraus.

Abb. 5: Verhältnis von bewusstem zu unbewusstem Teil des Seins

Der Eisberg

Das Bewusste und Unbewusste kann mit einem Eisberg verglichen werden. Nur 10% des Eisberges sind an der Wasseroberfläche sichtbar. Dieses stellt die Ebene des bewussten Denkens dar.

Der überwiegende Teil (90%) befindet sich jedoch unterhalb der Wasseroberfläche und ist mit dem Unbewussten vergleichbar, welches nicht ohne weiteres zugänglich ist.

Stellen Sie sich einmal vor, dass Sie einige Pfunde abspecken möchten. Dieses ist schon lange Ihr sehnlichster Wunsch. Sie strengen sich richtig an, machen eine Schlankheitskur nach der anderen, Sie versuchen, sich bewusster zu ernähren, fangen sogar an, Sport zu treiben. Langfristig scheint aber nichts zu helfen. Sie kennen ihn, den Jo-Jo-Effekt.

Ihr inständiger Wunsch und Ihre Anstrengung abzunehmen, sind mit dem Wind vergleichbar, der versucht, den Eisberg auf einen bestimmten Kurs zu bringen.

Wer ist nun stärker, der Wind oder die unter der Oberfläche tätige Strömung? Es ist offensichtlich, dass die im Unbewussten verankerten Programme und Überzeugungen immer mächtiger sind, das Bewusste hat wenige Chancen. Nur wenn die unbewussten Programme in unserem Sinne arbeiten, können wir eine Veränderung erreichen.

> *Wir lassen uns von unseren Überzeugungen leiten und motivieren, unsere bewussten Anstrengungen können nur wenig ausrichten.*

Kritische Fakultät

Ein weiterer Grund, warum Affirmationen häufig nicht funktionieren, ist, dass unser Gefühl und unser Verstand den erwünschten neuen Zustand nicht akzeptieren. Hier kommt die kritische Instanz, auch der „innere Wächter" genannt, ins Spiel.

Ein Kind bis zu etwa sieben Jahren hat kein kritisches Bewusstsein, es glaubt also alles, was man ihm erzählt.

Ungefiltert werden alle Erfahrungen im Unbewussten gespeichert und bilden die Grundlage der Persönlichkeit. Deshalb sind die ersten Jahre eines Menschen so extrem bedeutsam.

Im Alter zwischen sieben und zwölf Jahren bildet sich die kritische Fakultät aus, ein Filter, welcher zwischen dem wahrnehmbaren Geschehen („Bewusstsein") und dem Unbewussten liegt. Der Mensch fängt an, kritisch zu hinterfragen, ob die neue Information mit seiner Überzeugung konform geht. Ist das der Fall, wird diese Information in das Unbewusste durchgelassen, wenn nicht, als nicht glaubwürdig abgeblockt. Es bedarf dann erheblicher Überzeugungskünste, etwas Neues zu akzeptieren und anzunehmen.

In der Regel ist dieses eine nützliche Funktion. Sie kann aber dazu führen, dass neue, förderliche Informationen vorverurteilt und abgelehnt werden.

Sollten wir z.B. der Überzeugung sein, dass wir hässlich sind und jemand macht uns ein Kompliment, kann es sein, dass wir darauf verärgert reagieren, weil wir meinen, dass es ironisch gemeint sei.

Wenn wir eine negative Überzeugung durch positive, bewusst gesprochene Affirmationen überwinden wollen, wird die kritische Fakultät zu unserem eigenen Gegner. In diesem Fall wird die Affirmation vom „inneren Wächter" abgelehnt. Sie kann nicht in unser Unbewusstes eindringen und es kommt zu keiner Veränderung unserer Überzeugung. Unser Selbstbild vom hässlichen Entlein bleibt bestehen.

Solange eine Affirmation nicht in das Unbewusste vordrin-
gen kann, wird sie nicht funktionieren.

Der Trick ist, die kritische Fakultät zu überlisten, auszuschalten oder zu umgehen. Dafür gibt es mehrere
Möglichkeiten. Abhängig davon muss eine Affirmation
entsprechend formuliert und technisch umgesetzt werden.
Wir haben mehrere Techniken entwickelt, mit denen dieses
sehr effektiv möglich ist.

Abb. 6: Kritische Fakultät („innerer Wächter")
zwischen dem bewussten Denken und dem
Unbewussten.

Veränderungen negativer Überzeugungen und Programme

Wie wir an dem Beispiel des Eisberges gesehen haben, sind die unbewussten Programme immer stärker als das bewusste Streben.

Wenn es nun gelänge, unerwünschte Programme so zu ändern oder zu überschreiben, dass diese für uns und nicht gegen uns arbeiten, stände unserem Wunschzustand nichts mehr im Wege.

Wäre es jetzt nicht hilfreich, ein Instrument zu haben, mit dem wir dem Unbewussten das mitteilen könnten, was wir gerne hätten und gerne wären und es dann für uns arbeiten zu lassen, um genau diese Dinge umzusetzen? Die Strömung würde dann in unserem Interesse arbeiten, die Resultate können Sie sich vorstellen.

Um unsere Überzeugungen und internen Programme zum Positiven zu verändern, ist es notwendig, die kritische Fakultät zu umgehen, d. h. Informationen unter Ausschluss des bewussten Entscheidens im Unbewussten aufzunehmen. Wie kann dieses erreicht werden?

Stellen Sie sich die kritische Fakultät oder den „inneren Wächter" als einen Wächter vor einem mittelalterlichen Stadttor vor. Sie wollen unbedingt in die Stadt, aber der Wächter lässt Sie nicht passieren. Was können Sie tun? Sie sind kreativ und finden mehrere Möglichkeiten:

- Vielleicht werden Sie zuerst versuchen, den Wächter mit guten Argumenten zu überzeugen, auf ihn einreden, ihn letztlich bitten.
- Eine andere Möglichkeit wäre, den Wächter abzulenken und schnell durch das Tor zu schlüpfen.
- Als nächstes könnten Sie sich verkleiden, sich als jemand anderes ausgeben und unerkannt hineingelangen.

NOTHING IS IMPOSSIBLE THE WORD ITSELF SAYS I'M POSSIBLE.

Audrey Hepburn

- Sie könnten sich auch in einem Heuwagen verstecken und unbemerkt in die Stadt kommen.
- Sie könnten versuchen, den Wächter auszuschalten, indem Sie ihn betäuben.
- Oder Sie versuchen es einfach an einem anderen Stadttor, mit etwas Glück ist dieses Tor ja nicht bewacht.

Wie Sie sich vorstellen können, wäre die Methode - auf den Wächter einzureden - nicht besonders erfolgreich. Dieses entspricht den herkömmlichen Affirmationen. Indem man sie ständig wiederholend vor sich hersagt, sie liest und überall Spickzettel anklebt, wird versucht, doch irgendwie in die Stadt zu kommen, sprich das Unbewusste zu erreichen. Das ist zermürbend und nicht effektiv. Dieses ist der Grund, warum Affirmationen häufig nicht funktionieren und die Personen frustriert aufgeben.

Historischer Torwächter [1]

Als Nächstes prüfen wir die Verkleidungsversion. Wie kann man eine Affirmation so „verkleiden", dass sie vom „inneren Wächter" durchgelassen wird? Erinnern Sie sich daran, dass eine Affirmation unwirksam ist, wenn der Verstand sie nicht akzeptieren kann. Dieses möchte ich an mehreren Beispielen demonstrieren.

1. Beispiel: Salami-Taktik

Ihre Familie hat sich vergrößert und es ist zwingend notwendig, dass Ihr Gehalt deutlich angehoben wird.
Bisher hatten Sie ein monatliches Einkommen von 2.000 Euro. Sie orientieren sich an der High Society und fixieren Ihr Traumeinkommen auf 50.000 Euro monatlich. Dieses ist nicht unwahrscheinlich, es gibt genügend Menschen, die weitaus mehr verdienen. Sie formulieren also die Affirmation *„Ich habe ein monatliches Einkommen von 50.000 Euro"*.

---

1 Mit freundlicher Genehmigung, Restaurant zum Torwächter, Bad Neuenahr-Ahrweiler

Sofort meldet sich Ihr logischer Verstand und fragt, wie das denn bitteschön funktionieren soll. Zweifel kommen hoch, Ihr Gefühl sagt Ihnen, dass das doch ziemlich unrealistisch ist. Was passiert? Die Affirmation funktioniert natürlich nicht.

Wichtig ist also, die Erwartung nicht zu hoch zu schrauben und damit mögliche Zweifel auszuschalten.

Eine Lösung wäre hier beispielsweise, ein Einkommen von zunächst 3.000 Euro anzustreben. Die neue Affirmation lautet dann:

„Ich bin so froh und dankbar ein monatliches Einkommen von 3.000 Euro zu haben".

Das liegt in Ihrem Vorstellungsbereich, viele Ihrer Kollegen liegen in dieser Gehaltsklasse und Ihr logischer Verstand kann dem leicht zustimmen. Jetzt kommen sogar positive Emotionen auf, Sie freuen sich darauf und stellen sich bereits vor, wie Sie die Gehaltserhöhung feiern. Sie sind begeistert, dass Ihre finanziellen Sorgen jetzt bald ein Ende haben.

Für Sie ist es nun selbstverständlich, dass Sie diese Gehaltserhöhung haben. Ihre innere Überzeugung beginnt, sich positiv zu verändern.

Und tatsächlich, Sie haben die Gehaltserhöhung kurze Zeit später erhalten. Dieses bestärkt Sie natürlich immens in Ihrem Vertrauen. Der nächste Schritt zu dem „großen Geld" wäre jetzt eine Affirmation mit 5.000 Euro Monatseinkommen.

Wie Sie sehen, kann man sich schrittweise an das große Ziel heranarbeiten, wodurch die inneren Zweifel und Barrieren stark reduziert bzw. eliminiert werden. In diesem Fall hat der Wächter Sie ohne großes Aufsehen „durchgewunken".

> Es kommt darauf an, die innere Überzeugung positiv zu verändern.

2. Beispiel: Afformationen

Wir bleiben wieder bei dem gleichen Gehaltswunsch und der ersten Affirmation *„Ich habe ein monatliches Einkommen von 50.000 Euro"*. Der „innere Wächter" sagt: *„Du spinnst, völlig unmöglich"* und schon funktioniert es nicht.

Wir wollen jetzt ein kleines Ablenkungsmanöver starten und dem Wächter mit einem Auftrag ablenken. Es kommt darauf an, dem „inneren Wächter" etwas anderes „zu tun" zu geben, sodass er beschäftigt ist. Wir sagen ihm nicht, dass wir etwas wollen, sondern stellen ihm eine Frage:

„Wie kommt es bloß, dass ich jetzt ein Einkommen von 50.000 Euro habe?", oder *„Wie wäre es, wenn ich ein Einkommen von 50.000 Euro hätte?"*

Jetzt entsteht kein Widerstand, denn der Wächter ist damit beschäftigt, eine Lösung, eine Antwort auf diese Frage zu finden. Der Verstand hinterfragt Ihr Anliegen jetzt nicht mehr, sondern ist - im Gegenteil - damit beschäftigt, eine Lösung zu finden. Somit haben Sie sogar einen guten Verbündeten gefunden.

Dieses ist übrigens die Art und Weise, wie der Verstand arbeitet. Der Verstand stellt Fragen und sucht nach Antworten, er mag keine Statements.

Diese Art der Formulierung wird Afformation genannt. Der Begriff Afformation stammt vom lateinischen Wort „formare" und bedeutet so viel wie „bilden", „formen" oder „gestalten".

Hier noch einige weitere Beispiele für Afformationen:

- Warum kann ich plötzlich so leicht vergeben?

- Warum ist dieser Tag so fabelhaft?

- Warum mögen mich meine Kollegen so sehr?

- Weshalb fühle ich mich so glücklich?

- Wie würde ich mich fühlen, wenn ich 10 kg weniger wiegen würde?

- Warum ist das Leben so gut zu mir?

Machen Sie einmal einen Test, indem Sie sich einige Affirmationen mehrere Male durchlesen und danach die dazugehörigen Affᵒrmationen formulieren. Sie werden erstaunt sein, welchen Unterschied das macht. Sie fühlen sich wahrscheinlich mit den Affᵒrmationen deutlich besser. Aus jeder Affirmation kann leicht eine entsprechende Afformation abgeleitet werden.

3. Beispiel: Verkleidungstrick

Bei dem Verkleidungstrick kommt es darauf an, den „inneren Wächter" etwas anderes „sehen" zu lassen. Dafür müssen wir der Affirmation ein anderes Aussehen geben. Dieses ist mit sogenannten Subliminals möglich.

3.1 Subliminal

Seit den 50er-Jahren des letzten Jahrhunderts sind die unterschwelligen Beeinflussungen bekannt. In der Psychologie spricht man hier von subliminaler Beeinflussung. Es bezeichnet die unterschwellige Darbietung bzw. Wahrnehmung von Reizen.

Unterschwellig bedeutet, dass die Schwelle zum Bewussten nicht überschritten wird. Die Person kann die dargebotenen subliminalen Reize nicht erkennen. Sie sind dem Bewussten und somit der kritischen Fakultät nicht zugänglich.

Reize können aus verschiedensten Gründen an der Schwelle bewusster Wahrnehmung scheitern, etwa wenn ihre Darbietung zu kurz ist oder der Reiz maskiert ist, also von anderen Reizen überlagert wird (s. wikipedia).

Grundsätzlich können die Reize von allen Sinnesorganen aufgenommen werden. Aus praktischen Gründen haben sich die optischen und akustischen Verfahren angeboten.

3.1.1 Optische Beeinflussung:

Filme werden üblicherweise mit 24 Bildern pro Sekunde wiedergegeben. Wenn man lediglich einem Bild davon einen besonderen Reiz zuteilt, z.B. ein lachendes Gesicht, wird diese

Information vom Unbewussten direkt aufgenommen, da die Darbietung zu kurz ist, um bewusst verarbeitet zu werden.

3.1.2 Akustische Beeinflussung:

Es wird technisch zwischen zwei Verfahren unterschieden, die auch miteinander kombiniert werden können: Subliminals und Silents.

Allgemein bekannt ist die Maskierungstechnik, d. h. ein Reiz (in unserem Fall eine Affirmation) wird von einem anderen Geräusch (z. B. dem Plätschern eines Baches) so überlagert, dass die Affirmation zwar nicht bewusst gehört, jedoch unbewusst aufgenommen wird.

Die Affirmation *„Ich habe ein monatliches Einkommen von 50.000 Euro"*, wird auf einen Tonträger gesprochen und dann geschickt mit anderen Tönen, wie zum Beispiel Naturgeräuschen oder entspannender Musik gemischt.

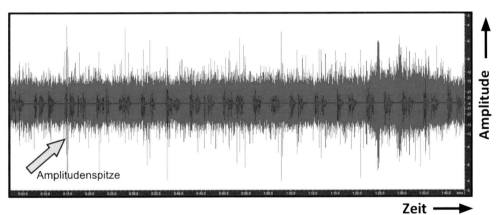

Abb. 7: Typisches Subliminal mit dem roten Spektrum der Affirmation und dem blauen Spektrum der Maskierungsgeräusche.

Abbildung 7 veranschaulicht dies. Das blaue Spektrum zeigt das Maskierungsgeräusch, in diesem Fall das Plätschern eines Baches. Das rote Spektrum ist die eigentliche Affirmation. Man sieht, dass die blaue Maskierung die rote Affirmation immer überlagert. Selbst in den Amplitudenspitzen (höchste Signalstärke, s. Pfeil) ist durch dieses Verfahren gewährleistet, dass die Maskierung zuverlässig funktioniert.

TIPP:
Wenn Sie eine Affirmation mit einer Maskierung nutzen, achten Sie darauf, dass „die richtige" Maskierung benutzt wird. Wenn es ein Musikstück ist und Sie die Affirmation häufig hören - was Sie sollten - können Sie das Musikstück nach einer gewissen Zeit nicht mehr ertragen. Besser ist daher nach meiner Erfahrung die Verwendung von Naturgeräuschen.

Um zu unserem Vergleich zurückzukommen: Man sieht hier sehr deutlich, dass sich die Affirmation geschickt verkleiden konnte und erfolgreich die „Stadt" - also das unbewusste Ich - erreicht hat.

Kommen wir nun zu einer weiteren Möglichkeit, am „inneren Wächter" vorbei in die „Stadt" zu gelangen. Die Sache mit dem Heuwagen. Wie kann ich die Affirmation so verstecken, dass sie unbemerkt vom Verstand in das Unbewusste gelangt?

3.2 Silent

Das zweite Verfahren, um versteckt in die Stadt zu gelangen, wird „Silent" (still, unhörbar) genannt. Wie der Name schon sagt, wird in diesem Fall dafür gesorgt, dass die Affirmation bewusst nicht mehr gehört werden kann.

 Der Trick ist, die Affirmation in einen so hohen Frequenzbereich zu verschieben, der vom Menschen bewusst nicht mehr wahrgenommen wird.

Die „Hörschwelle" liegt zwischen der tiefsten hörbaren Frequenz von 20 Hertz und der höchsten hörbaren Frequenz von maximal 20 kHz (abhängig vom Alter). Erwachsene Personen können bis etwa 14 kHz bewusst hören.

Bei diesem Verfahren werden die Affirmationen also in einen Frequenzbereich verschoben, der von erwachsenen

Menschen normalerweise nicht mehr bewusst wahrgenommen wird (im Beispiel in Abb. 8 > 16 kHz).

Abbildung 8 zeigt ein Frequenzspektrum dieser Technik. Auf der rechten Achse ist die Frequenz von 0-22 kHz aufgetragen. Im Frequenzbereich 0-17 kHz sind keine Informationen enthalten. Die Affirmationen liegen oberhalb von 17 kHz und sind somit von einem Erwachsenen nicht zu hören.

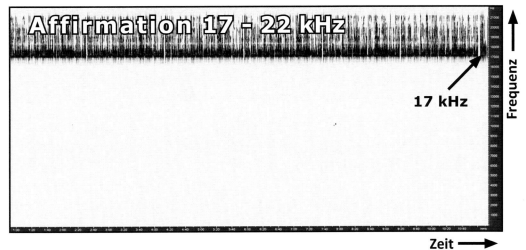

Abb. 8: Typisches Silent ohne hörbare Geräusche. Die Affirmation beginnt ab 17 kHz

Wenn man eine Affirmation in dieser Technologie nutzt, ist diese völlig geräuschlos, weshalb sie auch in der Nacht verwendet werden kann. Dass tatsächlich etwas „passiert", kann man daran merken, dass im Ohr ein Druck zu verspüren ist, sobald die Lautstärke deutlich erhöht wird.

Um zu unserem Wächter-Vergleich zurückzukommen: Der Affirmation ist es gelungen, sich im „Heu" zu verstecken und unerkannt die „Stadt" - also das Unbewusste - zu erreichen.

Kritiker behaupten, dass das Ohr keine Informationen an das Gehirn weitergeben könne, wenn es nicht in der Lage sei, den Frequenzbereich bewusst zu hören.

Neueste Untersuchungen zeigen allerdings, dass die hohen, normalerweise nicht hörbaren Frequenzbereiche, sehr wohl wahrnehmbar sind und einen eindeutigen neurologischen Einfluss haben.[1]

Friedbert Becker, ein Hypnose-Ausbilder hat in einem Großversuch mit 566 Teilnehmern die Wirkung von Silent Subliminals getestet.[2] Er berichtet, dass:

331 Personen (59 %) nach 3 bis 6 Tagen folgende Veränderung bemerkten: Optimistischer, gelassener, fröhlicher, mehr Energie, mehr Lebensfreude und aktiver.

141 Personen (25 %) bemerkten ebenfalls nach 3 bis 6 Tagen entspannter, besser geschlafen, konzentrierter, ausgeglichener usw. zu sein. Allerdings waren seiner Meinung nach die Ergebnisse nicht eindeutig zuzuordnen.

94 Personen (16 %) gaben an, keine Wirkung bemerkt zu haben.

Dieses war zwar keine Doppelblind-Studie, gibt aber zumindest eine gute Indikation, dass Silent Subliminals funktionieren.

3.3 Gemischtes Silent-Verfahren

In Abbildung 9 ist ein gemischtes Verfahren dargestellt. Zusätzlich zum nicht hörbaren Bereich (> 16 kHz) wurde die gleiche Affirmation auch in den hörbaren Bereich, allerdings wieder maskiert, integriert.

Der untere graue Bereich bis 12 kHz enthält die Affirmation mit der Maskierung (Naturgeräusch). Der Frequenzbereich von 12-17 kHz enthält keine Informationen. Oberhalb von 17 kHz liegt die zweite Affirmation, das eigentliche Silent.

---

1 Journal of Neurophysiology, Inaudible High-Frequency Sounds Affect Brain Activity: Hypersonic Effect, Tsutomu Oohashi, et al.

2 www.hypnose-institut-phoenix.de/subliminals.html

Eine erwachsene Person hört in diesem Fall bewusst lediglich die Maskierung. Die beiden identischen Affirmationen (mit Maskierung und Silent) werden unbewusst aufgenommen. Der Vorteil dieser Methode ist, dass die Affirmation auf zwei unterschiedlichen Wegen aufgenommen wird und dadurch ein Verstärkungseffekt auftritt.

Abb. 9: Silent Affirmation und Affirmation mit Maskierung   **Zeit** ⟶

3.4 Trance-Verfahren

Eine sehr alte Methode ist die Hypnose oder der Trancezustand. Wenn sich eine Person im Trancezustand befindet, können Affirmationen direkt in das Unbewusste übertragen werden.

Es gibt zahlreiche CD-Programme auf dem Markt, die diese Technik nutzen. Der Anwender wird mit einer einfachen akustischen Technik innerhalb einiger Minuten in einen leichten Trancezustand versetzt (ähnlich einem leichten Schlaf) und hört dann unbewusst die angebotenen Affirmationen.

In diesem Fall wird der „innere Wächter" für die Dauer des Trancezustandes gewissermaßen betäubt und lässt alle Informationen direkt in das Unbewusste.

Person in Trance versetzen

3.5 Ultraschall-Verfahren

Seit einigen Jahren ist ein Verfahren bekannt, welches sich der Ultraschall-Technologie bedient. Es ist nicht mit der Technologie vergleichbar, die in bildgebenden Verfahren der Medizin (Sonografie) eingesetzt werden.

Die Signal-Leistung ist bei diesem neuen Verfahren sehr viel geringer und auch der Frequenzbereich liegt mit 30-100 kHz vergleichsweise tief. Dieses ist übrigens der Bereich, in dem viele Tiere (z.B. Delfine, Vögel und Insekten) miteinander kommunizieren.

Der Ultraschallfrequenz werden in diesem Verfahren die Affirmationen aufmoduliert. Mit einem Kontaktgeber kann der Ultraschall mit den enthaltenen Affirmationen auf die Haut übertragen werden. Die Hautzellen verteilen die Informationen dann nachweisbar über den gesamten Körper.

Mit diesem Verfahren gelingt es, den „inneren Wächter" einfach zu umgehen, indem man einen völlig neuen Zugangsweg wählt. Dieses Verfahren bietet zudem die Möglichkeit, alle anderen Verfahren (außer Trance) kombiniert einzusetzen, wodurch es sehr effektiv ist.

Außerdem werden durch das Ultraschall-Verfahren noch andere förderliche Effekte genutzt. Es gewährleistet im Gehirn nachweislich einen signifikanten Anstieg der Alphawellen innerhalb weniger Minuten, wodurch die Affirmationen besser aufgenommen werden. Zusätzlich kann mit dem sogenannten „Rosa Rauschen"[1] eine schnelle Synchronisation der Gehirnhälften erreicht werden. Weitere Erläuterungen dazu finden Sie ab Seite 73.

Auf der nächsten Seite werden die genannten Verfahren nochmals miteinander verglichen.

---

1 In der Akustik wird das 1/f-Rauschen („Rosa Rauschen") als ein Geräusch empfunden, bei dem ein durchschnittlicher Mensch alle Frequenzbereiche des hörbaren Schallspektrums etwa gleich laut empfindet.

Verfahren	Vorteile	Nachteile	Bemerkung
Standard - Affirmation	Ablenkung von negativen Gedanken.	Ständiges bewusstes Wiederholen durch Sprechen oder Anhören notwendig. Starke Ablenkung von anderen Tätigkeiten.	Wenig erfolgreich und während einer Tätigkeit (z. B. Arbeitsplatz) nur eingeschränkt möglich. Für Menschen mit Aufmerksamkeitsstörungen kaum nutzbar.
Afformation	Effektives Verfahren, Ablenkung von negativen Gedanken.	Ständiges bewusstes Wiederholen durch Sprechen oder Anhören notwendig. Starke Ablenkung von anderen Tätigkeiten.	Effektiv, jedoch während einer Tätigkeit (z. B. Arbeitsplatz) nur eingeschränkt möglich.
Subliminal	Effektives Verfahren	Ständiges Wiederholen durch Anhören mit Lautsprechern oder Kopfhörern. Möglicherweise Ablenkung von anderen Tätigkeiten.	Effektiv, jedoch während einer Tätigkeit (z. B. Arbeitsplatz) nur eingeschränkt möglich.
Silent	Effektives Verfahren, es sind bewusst keine Geräusche zu hören, dadurch in der Regel keine Ablenkung von anderen Tätigkeiten.	Ständiges Wiederholen durch Anhören mit Lautsprechern oder Kopfhörern.	Effektiv, aber gelegentlich kommt es zu Störgeräuschen und unangenehmem Druckgefühl im Ohr sowie Irritationen.
Trance	Effektives Verfahren	Nicht neben anderen Tätigkeiten möglich.	Man ist an vorgefertigte Programme gebunden bzw. man kann nur mit großem Aufwand seine individuellen Affirmationen nutzen.
Ultraschall	Effektives Verfahren, es sind keine störenden Geräusche zu hören. Kann auch während der Arbeitszeit, Schule und während der Nacht genutzt werden.	Man muss Kontaktgeber nutzen, die allerdings unter der Kleidung getragen werden können, sodass sie nicht auffallen.	Sehr effektiv, da man alle Verfahren (außer Trance) integrieren kann. Bewirkt starken Anstieg der Alphawellen, wodurch die Affirmationen sehr schnell aufgenommen werden. Es können zusätzliche oder auch andere Informationen übertragen werden, wodurch z. B. Selbstheilungskräfte angeregt werden.

Tabelle 3: Vergleich der unterschiedlichen Verfahren

Der Weg zur Veränderung

Es gibt im Leben keine Zufälle. Alles geschieht durch das Gesetzt von Ursache und Wirkung. Jede Wirkung, die sich in unserem Leben manifestiert, beruht auf einer adäquaten Ursache.

Die Quantenphysik weist darauf hin, dass unser bewusstes Ich eine Wirkung auf die elementarsten Teilchen der Schöpfung hat. Somit sind wir Mitschöpfer des immer weiter expandierenden Universums. Alles, was wir tun und sogar fühlen, hat eine Wirkung auf unsere Umgebung.

Bruce Lipton, Biologe und Zellforscher[1], erklärt, dass bereits ein Einzeller wie ein Lebewesen reagiert. Er sorgt für seine Nahrung und kennt sogar Abwehrmechanismen, um sich gegen Feinde zu behaupten.

Was lange nicht bekannt war, aber ganz natürlich erscheint, ist, dass der Einzeller auf seine Umgebung reagiert, über ein Informationsspeichersystem verfügt und mit den benachbarten Zellen kommuniziert.

Wenn wir daran denken, dass die Haut unser größtes Körperorgan ist und von außen fortwährend riesige Informationsmengen aufnimmt, können wir nur erahnen, welche Rolle die 50-100 Billionen Körperzellen in unserer Entwicklung spielen.

Unsere Gefühle, Wünsche, Gedanken, Vorstellungen, alles hat einen immensen Einfluss auf unsere Zellen und somit auf unseren gesamten Körper und unsere Persönlichkeit.

Somit ist es also möglich, uns über unsere Gefühle und Gedanken vollständig zu verändern. Gregg Braden sagt in seinem Buch „Im Einklang mit der göttlichen Matrix"[2]:

„Wir verfügen über alle Kraft, die wir brauchen, um alle Veränderungen herbeizuführen, die wir uns wählen."

---

1 Bruce H. Lipton, Intelligente Zellen: Wie Erfahrungen unsere Gene steuern, Koha-Verlag
2 Gregg Braden, Im Einklang mit der göttlichen Matrix: Wie wir mit Allem verbunden sind, Koha-Verlag

Der Schlüssel dazu sind die richtigen Gedanken, Gefühle und Überzeugungen, die wir zum Leben erwecken müssen. Es reicht nicht aus, sich einfach für eine neue Möglichkeit zu entscheiden.

Wir müssen uns so wahrnehmen, als ob die Veränderung bereits stattgefunden hat.

In der Bibel finden wir die folgenden Aussagen, die genau das bestätigen:

„Euch geschehe nach eurem Glauben." Matthäus 9:29

„Alles, worum ihr betet und bittet - glaubt nur, dass ihr es schon erhalten habt, dann wird es euch zuteil." Markus 11:24

... glaubt nur, dass ihr es schon erhalten habt ...

Genau das, was bereits vor ca. 2 000 Jahren in der Bibel gelehrt wurde, müssen wir beachten, uns vorstellen, fest glauben, dass die erwünschten Dinge bereits real sind.

Nicht das geschieht, was wir wollen, sondern nur das, was wir glauben!

„Wir verfügen über alle Kräfte, die wir benötigen, um Veränderungen herbeizuführen."

Stellen Sie sich einen langen, schmalen Balken vor, der am Boden liegt. Jeder, der aufgefordert wird, von einem Ende zum anderen darüber zu gehen, schafft das ohne Schwierigkeiten. Als Nächstes soll man über den gleichen Balken gehen, der jetzt allerdings als Steg über eine tiefe Schlucht führt.

Im letzten Fall wird sich das kaum einer wagen. Trotz größter Anstrengung würden Sie wahrscheinlich abstürzen.

Warum fällt man nicht beim liegenden, jedoch beim hohen Balken? Weil man beim liegenden Balken automatisch daran glaubt, die Aufgabe leicht zu meistern, während man beim hohen Balken autosuggestiv an die Gefahr des Absturzes glaubt, sich also darauf konzentriert, nicht abzustürzen.

So geschieht eben nicht das, was man will, sondern das, woran man glaubt.

Es gilt, die Zukunft zu einer gegenwärtigen Tatsache werden zu lassen und sich in das Gefühl des bereits erfüllten Wunsches zu versetzen. Anders ausgedrückt, wir müssen zuerst in unserem Inneren das erschaffen, was wir in der äußeren Welt erfahren möchten.

> Frei oder gefesselt zu sein, ist einzig unsere Entscheidung!

Heilung

In seinem Buch „The Power of Awareness"[1] beschreibt Neville Goddard die Heilungsgeschichte eines jungen Mannes.

Dieser litt an einer Herzkrankheit, die Ärzte hatten ihn bereits aufgegeben. Als Neville mit ihm sprach, war er bereits bis auf die Knochen abgemagert und konnte kaum noch sprechen, wollte Neville aber gerne anhören. Es kam nur

---

1 Das Buch (englisch) kann von der Internetseite (www.affirmation-power.de) kostenlos heruntergeladen werden.

eine Lösung für dieses Problem infrage: Eine Veränderung der inneren Haltung und des bewussten Ichs.

Neville bat also den schwer Erkrankten sich selbst so wahrzunehmen, als habe seine Heilung bereits stattgefunden.

Um ihm zu helfen, sein Denken umzulenken, machte Neville dem Mann den Vorschlag, sich den Gesichtsausdruck des Arztes vorzustellen, der von der Genesung völlig überrascht ist und ständig murmelt: *„Ein Wunder, ein Wunder"* (Visualisierungsprozess).

Der Mann erholte sich tatsächlich in den nächsten Monaten und erfreut sich jetzt bester Gesundheit.

Der junge Mann erklärte Neville nach seiner Genesung, dass er seit dem Tag ihrer Begegnung in der Annahme lebte, bereits ganz heil und gesund zu sein.

Genau das ist der Weg, wie wir unsere Herzenswünsche aus einem Zustand der Vorstellung in die Wirklichkeit des Alltags versetzen.

Gregg Braden drückt es so aus: *„Indem wir uns bewusst auf das konzentrieren, was wir in unserer Vorstellung erschaffen, „schubsen" wir es durch die Grenze zwischen dem Unwirklichen und dem Wirklichen."*[2]

Wenn wir mit Affirmationen erfolgreich arbeiten wollen, müssen wir uns vollständig mit der darin enthaltenen Aussage identifizieren, es fühlen, sehen, so denken und handeln, als ob es bereits geschehen ist.

Hilfreich ist dabei, alle Sinneskanäle mit einzubeziehen: entsprechende Bilder in Form von Visionstafeln sichtbar aufzuhängen, die Affirmationen bewusst zu lesen, zu hören und sich dabei vorzustellen, wie es ist, das Ziel bereits erreicht zu haben.

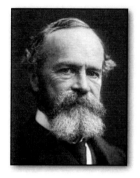

Die Erkenntnis, dass das Unbewusste durch Gedanken gelenkt werden kann, ist vielleicht die größte Entdeckung aller Zeiten.

William James

---

2 Gregg Braden, Im Einklang mit der Natur der göttlichen Matrix, Seite 95, KOHA-Verlag

Auswahl und Aktivierung der Affirmation

Wie wir gesehen haben, kommuniziert das unbewusste Ich hauptsächlich mit Bildern und vor allem mit Gefühlen.

Wenn Sie sich eine Affirmation aussuchen, lesen Sie die Vorschläge langsam und sorgfältig durch - am besten laut - und achten Sie auf Ihr Gefühl, Ihre Stimmung und fühlen Sie, was dies' in Ihnen bewegt, ob es Ihnen gut tut.

Möglicherweise ist es vorteilhaft, die Formulierungen leicht zu verändern. Experimentieren Sie ruhig ein wenig damit.

Widerstände

Es ist wichtig, dass Sie bei der Erstellung der Affirmationen keine inneren Barrieren aufbauen.

Beispiel:

Sie müssen Verantwortung für Ihre Person übernehmen. Sie können die Umstände nicht ändern, ebenso wenig die Jahreszeiten oder den Wind. Aber Sie können sich selber verändern.

Jim Rohn [1]

Jemand verdient zurzeit 2.000 Euro monatlich und möchte sein Gehalt deutlich verbessern. Seine erste Affirmation lautet: *„Ich erkenne den Weg, um jeden Monat mindestens 50.000 Euro zu verdienen."*

Bestimmt ist es nicht unmöglich, einen solchen Gehaltssprung zu machen. Die Frage ist allerdings, ob die persönliche Überzeugung, der Glaube ausreicht, und man sich damit völlig identifizieren kann. Man muss sich durch seine Empfindungen leiten lassen. Sinnvoller wäre es sicherlich, sich zunächst auf 3.000 Euro zu konzentrieren.

Der dafür nötige Glaube und die notwendige Überzeugung sind deutlich einfacher aufzubringen.

Geeigneter wäre daher die folgende Formulierung: *„Ich sehe und gehe den Weg, um jeden Monat mehr als 3.000 Euro zu empfangen."*

---

1 Zitat von Jim Rohn, Amerikas führenden Business-Philosophen, mit freundlicher Genehmigung von Jim Rohn International © 2011 nachgedruckt. Als ein weltweit renommierter Autor und Experte für Erfolg, berührte Jim Rohn während seiner 46-jährigen Karriere als Motivationstrainer Millionen von Menschenleben. Weitere Informationen unter www.JimRohn.com.

Wenn dieses Ziel erreicht ist, wird durch diesen Erfolg die Überzeugungskraft enorm gestärkt und man kann auf ein neues Ziel zustreben.

Kreieren Sie also nur Affirmationen, die mit Ihrem derzeitigen Vorstellungsvermögen weitgehend konform sind, in die Sie sich leicht hineinfühlen können. Sie sollten mit Ihrer Affirmation völlig in Resonanz sein, es muss sich gut anfühlen.

Keiner kann das verändern, was gestern war. Aber wir alle können beeinflussen, was morgen sein wird.

Colin Powell

> ## Sei mit Deiner Affirmation völlig in Resonanz !

Aktivierung durch Visualisierung

Damit die Affirmation möglichst kraftvoll wirkt, sollte sie aktiviert werden.

Schließen Sie dafür die Augen und atmen Sie einige Male tief ein und aus. Versuchen Sie, sich tief zu entspannen (s. Seite 71, Energetische Gehirnzustände).

Sprechen Sie jetzt Ihre Affirmation langsam und bewusst Wort für Wort. Achten Sie auf ihre Wirkung und genießen Sie diese! Sehen Sie lebhaft vor Ihrem geistigen Auge, wie Sie Ihr Ziel erreicht haben. Wie fühlen Sie sich? Was ist besonders schön? Malen Sie sich Ihr erreichtes Ziel möglichst lebendig mit allen Details aus. Fühlen Sie die Freude und Begeisterung, ja, den Stolz über das erreichte Ziel in jeder Zelle Ihres Körpers.

Sehen Sie sich jetzt selber von außen. Wie verhalten Sie sich, was tun Sie? Wie reagieren die anderen? Was denken Sie? Was hören, riechen oder schmecken Sie? Versuchen Sie mit allen Sinnen zu spüren, wie schön es ist, endlich das Ziel

Das Leben eines Menschen ist gefärbt von der Farbe seiner Vorstellungskraft.

Honoré de Balzac

erreicht zu haben. Genießen Sie diese Empfindungen so lange, wie Sie möchten und schließen Sie dann die Übung ab.

Warum ist dieses so wichtig? Giacomo Rizzolatti[1] und sein Team entdeckten 1996 zufällig die Spiegelneuronen. In ihrer Arbeit belegen Rizzolatti und Craighero (2004), dass Menschen eine Fähigkeit deutlich verbessern, wenn sie jemanden beobachten konnten, der diese Fähigkeit ausübte. Allein die reine Beobachtung verbessert die Motorik und die Muskelkraft des Beobachters über die Spiegelneuronen. Diese Erkenntnis wird inzwischen erfolgreich in der Medizin und im Sport genutzt.

Visualisieren ist das bewusste Erzeugen von eindrucksvollen, lebendigen Bildern vor dem geistigen Auge, auf das die Spiegelneuronen ebenfalls reagieren. Die Nervenzellen senden Signale an das Unbewusste und den Körper und bereiten ihn auf ein Ereignis vor.

Wenn Sie sich etwas intensiv vorstellen, laufen im Gehirn die gleichen Prozesse ab, wie sie beim tatsächlichen Tun entstehen würden.

Die Spiegelneuronen sorgen dafür, dass Ihr Gehirn nicht zwischen der Visualisierung einer Handlung und dem konkreten Tun unterscheidet.

Dieses konnte bereits mehrfach nachgewiesen werden. In einer Studie prüfte Dave Smith[2], Sportpsychologe an der Universität von Manchester, den Einfluss der Vorstellungskraft auf den Muskelaufbau.

Dazu teilte er 18 männliche Studenten in drei Gruppen auf und ließ sie ihren kleinen Finger so kräftig wie möglich auf eine Messapparatur drückten.

Die Teilnehmer der ersten Gruppe trainierten ihren Fingermuskel danach täglich über einen Zeitraum von vier Wochen mit vorgegebenen Übungen.

Fantasie ist alles. Sie ist die Vorschau auf die zukünftigen Attraktionen des Lebens.

Albert Einstein

1 Rizzolatti G., Craighero L. The Mirror-Neuron System. Annual Rev. Neurosci. 27 (2004) 169-92.

2 Dave Smith, et al., Impact and mechanism of mental practice effects on strength, Manchester Metropolitan University, International Journal of Sport and Exercise Psychology.

Die zweite Gruppe stellte sich diese Übungen lediglich vor. Die dritte Gruppe fungierte als Referenzgruppe und beteiligte sich an keinerlei Übungen.

Nach Ablauf der vier Trainingswochen ergab sich das folgende Resultat:

Bei der Referenzgruppe konnte erwartungsgemäß keine Kraftzunahme festgestellt werden. Diejenigen, die ihren kleinen Finger mit den Übungen trainiert hatten, steigerten ihre Muskelkraft um 30% und bei denen, die sich die Übungen lediglich vorgestellt hatten, betrug der Zuwachs immerhin noch 16%.

Im Jahr 2008 wurde eine Studie an der Loyola Marymount University in Los Angeles durchgeführt, an denen 13 Tänzer teilnahmen.[3] Die Studie ergab, dass Tänzer mit der Vorstellung, dass sie wie eine Rakete in die Höhe schießen, im Durchschnitt 4 cm höher als ursprünglich sprangen.

Bereits 1943 untersuchte R. A. Vandel[4] den Einfluss der Imagination auf sportliche Leistungen. Dabei wurde das Pfeilwerfen (Darts) und der Basketball-Freiwurf in mehreren Experimenten mit Versuchspersonen unterschiedlichen Alters studiert. Die Auswertung ergab, dass eine mentale Übung in Form von Vorstellungen praktisch genauso wirksam ist, wie physische Übungen, s. Tabelle 4 auf der folgenden Seite.

Weitere Untersuchungen zeigten allerdings, dass der Leistungsanstieg der mental übenden Gruppen meist zwischen dem der nicht übenden und dem der physisch übenden Kontrollgruppe liegt.[5] Ganz ohne körperliche Anstrengung werden wir also nicht auskommen.

Es gibt nur eine Sackgasse im Universum, und das ist die eines verschlossenen Geistes.

John K. Williams

---

3 Heiland, T. Rovetti, R. Which images and image categories best support jump height? In: Solomon R, Solomon J (eds): Abstracts of the 20th Annual Meeting of the International Association for Dance Medicine & Science 2010. Birmingham, UK: IADMS, 2010, pp. 74-75.

4 The function of mental practice in the acquisition of motor skills. Vandell, R. A.; Davis, R. A.; Clugston, H. A., Journal of General Psychology, 29, 1943, 243-250.

5 Herbert Heuer, Wie wirkt mentale Übung, Psychologische Rundschau 1985, Band XXXVI, Heft 3, S. 191—200

Heute werden die besten Ergebnisse im Hochleistungssport erzielt, wenn mentale Methoden mit dem normalen praktischen Training kombiniert werden.

Die angeführten Beispiele zeigen jedoch beeindruckend, wie wirksam schon allein die Vorstellungskraft ist.

STUDIENERGEBNIS	Pfeilwerfen (Darts)	Basketball-Freiwurf
ohne Training	0 %	+ 2 %
physisches Training	+ 23 %	+ 41 %
nur mentales Training	+ 22 %	+ 43 %

Tabelle 4: Der Einfluss von mentalem Training auf sportliche Leistungsfähigkeit.

Man kann die Wirkung der Vorstellungskraft schnell mit der Hilfe eines kleinen Experimentes nachweisen, welches Friedbert Becker in einem Interview beschrieb:[6]

„Stellen Sie sich aufrecht hin und heben Sie Ihren rechten Arm waagerecht an. Schließen Sie ein Auge, und peilen Sie am gestreckten rechten Arm und Zeigefinger entlang, so als wollten Sie etwas anvisieren. Nun drehen Sie Ihren Oberkörper soweit es geht nach rechts – die Füße bleiben in der Grundstellung stehen. Merken Sie sich den weitesten Punkt, den Sie anvisieren konnten, und kommen Sie in die Ausgangsstellung zurück.

Nun schließen Sie kurz die Augen, und stellen Sie sich vor, dass Sie sich noch um einen halben Meter weiter nach rechts drehen können. Es reicht, diese Vorstellung etwa eine Sekunde innerlich zu erleben! Jetzt wiederholen Sie die körperliche Übung!"

Überrascht? Spätestens jetzt dürfte klar sein, warum Tiger Woods - einer der besten Golfspieler aller Zeiten - sich vor jedem Abschlag genau vorstellt, welche Bahn der Ball fliegen soll. Erst wenn er geistig die optimale Flugbahn „sieht", macht er seinen Abschlag. Das Unbewusste steuert die Muskelfeinmotorik und der Abschlag lässt den Ball der optimalen Flugbahn folgen.

Gott gibt zwar die Nüsse, aber er beißt sie nicht auf!

J. W. v. Goethe

---

6 siehe: www.neuro-programmer.de/blog/2010/01/interview-mit-hypnose-ausbilder-friedbert-becker/

Die Vorstellung einer Handlung führt bereits zu einer neurologischen Stimulation. Das Gehirn spiegelt die vorgestellte Handlung und sendet die entsprechenden Signale an den Körper.

Visualisierung oder mentales Training ist deshalb im Sport eine feste Größe. Jedem Spitzensportler ist klar, dass er nur mit entsprechendem mentalen Training Top-Leistungen erbringen kann.

Diese Erkenntnis setzt sich mehr und mehr auch in anderen Lebensbereichen durch. Was für Spitzensportler gilt, hat auch Gültigkeit für alle anderen Bereiche, in denen Top-Leistungen erwartet werden.

Diese mentalen Techniken kann man aber auch für die täglichen - sozusagen banalen - Abläufe nutzen. Damit macht man sich sein Leben deutlich leichter, gestaltet es freundlicher und es macht mehr Spaß. Das Familienleben, die Zusammenarbeit mit Kollegen, das Lernen, einfach alles gelingt deutlich besser. Nur anwenden muss man es.

Was passiert während der mentalen Übung? Die Visualisierung erzeugt einen Spannungszustand zwischen dem, was in der Vorstellung passiert und der tatsächlichen, jetzigen Situation. Das Unbewusste versucht diese Spannung abzubauen, indem es Wege bereitstellt, die jetzige Situation der Vorstellung anzugleichen. Das Bewusstsein wird veranlasst, alles zu sehen, was näher zum Ziel führt. Diese Zwischenschritte regen wiederum das Unbewusste an, nach weiteren Lösungen zu suchen. Darüber hinaus führt dieses zu einer gesteigerten Motivation.

Sollten Sie Affirmationen als Sound-Datei (CD, mp3) vorliegen haben, hören und lesen Sie sie gleichzeitig. Dadurch werden mehrere Sinnesorgane genutzt und es tritt eine Verstärkung ein.

Die Aktivierung sollte 30 Minuten nicht unterschreiten und in der ersten Woche insgesamt mindestens zweimal durchgeführt werden. Anschließend wiederholen Sie diesen Vorgang einmal pro Woche.

*D*u selbst musst die Veränderung sein, die Du in der Welt sehen willst.

Mahatma Gandhi

Anwendung der Affirmation

Wie schon erläutert, ist es entscheidend, die kritische Fakultät zu überlisten. Die verschiedenen Verfahren wurden in Tabelle 3 (Seite 53) mit ihren Vor- und Nachteilen vorgestellt.

Wir bevorzugen das Ultraschall-Verfahren, da es die Möglichkeit bietet, eine Vielzahl unterschiedlicher Methoden und Verfahren zu kombinieren und es vor allem völlig unbemerkt genutzt werden kann. So kann man z.B. auf der einen Seite damit extrem stark entspannende Körperzustände bewirken (vorteilhaft bei Schlafstörungen und Erschöpfungszuständen), aber auch eine hohe Konzentrationsfähigkeit, was in vielen Situationen sehr hilfreich ist (Lernen, Prüfungen, lange Autofahrten etc.). Im folgenden Kapitel „Affirmationsprogramme" wird detailliert beschrieben, wie Sie optimal vom Ultraschall-Verfahren profitieren können.

Es ist in der Regel immer vorteilhaft, wenn Sie die Affirmationen persönlich aufsprechen. Sollte dieses nicht möglich sein, bieten wir über unsere Internetseite[1] einen entsprechenden Service an (s. Seite 66).

Wenn nicht noch zusätzliche, Ihren mentalen Zustand verändernde Programme in der Affirmation bzw. dem erstellten Programm enthalten sind (starke Entspannung, Einschlaf-Programm), können Sie die Programme beliebig lange und überall nutzen.

Sie sollten die Affirmationsprogramme allerdings täglich mindestens 30 Minuten anwenden - je länger, desto besser - und das über einen Zeitraum von mindestens einem Monat. Über Jahre, ja sogar Jahrzehnte eingefahrene Muster verändern sich nicht über Nacht. Ihr unbewusstes Ich braucht ausreichend Zeit, um die neuen Informationen zu verarbeiten, neue Verknüpfungen herzustellen und das neue „Programm" zu nutzen.

Erkenne, wo du stehst, und wo du hinwillst. Mach deinen Plan und dann geh!
N.N.

---

1 www.MindTrainer24.com

Häufig sind wir zwar anfänglich begeistert, straucheln aber, wenn die Ergebnisse nicht so schnell eintreten, wie wir uns das wünschen. Geben Sie sich ruhig ein wenig Zeit, aber seien Sie konsequent in der täglichen Anwendung.

Um die Wirkung zu verstärken, schlage ich Ihnen vor, sich die Affirmationen täglich bewusst anzuhören und sich dabei vorzustellen, wie es ist, das Ziel erreicht zu haben. Generieren Sie eine wunderbare Vision, ein leuchtendes Bild und integrieren Sie alle Ihre Sinne. Wie fühlt es sich an? Was sehe ich? Was nehme ich wahr? Dieses verstärkt die Wirkung immens, s. Aktivierung auf Seite 59.

Es kann sein, dass sich Ihre Gefühle bezüglich der Affirmation im Laufe der Zeit verändern. Das liegt meist daran, dass sich bereits einiges getan hat. Möglicherweise haben Sie aber auch festgestellt, dass Ihre ursprüngliche Affirmation etwas anders formuliert werden sollte bzw. diese zurzeit nicht mehr wichtig oder vorrangig ist. Dann passen Sie die Affirmation einfach nach Ihren Wünschen und Gefühlen an. Dieses ist ein positiver Entwicklungsprozess. Sie erkennen, dass etwas geschieht und Sie sich zum Positiven verändern.

Denken Sie bitte auch an die Afformationen. Formulieren Sie Ihre Lieblingsaffirmationen zu Afformationen und experimentieren Sie damit. Sie werden schnell merken, wie Sie sich gut damit fühlen. Ich bemerke schon nach wenigen Afformationen eine richtige Begeisterung in mir. Es tut wirklich gut. Probieren Sie es aus, es funktioniert!

Affirmationsprogramme

Sie haben sicherlich einige Ideen und Vorstellungen, was Sie für sich persönlich mit Affirmationen erreichen möchten. Wie geht es nun weiter?

Als Käufer dieses Buches haben Sie die Möglichkeit, im Download-Bereich der angegebenen Internetseite[1] kostenlos Affirmationen herunterzuladen.

Diese können Sie schon mit einem mp3-Player oder einem anderen Audiosystemen testen. Da wir eine spezielle Technik für die Erstellung der Programme nutzen, ist der Gebrauch von Stereo-Kopfhörern nicht notwendig.

Alle von uns erstellten mp3-Dateien haben einen Frequenzbereich von mindestens 10-19.282 Hz, häufig bis 24.000 Hz, sodass keine noch wahrnehmbaren Frequenzbereiche abgeschnitten werden. Standard-mp3-Dateien geben in der Regel lediglich bis zu 16.000 Hz wieder.

Wenn Sie Ihr eigenes Affirmationsprogramm erstellen möchten, können Sie sich die gewünschten Affirmationen aus dem Buch zusammenstellen, natürlich auch mit persönlichen Erweiterungen. Diese können Sie dann auf einen Datenträger sprechen und sich regelmäßig anhören. Dieses ist zwar eine einfache, leider aber auch nicht sehr effektive Methode. In diesem Fall nutzen Sie unbedingt die Afformationen.

Service

Gerne sind wir bereit, ein sehr effektives, ganz auf Ihre Person abgestimmtes Affirmationsprogramm für Sie zu erstellen.

Die Vorteile sind offensichtlich. Sie wählen die für Ihre Situation passenden Affirmationen, optimieren sie nach Ihren Bedürfnissen, sprechen diese auf einen Datenträger und schicken uns diesen als mp3-File per Email zu.

---

1 www.affirmation-power.de und www.mindtrainer24.com

Wir erstellen dann gemäß Ihren Angaben (Hintergrundgeräusche, Länge usw.) jeweils eine Aktiv- und Ruheanwendung.

Dadurch erhalten Sie das für Sie optimale Affirmationsprogramm mit dem besten Wirkungsgrad.

Sollte es Ihnen nicht möglich sein, die Affirmationen persönlich aufzusprechen, können wir dieses gerne für Sie übernehmen. Dann haben Sie auch die Auswahl einer männlichen oder weiblichen Stimme.

Da die Kosten von mehreren Faktoren abhängig sind, arbeiten wir immer nach gemeinsamer Beratung und Absprache. Damit ist gewährleistet, dass Sie das optimale Programm zu einem angemessenen Preis erhalten.

Technik

Wie Sie gesehen haben, gibt es viele verschiedene Methoden, um dem Unbewussten Affirmationen zu übermitteln.

Wir arbeiten mit dem Ultraschall-Verfahren, welches bereits auf Seite 52 vorgestellt wurde und nutzen zusätzlich noch die Schumann-Resonanzfrequenz (s. folgendes Kapitel) sowie weitere Spezialfrequenzen.

Mit dieser Kombination erzeugen wir äußerst effektive Affirmationsprogramme, die schnellstmöglich zu den gewünschten Resultaten führen.

Was ist die Schumann-Frequenz?

Die Schumann-Frequenz wird manchmal als die Resonanzfrequenz der Erde oder auch als Wohlfühlfrequenz des Menschen bezeichnet. Sie entsteht dadurch, dass die Unterseite der Ionosphäre und die Erdoberfläche einen Hohlraumresonator darstellen, der eine Eigenfrequenz hat.

Die Schumann-Frequenz ist nach dem deutschen Physiker Prof. Dr. W. O. Schumann benannt und von ihm 1952 erstmalig vorausberechnet worden. Später, in den fünfziger Jahren, hat Prof. Herbert König, ein Schüler von Schumann, diese Frequenz erstmals exakt gemessen. Sie beträgt 7,83 Hz.

Der Mensch braucht Schumannwellen

Untersuchungen ergaben, dass die Schumann-Frequenz in exakter Resonanz mit der Hippocampus-Frequenz des Menschen und aller Säugetiere ist. Dieses konnte in einer Arbeit von O'Keefe und L. Nadel nachgewiesen werden.[2] Der Hippocampus ist für Aufmerksamkeit und Konzentration zuständig und sorgt u.a. dafür, dass Gedächtnisinhalte aus dem Kurzzeitgedächtnis in das Langzeitgedächtnis überführt werden.

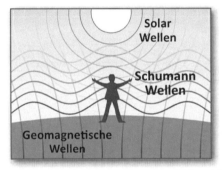

Abb. 10: Einfluss unterschiedlicher Wellen auf den Menschen

Die Schumann-Frequenz wurde von der NASA (Prof. Persinger[3], Prof. R. Wever) und von dem Biophysiker Dr. Wolfgang Ludwig unabhängig voneinander als „biologisches Normal" erkannt, ohne das der Mensch nicht auskommen kann.

2 J. O'Keefe and L. Nadel: The Hippocampus as a Cognitive Map. Clarendon Press, Oxford, 1978

3 Persinger, et al. : The effect of pulsating magnetic fields upon the behavior and gross physiological changes of the albino rat. Undergrad. Thesis. University of Wisconsin, Madison, Wisc., USA. Dec 1967

Das Fehlen dieser Schwingungen kann Störungen des Allgemeinbefindens wie Benommenheit, Kopfschmerzen, Pulsveränderungen und Atemveränderungen erzeugen.

Dieses wurde durch mehrere unabhängige Wissenschaftler bestätigt. Beispielsweise stellten sich bei den ersten bemannten Raumflügen erhebliche physiologische Probleme bei den Astronauten ein, die durch die Installation von Schumannwellen - Generatoren behoben werden konnten.

Wie das Gehirn unser Verhalten und die Leistungsfähigkeit steuert

Der größte Teil der Prozesse in unserem Gehirn läuft unbewusst ab.

Wenn wir entspannt und selbstsicher sind, gelingen uns die Dinge scheinbar wie von selbst.

Stehen wir jedoch unter starkem Stress, können wir nicht mehr klar denken, Gelerntes nicht abrufen (blackout), im Extremfall sogar in Panik geraten und haben dann kaum Möglichkeiten, bewusst gegenzusteuern.

Ich persönlich hatte die Gelegenheit, eine Panikattacke mitzuerleben. Ein Freund und ich hatten uns in einem Höhlensystem[1] in Oman verlaufen. Alle Batterien unserer Lampen waren inzwischen verbraucht und die einzige Lichtquelle, die uns noch blieb, war eine kleine Gaslampe. Es war absehbar, dass der Gasvorrat ebenfalls bald zu Ende gehen würde.

Ich konnte bewusst erleben, wie sich Regionen meines Gehirns nach und nach „ausschalteten". Es war, als ob mein Körper von unten mit Wasser geflutet wird und der Pegel

---

1 Al Hoota Cave (1995), seit 2006 der Öffentlichkeit zugänglich.

inzwischen mein Gehirn erreichte und bestimmte Regionen „absoffen". Am liebsten wäre ich einfach losgerannt, einfach nur weg, raus aus dieser schrecklichen Situation.

Ich bin davon überzeugt, dass uns nur drei Maßnahmen retteten (wie sich später herausstellte, sind Einheimische niemals in dieses Höhlensystem eingestiegen und andere Hilfen gab es nicht).

Glücklicherweise hatte ich als Jugendlicher das Autogene Training erlernt, was mir jetzt zugute kam. Dadurch war ich in der Lage, mich zu entspannen und ich merkte förmlich, wie sich die Gehirnregionen wieder „einschalteten", ich wieder klarer denken konnte.

Als Nächstes knieten wir uns nieder, sprachen ein Gebet und baten um geistige und mentale Hilfe, die wir so nötig brauchten, um zu überleben.

Als dritten Schritt visualisierten wir zusammen intensiv, dass wir uns vor dem Höhleneingang in den Armen liegen und uns dafür bedanken, es geschafft zu haben.

Wie durch ein Wunder sind wir durch Höhlengänge, die wir zuvor nie betreten hatten, zum Ausgang gelangt. Und genau wie wir es visualisiert hatten, lagen wir uns mit Tränen in den Augen in den Armen, dankten für unsere Rettung und genossen mit großer Erleichterung die langsam untergehende Sonne mit ihren noch wärmenden Strahlen.

Im Nachhinein bin ich sehr dankbar für dieses Erlebnis, weil ich besonders viel daraus gelernt habe. Ich konnte persönlich erfahren, dass Menschen, deren Unbewusstes positiv gestimmt ist („ich kann das"), deren Gehirn ruhig und entspannt „arbeitet", wesentlich leichter mit Druck und Stresssituationen umgehen und somit deutlich leistungsfähiger und ausdauernder sind. Uns hat es sogar das Leben gerettet.

Die energetischen Zustände des Gehirns

Wie man im EEG (Messung der Gehirnströme, Elektroen-zephalografie) beobachten kann, wird die Aktivität unseres Gehirns durch verschiedene Frequenzen bestimmt. Diese werden je nach Wellenlänge mit den griechischen Buchstaben Alpha, Beta, Delta, Theta und Gamma bezeichnet.

Die verschiedenen Gehirnwellen im Überblick

Gamma (> 30 Hz[1])

Diese Frequenzen sind dann aktiv, wenn das Gehirn am intensivsten arbeitet. Sie wurden auch unter extremen Meditationsbedingungen gemessen.

Beta (14-30 Hz)

Normaler, wacher Zustand. Betawellen werden mit Aufmerksamkeit für die Umgebung, Konzentration, Kognition, der Bearbeitung spezieller Probleme - aber auch mit Besorgnis, Ängsten, Flucht, Krisen und diversen anderen Stressformen assoziiert.

Alpha (8-14 Hz)

Ein Entspannungszustand, der von Ruhe und Harmonie und völliger geistiger Klarheit geprägt ist, die Gehirnhälften synchronisieren sich. Tätigkeiten sind parallel gut möglich. Der ideale Zustand, um Informationen in das Unbewusste fließen zu lassen. Erhöhte Serotoninausschüttung (wichtig für das Herz-Kreislauf-System, den Magen-Darm-Trakt und das Nervensystem).

Theta (4-8 Hz)

Traumschlaf (REM), erhöhte Produktion von Catecholaminen (wichtig für Lern - und Erinnerungsprozesse), erhöhte Kreativität, emotionale Erfahrungen, potentielle

---

1 Hz (Hertz): Einheit für die Anzahl Schwingungen pro Sekunde

Verhaltensänderungen, vertiefende Speicherung gelernter Stoffe, Trancezustand, tiefe Meditation, Zugriff auf das Unbewusste.

Delta (0,1 - 4 Hz)
Hirnwellen mit der niedrigsten Frequenz, traumloser Tiefschlaf, Wachstumshormone werden freigesetzt, kein Körperbewusstsein, das Unbewusste ist aktiv.

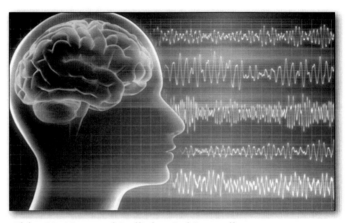

Abb. 11: Unterschiedliche Gehirnwellen

Die Funktionen der zwei Gehirnhälften

Jede Gehirnhälfte (Hemisphäre) übernimmt vorwiegend bestimmte Funktionen.

Vereinfacht beschrieben liegt die Hauptaufgabe der linken Gehirnhälfte in den Bereichen Sprache, Analytik, Abstraktion, die rechte dagegen ist mehr auf bildhaftes Denken und Intuition spezialisiert. Normalerweise sind beide nicht gleichzeitig mit derselben Intensität aktiv, sondern wechseln sich in einem bestimmten Rhythmus in ihrer Dominanz ab.

Die höchste Leistungsfähigkeit erreicht das Gehirn, wenn beide Gehirnhälften synchron arbeiten, vergleichbar mit einem Dual-Prozessor in einem PC.

Synchronisation der Gehirnhälften

Das so genannte „Rosa Rauschen", ein breitbandiges Vollfrequenzrauschen, beruhigt stark, es nimmt Ängste und hat die besondere Eigenschaft, die rechte und linke Gehirnhälfte miteinander zu synchronisieren.

Dies führt dazu, dass sich die Gehirnaktivität deutlich verlangsamt. Beide Gehirnhälften sind dann gleichmäßig aktiv. Dies fördert den Alpha-Zustand und eine erhöhte Leistungsfähigkeit, die sich auch durch eine optimale neuronale Effizienz nachweisen lässt. Dieses ist der Zustand der entspannten Konzentration.

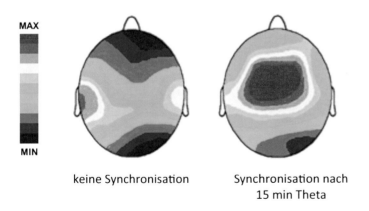

keine Synchronisation   Synchronisation nach
                              15 min Theta

Abb. 12: Gehirnaktivität im Normalzustand und nach 15 Minuten Theta-Stimulation (vereinfachte Darstellung)

Entspannte Konzentration

Der Zen-Meister Daisetz Teitaro Suzuki schreibt im Vorwort zu seinem Buch „Zen in der Kunst des Bogenschießens": *„Der Mensch ist ein denkendes Wesen, doch seine wahrhaft großen Werke vollbringt er, wenn er nicht rechnet und denkt. Ein Zustand der „Kindlichkeit" muss wieder hergestellt werden …"*

> Entspannte Konzentration ist der Schlüssel zum Erfolg.

Kinder befinden sich tatsächlich überwiegend in einem entspannten Zustand, der gekennzeichnet ist durch langsame schwingende Gehirn-Wellen im Bereich zwischen 5-14 Hz, also pendelnd zwischen dem Theta- und Alphazustand. Dieses ist der Zustand der entspannten Konzentration, der Schlüssel zum Erfolg.

In diesem Zustand gehen sie völlig in ihrer Tätigkeit auf. Dieses ist zwar keine gewollte Konzentration, aber sie haben ein inneres Interesse an einer Sache und ihre Hingabe, Fertigkeit und ganze Aufmerksamkeit ist jetzt nur auf diese eine Beschäftigung gerichtet.

Es ist bekannt, dass dort, wo kein Interesse, keine Konzentration und keine Aufmerksamkeit vorhanden sind, auch kein Lernen stattfinden kann.

> Nur wer in der Lage ist sich entspannt zu konzentrieren, kann sein Potential und seine Fähigkeiten vollständig nutzen.

Jetzt wird einem klar, warum Kinder so schnell und scheinbar mühelos lernen. Sie halten sich überwiegend in dem Zustand der entspannten Konzentration auf.

Bereits 1975 hat Mihaly Csikszentmihaly dieses als den Zustand des Flows beschrieben: *„Der Flow, das sind Augenblicke, in denen Menschen vollständig in ihrem Tun aufgehen."*

„Das vielleicht deutlichste Anzeichen von Flow ist das Verschmelzen von Handlung und Bewusstsein. Der Mensch ist völlig eins mit seiner Tätigkeit …"[2]

„Flow ist das Gefühl des völligen Aufgehens in einer Tätigkeit. Wenn wir im Flow sind, sind unser Fühlen, unser Wollen und unser Denken in diesen Augenblicken in Übereinstimmung. Während wir der Tätigkeit nachgehen, spielen für uns weder die Zeit,

---

2 M. Csikszentmihaly, Das Flow Erlebnis (2010), S. 61, Verlag Klett-Cotta

noch wir selbst eine Rolle und das Handeln geht mühelos vonstatten."[3]

Dieses ist der bevorzugte Zustand, den Sportler im Wettkampf anstreben. Es ist der Zustand, in dem auf allen Ebenen großartige Leistungen vollbracht werden, Autoren ihre Meisterwerke schreiben und große Musiker ihre Werke komponieren.

„Wo immer es um die Qualität menschlichen Erlebens geht, spielt der Flow eine Rolle."[4]

Im Flow befindet man sich auch im Zustand vollkommener Sorgenfreiheit (da man ausschließlich auf die gerade ausgeübte Tätigkeit fokussiert ist). Sobald sich allerdings die Aufmerksamkeit teilt und es der Person nicht mehr gelingt Störfaktoren (z.B. Telefon, Mitmenschen usw.) auszublenden, wird der Flow unterbrochen.

Dieses habe ich als Jugendlicher an meinem jüngeren Bruder beobachten können. Ich sehe ihn noch wie damals vor mir, wie er auf dem Fußboden hockend darin versunken war, sein Match-Box-Auto zu demontieren. Meine Mutter rief uns mehrfach zum Essen, aber er schien sie gar nicht wahrzunehmen, er war völlig auf sein Auto fokussiert. Erst als sie ihn mehrfach mit scharfen Worten zum Kommen aufforderte, sprang er plötzlich auf und schrie: „Was ist denn los?" Er hatte sein Umfeld völlig ausgeblendet und es war ihm gelungen, die „Störmanöver" unserer Mutter zu ignorieren.

Erwachsenen fällt es deutlich schwerer, in den Zustand des Flows zu gelangen. Besonders wenn dieser bewusst angestrebt wird, scheint es fast unmöglich zu sein. Im Hochleistungssport gibt es zwar Trainingsverfahren, die aber sehr spezifisch ausgerichtet sind.

Mit der Hilfe der Ultraschalltechnik und zusätzlichen Spezialfrequenzen (Anregung definierter Gehirnwellen) ist es

> Im Flow geht der Mensch vollständig in seinem Tun auf!

> Im Flow befindet man sich im Zustand vollkommener Sorgenfreiheit!

---

3 Judith Halemba, Das Flow-Erlebnis, Hausarbeit, Universität des Saarlandes
4 M. Csikszentmihaly, Das Flow Erlebnis (2010), S. 26, Verlag Klett-Cotta

auch ohne spezielles Training sehr einfach, diesen Zustand der entspannten Konzentration hervorzurufen.

Pilotstudien haben gezeigt, dass alleine durch das Ultraschall-Verfahren (richtige Frequenz vorausgesetzt), die Alphawellen im Gehirn innerhalb von Minuten stark erhöht werden (s. S. 84).

Während im Alltagsverhalten der schnell getaktete, unter Umständen sogar hektische, sogenannte Beta-Zustand vorherrscht, gelangen Sie mit der Nutzung des Ultraschall-Verfahrens in den langsameren, ruhigeren Alpha-Zustand.

Die Gehirnaktivität verlangsamt sich. Sie werden aufnahmefähiger und haben so die besten Voraussetzungen für konzentriertes Arbeiten, schnelleres Lernen aber auch für Wohlbefinden, Entspannung und erholsamen, tiefen Schlaf.

Die Grundlage für Erfolg ist Ausgeglichenheit und Entspanntheit. Der Alpha-Zustand des Gehirns ist die ideale Voraussetzung für:

- eine gesteigerte Konzentrations- und Leistungsfähigkeit (z. B. beim Sport, in Beruf und Schule). Die sportliche Leistungsfähigkeit wird zudem durch die Effizienz der Bewegung deutlich erhöht (z. B. beim Golf, Biathlon oder Bogenschießen).
- eine kreative Grundstimmung (z. B. bei geschäftlichen Besprechungen)
- eine bessere Lernfähigkeit (auch bei ADS und ADHS)
- Stressabbau
- schnelleres Einschlafen und erholsamen, tiefen Schlaf
- ein allgemein verbessertes Wohlbefinden
- Steigerung der Selbstheilungskräfte

Zusätzlich kann der Zustand der entspannten Konzentration zahlreiche Therapien wirkungsvoll unterstützen.

So hat Dr. Sheldon C. Deal, der auch als Therapeut auf dem Gebiet der Kinesiologie tätig ist, bei Arbeiten mit der Ultraschalltechnologie herausgefunden, dass bereits nach

zwei Minuten Anwendungsdauer die Meridiane (Energie-
bahnen und Energiepunkte aus der Akupunkturlehre) von
80 % seiner Klienten harmonisiert waren.

Laut Dr. Deal hielt dieser positive Zustand bis zu zwei
Wochen an. Die Anwendung dieser wirkungsvollen Technologie zeigte noch weitere positive Effekte, darunter einen
erholsameren Schlaf, vollständige Entspannung, bessere
Konzentration und eine deutliche Schmerzreduktion.

Es gibt inzwischen zahlreiche Studien, die den positiven Ef-
fekt der entspannten Konzentration, bzw. des Alpha-Zustandes
auf die Selbstheilungskräfte und den Gesundheitszustand
beeindruckend belegen.

Testen Sie es selber. Spüren und erfahren Sie Ihre gesteigerte Lebensqualität.

Entspannte Konzentration!

Ultraschall-Verfahren

Das bereits genannte Ultraschall-Verfahren soll hier genauer vorgestellt werden, da es die beste Möglichkeit ist, um Informationen unbewusst aufzunehmen und viele Kombinationsmöglichkeiten bietet. Einige Informationen wurden dazu bereits auf Seite 52 gegeben.

Wir benutzen für die Ultraschall-Anwendungen den MindTrainer, der unserer Meinung nach das beste zur Zeit auf dem Markt erhältliche Gerät ist.

Hier möchte ich versuchen, dem Leser einen umfangreicheren Einblick in die Wirkungsweise und die vielfältigen Möglichkeiten dieser Technik zu geben.

Dafür ist es notwendig, zunächst einen kleinen Abstecher in die Physik zu machen und anschließend auf unsere Körperzellen einzugehen. Keine Angst, es wird nicht zu theoretisch werden.

Im Jahre 1686 erschien Newtons Werk „Mathematische Prinzipien der Naturphilosophie", worin er drei Grundsätze formuliert, die heute als das Newtonsche Gesetz bekannt sind.

Mit Hilfe dieses Gesetzes konnten alltägliche Abläufe physikalisch exakt beschrieben und berechnet werden. Es vermittelte den Menschen das Gefühl, in einer berechenbaren Welt zu leben und damit auch ein Gefühl der Sicherheit.

Weitere Forschungen auf dem Gebiet der Physik lieferten allerdings neue Erkenntnisse, die nicht mehr mit dem Newtonschen Weltbild zu erklären waren.

Besonderes Kopfzerbrechen bereitete den Physikern die erstaunlichen Resultate des sogenannten Doppelspaltexperimentes. Eine Beschreibung würde hier zu weit gehen. Ich möchte dem interessierten Leser aber auf eine exzellente Darstellung und Erklärung in Form eines leicht verständlichen Trickfilmes verweisen. Sie können sich den Film auf der Internetseite (www.affirmation-power.de) ansehen.

Wie im Film deutlich wird, konnten die Ergebnisse des Experiments nur mit Hilfe der Quantenphysik erklärt werden.

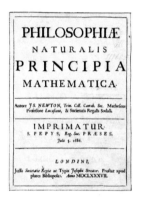

Isaac Newtons Mathematische Prinzipien der Naturphilosophie.

Die Konsequenz daraus ist, dass ein Betrachter die Realität erschafft. Mit anderen Worten: Die Quantenphysik hat gezeigt, dass unsere Erwartung die Realität verändert bzw. sie sogar bestimmt.

Dieses waren anfänglich revolutionäre Behauptungen, die sich aber in zahlreichen wissenschaftlichen Studien der letzten Jahrzehnte immer wieder bestätigten. Nach der modernen Physik besteht alles aus Informationswellen.

Obwohl das Newtonschen Modell für uns leichter zu verstehen ist (u. a. durch unsere stark begrenzte Wahrnehmung), ist die Quantenphysik die Grundlage für alle anderen Wissenschaften, auch der Biologie.

Aus den Aussagen des Quantenphysikers Hans-Peter Dürr muss geschlossen werden, dass jedes biologische Objekt aus Quanten zusammengesetzt ist, auch der Mensch.[1]

Wir bestehen aus reiner Energie, die uns durch quasi unendlich viele, jedoch spezifische Wellen zu dem machen, was wir sind: materialisierte Menschen.

Aus der Physik ist hinlänglich bekannt, dass die Bewegung von Elektronen, z.B. in Form elektrischer Signale, immer ein elektromagnetisches Feld erzeugt. So produziert unser Herz ein elektromagnetisches Feld, welches noch im Abstand bis zu 3 Metern nachgewiesen werden kann[2] und ca. 5000-mal stärker ist, als das unseres Gehirns[3].

Diese vom Herzen erzeugten Felder kommunizieren mit allen Zellen unseres Körpers.

Allein in unserem Gehirn befinden sich 100 Milliarden Neuronen, die permanent mittels elektrischer Impulse und

1 Hans-Peter Dürr: Sind Medizin und Biologie nur Physik? Reflexionen eines Quantenphysikers, http://www.gcn.de/download/Bio_Muenchen. pdf.

2 Doc Childre und Howard Martin, Die HerzIntelligenz Methode, VAK-Verlag, 2010, Seite 60.

3 J. H. Medalie, U. Goldbourt, Angina pectoris among 10.000 men.II.Psychological and other risk factors as evidenced by a multivariate analysisof a five-year incidence study, American Journal of Medicine, 1976, 60 (6), S. 910-921.

Neurotransmitter Informationen austauschen. Auch hier entstehen wieder die besagten Felder, zwar mit deutlich geringerer Intensität, dennoch beeinflussen sie den gesamten Körper.

Besonders aktiv sind die Neuronen bei starken Emotionen und bewussten Denkprozessen. Inzwischen gilt es als bewiesen, dass menschliche Gefühle eine direkte Wirkung auf unsere Körperzellen haben.[4] Unsere Gefühle und Gedanken beeinflussen also unser gesamtes Sein.

Liebevolle Gedanken werden auf der Herzfrequenz gesendet!

Helga Schäferling

Auch Zellen untereinander kommunizieren durch chemische Botenstoffe und elektrische Signale. Neueste Forschungen zeigen, dass unsere Zellen sich u. a. mittels Biophotonen (Lichtquanten) verständigen. Das bedeutet, dass auch unsere Zellen mittels Energiefelder, die aus arttypischen Wellen bestehen, zueinander in Beziehung stehen.

Der Zellbiologe Bruce Lipton entdeckte, dass das Leben jeder einzelnen Zelle durch ihre physische und energetische Umgebung bestimmt wird und nicht durch die Gene.[5] Das bedeutet letztlich, dass WIR unseren Körper und damit unser Leben durch unsere Überzeugungen und unser Denken kontrollieren.

Es gibt keine einzige Funktion in unserem Körper, die nicht schon bereits in der Einzelzelle angelegt ist. Wie der ganze Mensch sind auch einzelne Zellen in der Lage, durch die Erfahrungen mit ihrer Umwelt zu lernen, Erinnerungen zu speichern und diese weiterzugeben. Man schätzt, dass jede Körperzelle über ein Speichervermögen von 3 GB verfügt.

Zusammenfassend muss also festgehalten werden: Unserer Gefühle und Gedanken (Zusammenhang s. Seite 22) wirken

---

4 Glen Rein, Mike Atkinson und Rollin McCraty, The Physiological and Psychological Effects of Compassion and Anger, Journal of Advancement in Medicin, vol. 8, no. 2 (Sommer1995).

5 Bruce Lipton, Intelligente Zellen: Wie Erfahrungen unsere Gene steuern, Koha Verlag.

auf unser gesamtes Energiefeld (welches sich aus den Einzel-Energiefeldern unseres Körpers zusammensetzt) und somit auf alle unsere Zellen und Gene. Zu Recht kann man behaupten, dass der Austausch von Informationen die stärkste Aktivität des Körpers darstellt. Die Informationen, welche wir aufnehmen und die im Körper auf alle Zellen übertragen werden, formen uns. Sie sind ausschlaggebend für unser Dasein, unsere Zukunft und das Zusammenleben mit unseren Mitmenschen.

Information:
lat. informare „bilden", „eine Form geben, Gestalt geben"
Wikipedia

David Brooks schreibt: *"... dass wir in erster Linie nicht die Produkte unserer bewussten Denkprozesse sind. Vielmehr sind wir weitgehend die Produkte unserer* <u>unbewussten</u> *Denkprozesse."*[6]

> Es muss uns ständig bewusst sein, unsere Gedanken und Gefühle haben eine starke Wirkung auf unsere Energiefelder und somit auf unser gesamtes Leben.

Übertragung der Affirmationen

Wie ist es nun möglich, positive Informationen - in unserem Fall die Affirmationen - auf unsere Zellen zu übertragen? Wie wir gesehen haben, ist dieses ja letztlich der Schlüssel zur Änderung unserer Überzeugungen und Verhaltensweisen. Es geht darum, möglichst allen Zellen und dem Unbewussten positive, lebensbejahende Informationen anzubieten.

Hier spielt nun das Ultraschall-System seine große Stärke aus. Mit diesem Verfahren ist es möglich, auf jede Körperzelle und somit ganzheitlich auf den Menschen einzuwirken, also auch direkt auf das Unbewusste.

---

6 David Brooks, Das Soziale Tier, S. 9, Deutsche Verlags-Anstalt

Das grundsätzliche Funktionsprinzip ist, simpel ausgedrückt, die Übertragung von Information mit Ultraschalltechnologie. Die Technologie ist relativ einfach, was an einem Beispiel erläutert werden soll.

Bei einem Radiosender werden die Audiosignale (Musik, Sprache) auf die hochfrequente Trägerfrequenz des Radiosenders, z.B. 100 MHz, aufmoduliert, über Antennen abgestrahlt und in großer Entfernung mit einem Radio empfangen, wo die Signale demoduliert und dadurch für uns wieder hörbar werden.

Ähnliches geschieht bei dem von uns benutzten Ultraschall-System. Er besteht aus einem kleinen digitalen Ultraschall-Generator, einem Tongenerator für „Rosa Rauschen" und einem integrierten mp3-Player.

Analog zu dem beschriebenen Radiosender werden die Audiosignale des mp3-Players (z.B. beliebige Affirmationen und auch andere gesundheitlich fördernde Signale) mit einem speziellem Verfahren auf die Ultraschallfrequenz aufmoduliert und mittels Kontaktgebern über die Haut nachweislich auf alle Körperzellen übertragen. Dieses kann zusätzlich mit dem „Rosa Rauschen" und angenehmen Umgebungsgeräuschen (z. B. Meereswellen) kombiniert werden.

Der Psychologe James Cutting und seine Kollegen von der Cornell University, New York haben festgestellt, dass „Rosa Rauschen" unser Gehirn in einen „Wohlfühl-Modus" ver-setzen kann.[7] Mit dem MindTrainer kann dieses individuell eingestellt und parallel zu den Affirmationen genutzt werden, wodurch die Wirkung deutlich gesteigert wird.

Das Gerät bringt alle notwendigen Voraussetzungen mit, um direkt durch hochfrequente Schallwellen (Ultraschall)

---

7 James E. Cutting, Jordan E. DeLong and Christine E. Nothelfer, Attention and the Evolution of Hollywood Film. Psychological Science published online 5 February 2010

und den enthaltenen positiven Informationen auf alle Körperzellen einzuwirken.

Es „spricht" also eine ähnliche Sprache, wie unsere Körperzellen. Einfach ausgedrückt: Die Zellen „verstehen" die „Sprache" des MindTrainer. Er ist sozusagen ein Zellflüsterer.

Die positiven Informations-Wellen wirken direkt auf alle Zellen, ohne den Umweg über das Bewusste und Unbewusste.

Da die Affirmationen nicht bewusst verstanden werden können, umgehen wir damit geschickt den inneren Wächter (s. Seite 36) und können somit unsere unbewussten Programme positiv verändern.

Der international anerkannte Hypnoseforscher Dr. Eldon Taylor hat bei Tests im Bereich der Verhaltensmodifikation mit der Ultraschalltechnologie festgestellt, dass sie bis zu fünfmal effektiver wirkt als herkömmliche Hypnose.

Eine Untersuchung japanischer Wissenschaftler hat ergeben, dass Musikstücke, die in einem breiten Frequenzspektrum (bis 100 kHz) wiedergegeben werden (also weit in den unhörbaren Bereich hinein), Alphawellen im Gehirn erzeugen. Diese bleiben bei fehlendem Ultraschallanteil aus.[8]

Pilotstudien zeigten, dass die Anwendung der von uns verwendeten Ultraschalltechnik innerhalb weniger Minuten eine signifikante Steigerung der Alphawellen verursacht.[9]

Auf der nächsten Seite ist in Abbildung 13 die Konzentration der Alphawellen (bei 11,4 Hz) ohne dem MindTrainer und nach einer 4 minütigen Anwendung dargestellt. Im Mittel stieg die Intensität um den Faktor 3,4 an, was einer prozentualen Steigerung von mehr als 240 % entspricht.

---

8 Tsutomu Oohashi, et al.: Inaudible High-Frequency Sounds Affect Brain Activity: Hypersonic Effect.

9 Unveröffentlichte Pilotstudien der Universitätklinik Freiburg

Es gibt weitere Untersuchungen, die bestätigen, dass bestimmte Ultraschallfrequenzen in der Lage sind, starke Alphawellen zu stimulieren.

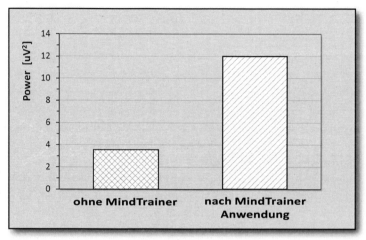

Abb. 13: Intensität der Alphawellen (Mittelwerte) ohne den MindTrainer und nach einer Anwendung von ca. 4 Minuten.

Die zahlreichen Kombinationsmöglichkeiten dieser Technologie eröffnen ungeahnte Möglichkeiten, die bisher nur zum Teil von der Hypnose und von Trancezuständen bekannt sind.
Es können - einzeln oder kombiniert - die folgenden Funktionen genutzt werden:
• Zwei Ultraschall-Frequenzen, für Entspannung bzw. Konzentration (für starke Alphawellen mit all seinen Vorteilen, s. Seite 67)
• Rosa Rauschen zur Synchronisation der Gehirnhälften mit einstellbarer Intensität („Wohlfühl-Modus").
• Beliebige Affirmationen, um unbewusste Programme positiv zu verändern (Übertragung der Informationen auf die Körperzellen)
• Nutzung von speziellen Frequenzen wie Schumanfrequenz (Wohlfühlfrequenz, s. Seite 63) und Isochronic Beats (Anregung bestimmter Gehirnwellen, s. Seite 67).

Da das Unbewusste, unabhängig vom Bewusstseinszustand, fortwährend Informationen aufnehmen kann, ist es möglich, das Gerät nebenbei und sogar im Schlaf zu nutzen.

Die digitale Technik übermittelt Informationen auch dann, wenn man arbeitet (am Computer, bei Besprechungen oder Prüfungen), Sport treibt oder mit anderen Dingen beschäftigt ist, da die Kontaktgeber versteckt getragen werden können und keine störenden Geräusche abgeben. Der normale Tagesablauf wird nicht beeinträchtigt und es ist möglich, das System 24 Stunden täglich zu nutzen. Darin liegt der entscheidende Vorteil gegenüber allen anderen bekannten Möglichkeiten, den maßgeblichen unbewussten Bereich unserer Persönlichkeit positiv zu beeinflussen.

Für Interessenten werden alle bekannten Verfahren (s. Tabelle 3, Seite 53), angeboten:

- Standard-Subliminals mit Maskierung
- Silents
- Kombination von Subliminal und Silent
- Ultraschall-Verfahren mit allen Kombinationsmöglichkeiten und Zusätzen

Die zahlreichen Erfahrungsberichte, die auf der unten genannten Internetseite eingesehen werden können, bestätigen eindrucksvoll den effektiven Einsatz dieser Technologie.

Setzt man den MindTrainer verantwortungsbewusst ein, ist er ein einzigartiges Hilfsmittel, um schnell positive und konstruktive Veränderungen zu bewirken.

Darüber hinaus besitzt er auch in anderer Hinsicht ein außergewöhnliches Potential, um Menschen zu helfen. Entsprechende Informationen finden Sie unter:

www.MindTrainer24.de

Anleitung zum Erstellen eigener Affirmationen

Zunächst ist es wichtig zu erkennen, was man eigentlich erreichen möchte.

Vor vielen Jahren haben meine Frau und ich bei Kurt Tepperwein an einem Wochenendseminar zu dem Thema „Wunscherfüllung" teilgenommen. Es waren etwa 70 Personen anwesend und fast alle hatten nur den einen Wunsch: Geld.

Viele Selbstständige waren darunter, deren Geschäft in Gefahr war, anderen drohte der Verlust ihres Hauses, wieder andere waren arbeitslos geworden.

Aber war Geld die wirkliche Lösung der Probleme? Möglicherweise, aber vielleicht lagen die Probleme auch in anderen Bereichen und manifestierten sich lediglich durch fehlendes Geld bzw. Misserfolg.

Die größte Entscheidung deines Lebens liegt darin, dass du dein Leben ändern kannst, indem du deine Geisteshaltung änderst.

Albert Schweitzer

„Mein" Thema

Es ist wichtig herauszufinden, wo Ihre „Baustellen" liegen, d. h. an welcher Stelle Sie beginnen sollten, eine positive Veränderung vorzunehmen. Meist liegen vielfältige negative Muster vor, die auch noch voneinander abhängig sind bzw. sich gegenseitig beeinflussen.

Wie kann ich aber nun herausfinden, wo ich beginnen soll? In vielen Fällen ist es offensichtlich, in anderen muss gesucht werden, wo der Konflikt liegt.

Häufig erkennen wir unsere wirklichen Bedürfnisse nicht klar, oft sind sie überlagert durch Sorgen, Kummer, Wunschdenken, möglicherweise auch Neid.

Bedenken Sie, dass bestimmte Wünsche und Ziele - so gut sie auch sein mögen - möglicherweise zurzeit nicht in Ihr Leben passen. Wir Menschen haben nur eine begrenzte Sichtweise und können nicht immer erkennen, wozu bestimmte Situationen gut sind. Manchmal muss man auch unangenehme Dinge akzeptieren, weil sie zum Wachstumsprozess beitragen können.

Ich möchte Ihnen daher empfehlen, sich für die jetzt in Ihr Leben passende Affirmationen zu öffnen, indem Sie als erstes die Affirmationen „Intuition" studieren und nutzen.

Um Ihnen den Einstieg zu erleichtern, haben wir ein spezielles Intuitions-Programm zusammengestellt, welches Sie sich von unserer Internetseite[1] kostenlos herunterladen können.

Während Sie die Affirmationen im Buch durchgehen, können Sie dieses Programm bereits nutzen, es wird Ihnen eine große Hilfe sein, die für Sie am besten geeigneten Affirmationen zusammenzustellen.

Des weiteren möchte ich Ihnen hier einen Weg zeigen, mit dem Sie auch ohne fremde Hilfe Konfliktbereiche erkennen können. Allerdings muss ich darauf hinweisen, dass diese Anregungen und Vorschläge bei schweren körperlichen oder psychischen Problemen keinesfalls einen Facharzt ersetzen. Sollten Sie alleine nicht zurechtkommen, nehmen Sie unbedingt die Hilfe von Fachpersonal in Anspruch.

Die hier angesprochenen Methoden sind kein Allheilmittel. Krankheiten und Tod sind Teil unseres Lebens und Erfahrungsprozesses. Letztlich tragen wir ganz allein die Verantwortung für uns und müssen immer wieder neu entscheiden, wie wir mit Herausforderungen aller Art umzugehen gedenken.

Bei Krankheiten besteht die Versuchung, die Verantwortung ganz an den Arzt zu delegieren. Denken Sie daran, dass Sie sich am Besten kennen und häufig genau fühlen, was ihr Körper benötigt. In der Regel sendet der Körper schon lange vor dem Ausbruch einer Krankheit entsprechende Signale. Leider überhören wir diese häufig, bzw. wollen sie auch nicht wahrnehmen. Übernehmen Sie die Verantwortung für Ihr Leben!

Ein bekannter Arzt riet mir: „*Vertraue niemals einem Arzt, konsultiere mindestens zwei, besser drei Ärzte.*"

Überwinde dich selbst, dann ist die Welt überwunden.

Marc Aurel

---

1 www.affirmation-power.de

Die heutige Medizin und die Ärzte sind ohne Frage ein großer Segen für die Menschheit. Nutzen Sie dieses Fachwissen, beraten Sie sich mit Spezialisten und treffen Sie dann eigenständig eine Entscheidung.

Wie können Affirmationen Ihnen nun helfen, ein erfülltes Leben zu führen? Lesen Sie sich alle Affirmationen in Ruhe durch und schreiben Sie diejenigen heraus, die Ihr Gefühl besonders ansprechen.

Um den Prozess zu unterstützen, können Sie den Gefühlstest auf Seite 24/25 nutzen und sich dann auf Ihre Schwachstellen konzentrieren, indem Sie die Affirmationen lesen, die zu diesem Thema passen. Das Sachregister kann Ihnen dabei ebenfalls eine Hilfe sein.

Vielleicht finden Sie 30-50 oder auch mehr Affirmationen, die passend sind. Versuchen Sie ein Konzentrat daraus zu erstellen. Arbeiten Sie diese erneut durch, verbinden sie ähnliche Affirmationen, fassen Sie sie zusammen und setzen Sie Prioritäten.

Mit der Zeit wird Ihnen immer klarer werden, welche die für Sie zurzeit wichtigsten Affirmationen sind.

Stellen Sie diese nun zusammen, formulieren Sie sie so, dass sich ein angenehmes Bauchgefühl einstellt und lesen Sie sie in den nächsten Tagen immer wieder durch. Manchmal möchte man hier und da noch etwas anpassen oder verändern. Spielen Sie auch mit Worten. Manche wirken häufig zu stark, andere eher zu schwach. Wählen Sie die Worte, die Sie emotional am meisten ansprechen. Parallel dazu sollten Sie das angebotene Programm „Intuition" hören.

Wenn Sie eine Affirmation gefunden haben, mit der Sie sich so richtig wohl fühlen, erstellen Sie Ihre „offizielle" Affirmation, indem Sie den Text aufsprechen oder einen entsprechenden Service dafür nutzen (s. Seite 66). Dann verwenden Sie eine der genannten Techniken, um die Affirmation regelmäßig für mindestens 30 Minuten pro Tag und für 30 Tage hintereinander diszipliniert anzuwenden.

> Formulieren Sie Ihre Affirmationen so, dass Sie ein gutes Bauchgefühl dabei haben.

Die folgende Anleitung kann bei der Erstellung eigener Affirmationen helfen:

Schritt 1:
Finden Sie Ihr spezielles Thema für die Affirmation, z.B. Gesundheit, Liebe, Beruf, Abnehmen, Erfolg etc.
Beispiel: Beruf

Schritt 2:
Konkretisieren Sie Ihr Thema: Was genau möchte ich erreichen? Gibt es ein Unterthema, das mich besonders anzieht?
Beispiel: Arbeitsplatz finden

Schritt 3:
Formulieren Sie die Affirmationen mit Verben und Adjektiven und verwenden Sie keinen bestimmten Zeitpunkt, wann das Ziel erreicht sein soll.
Beispiel: „wird mir täglich klarer" oder „bringt mich ständig voran"

Schritt 4:
Bauen Sie in Ihre Affirmation positive Eigenschaften von sich selbst ein und achten Sie darauf, ob Sie die Affirmation selbst annehmen können oder doch eher ablehnen.
Beispiel: „mein positives Wesen" oder „meine Stärken"

Schritt 5:
Formulieren Sie Ihre Affirmation kurz und prägnant! Je kürzer die Affirmation ist, umso stärker und schneller wirkt sie. Kürzen Sie jedoch Ihre positiven Affirmationen zu stark, werden wesentliche Inhalte möglicherweise weggelassen. Dann sollten Sie besser mehrere kurze Affirmationen bilden.
Beispiel: Ich bin begeistert, denn durch mein positives Wesen komme ich meinem optimalen Arbeitsplatz näher und näher.

Denken Sie auch an die Affо̱rmationen.

Beispiel: Warum habe ich jetzt solch ein positives Wesen, das mich meinem Arbeitsplatz näher bringt?

Schritt 6:
Benutzen Sie nur positive und bejahende Formulierungen. Verneinungen versteht das Unbewusste nicht.

Schritt 7:
Versuchen Sie Ihrer Affirmation beim Sprechen oder Denken eine Melodie zu verleihen, die Ihnen gefällt. Nutzen Sie alle Sinneskanäle, um Ihre Affirmation zu verstärken.

- Sehen: Gestalten Sie die Affirmation so, dass Sie sich rundum ansprechend und gut anfühlt. Verbinden Sie ein Bild mit Ihrer Affirmation. Stellen Sie sich vor, der gewünschte Zustand sei bereits eingetreten. Sehen Sie das Ergebnis deutlich vor Ihren inneren Augen, fühlen Sie es mit aller Macht und genießen Sie das Gefühl.

Erstellen Sie sich ein Wunschposter, auf dem Sie Ihre erreichten Ziele zeigen (Strand, neues Auto, Haus usw.) und hängen Sie es dort auf, wo Sie es möglichst häufig sehen.

- Hören: Lesen Sie Ihre Affirmationen laut oder singen und summen Sie sie. Stellen Sie sich vor, wie Menschen auf Sie zukommen und Sie beglückwünschen oder Sie anderen voll Freude von Ihrem Glück berichten.

- Fühlen: Spüren Sie die schöne Wirkung Ihrer Affirmation, verbinden Sie ein positives Gefühl damit. Fühlen Sie sich schon jetzt im gewünschten Zustand und freuen sich von Herzen daran.

Positive Kraft

Negative Überzeugungen

Im folgenden Kapitel wollen wir damit beginnen, negative Überzeugungen mit Hilfe der passenden Affirmationen aufzulösen!

Affirmations-Zusammenstellung

Die folgenden Affirmationen sind als Beispiel und Anregung gedacht, um Ihnen eine Hilfestellung zu geben.

Natürlich können Sie diese auch eins zu eins übernehmen, bedenken Sie jedoch, dass eigene, speziell auf Sie persönlich zugeschnittene Affirmationen und Vorstellungsbilder deutlich wirksamer sind. Dieses wurde eindeutig in einer Studie von Christine Wilson, et al. belegt.[1]

Die Affirmationen sind nach Themengruppen geordnet. Es kommt vor, dass die eine oder andere Affirmation in unterschiedlichen Gruppen genannt wird, weil sie in mehrere hineinpasst.

Jeder Affirmation ist eine Nummer zugeordnet, sodass sie schnell wiedergefunden werden kann.

Das Gefühl ist ein Ausdruck unserer Gedanken. Deshalb beginnen viele Affirmationsgruppen mit dem Ansprechen unseres Gefühls: „Ich fühle mich gut, wohl ..." Wenn wir uns wohl fühlen, denken wir „richtig", also aufbauend und positiv. Unsere Empfindungen sind immer auch ein Hinweis auf unsere Gedanken.

Bei einigen Affirmationen sind Ausdrücke in Klammern genannt, das sind mögliche Alternativen oder Ergänzungen.

Wenn Sie mit eigenen, persönlichen Affirmationen erfolgreich sind, würden wir uns über Ihr Feedback sehr freuen und auch Anregungen sind herzlich willkommen.

Alles, was man anstrebt, ist zunächst unbehaglich.

N.N.

---

1 Wilson, Christine, et al. (2010). Participant-generated imagery scripts produce greater EMG activity and imagery ability. European Journal of Sport Science, 2010, vol. 10, no. 6, pp. 417-425

Meine tägliche Kraftquelle

Diese Affirmationen sind sehr allgemein und dienen den täglichen Bedürfnissen.

Gib jedem Tag die Chance, der schönste deines Lebens zu werden.

Mark Twain

1. Ich fühle mich sehr (so) wohl (gut, ausgezeichnet ...).

2. AO: Warum fühle ich mich bloß so wohl?

3. Ich mag mich.

4. AO: Seit wann mag ich mich so sehr?

5. Ich bin glücklich.

6. AO: Seit wann und warum bin ich so glücklich?

7. Dieses ist ein toller und erfolgreicher Tag.

8. AO: Warum ist dieses bloß so ein toller und erfolgreicher Tag?

9. Ich mag mich und behandle mich sehr gut. Ja, ich glaube fest an mich.

10. AO: Wieso mag ich mich jetzt und behandle mich so gut? Es ist wunderschön und ich genieße es.

11. Ich bin glücklich und zufrieden.

12. Mir geht es gut, bin frohgemut.

13. Ich bin gesund.

14. AO: Was ist passiert, dass ich völlig gesund bin?

15. Ich lasse los und vergebe.

16. AO: Warum kann ich jetzt loslassen?

17. Ich bin frei und stark.

18. Ich spüre (habe) Frieden in meinem Herzen.

Dieses ist mal wieder einer der schönsten Tage meines Lebens.

Florians Begrüßungsworte, von der Schule nach Hause kommend.

Meine tägliche Kraftquelle

19.   Ich liebe mich und fühle mich so wohl.

20.   Ich behandle mich gut.

21.   Ich werde unterstützt und geliebt.

22.   Ich bin in Sicherheit und entspanne mich.

23.   Ich glaube an mich.

24.   Gott liebt mich vollkommen und bedingungslos.

25.   Gott liebt mich trotz meiner Schwächen über alles.

26.   Mein Leben hat einen Sinn.

27.   Ich gehe meinen Weg.

28.   Ich vertraue.

29.   Ich bin dankbar.

30.   Ich bin voller Kraft und Elan.

31.   Ich bin in mir zu Hause.

32.   Ich bin gesund, glücklich und voller Energie, ja, mir ist alles möglich.

33.   Ich bin Leichtigkeit, Liebe, Licht und Lachen.

34.   Ich bin voller Kraft und Elan und gehe meinen Weg.

35.   Ich bin voller Zuversicht.

36.   Ich bin so dankbar für den Reichtum und die Fülle in meinem Leben.

37.   Ich bin wertvoll, lasse los und vergebe. Ja, ich habe Frieden im Herzen.

38.   Ich denke positiv und konstruktiv.

Mut steht am Anfang des Handelns, Glück am Ende.

Demokrit

Meine tägliche Kraftquelle

39. Ich lasse Altes los und bin frei.

40. Meine Gedanken, Worte und Taten sind im Einklang mit der Schöpfung.

41. Ich sage JA zum Erfolg! Ich bin ein Erfolgsmagnet.

42. Ich tue nur das, was am besten für mich ist.

43. Ich bin voller Begeisterung! Ja, ich bin voller Begeisterung!

Denken und handeln Sie, als wäre es unmöglich zu versagen.

Charles F. Kettering

44. Ich bin körperlich und geistig fit.

45. Ich glaube an mich und meine Fähigkeiten.

46. Durch meinen starken Glauben erreiche ich alles!

47. Danke für dieses Leben, danke für alles.

48. Jeden Morgen freue ich mich auf den neuen, erfolgreichen Tag.

49. Ich denke froh und heiter, Gott ist mein Begleiter!

50. Dieses ist ein toller und erfolgreicher Tag.

51. AO: Warum ist dieses bloß so ein toller und erfolgreicher Tag?

52. Ich mag mich und behandle mich sehr gut. Ja, ich glaube fest an mich.

53. AO: Wieso mag ich mich jetzt und behandle mich so gut? Es ist wunderschön und ich genieße es.

54. Ich bin gesund, glücklich und voller Energie, ja, mir ist alles möglich.

55. Ich bin Leichtigkeit, Liebe, Licht und Lachen.

Meine tägliche Kraftquelle

56. Voller Kraft und Elan gehe ich sicher meinen Weg.

57. Ich bin voller Zuversicht, ja, ich bin voller Zuversicht.

58. Ich bin so dankbar für den Reichtum und die Fülle in meinem Leben.

59. Ich bin wertvoll, lasse los und vergebe. Ja, ich habe Frieden im Herzen.

60. Meine Gedanken, Worte und Taten sind im Einklang mit der Schöpfung.

61. Ich denke positiv und konstruktiv.

62. Ich lasse Altes los und bin frei.

63. Ich sage JA zum Erfolg! Ich bin ein Erfolgsmagnet.

64. Ich tue nur das, was am besten für mich ist.

65. Ich bin voller Begeisterung und Freude!

66. Ich bin körperlich und geistig fit.

67. Dieses ist wieder einer der schönsten Tage meines Leben.

68. Ich glaube an mich und meine Fähigkeiten.

69. Durch meinen starken Glauben erreiche ich alles!

70. Danke für dieses Leben, danke für alles auf dem Weg.

71. Ich denke froh und heiter, Gott ist mein Begleiter.

72. Jeden Morgen freue ich mich auf den neuen, erfolgreichen Tag.

73. Von Tag zu Tag geht es mir besser und besser! Ja, so ist es, so ist es!

Intuition

74.   Ich fühle mich sehr (so) wohl (gut, ausgezeichnet, großartig ...) und bin froh und dankbar.

75.   Ich spüre klar und deutlich die Intuition

76.   AO: Seit wann und warum spüre ich die Intuition so klar und deutlich?

77.   Klar erkenne ich meine Intuition.

78.   AO: Warum erkenne ich jetzt meine Intuition?

79.   Meine Intuition steht mir jederzeit zur Verfügung.

80.   AO: Seit wann und weshalb steht mir meine Intuition jederzeit zur Verfügung?

81.   Ich vertraue meiner Intuition.

82.   Machtvoll nutze ich meine Intuition.

83.   Ich höre auf meine Intuition.

84.   Voller Kraft gehe ich meinen Weg.

85.   Ich entscheide mit Herz und Verstand.

86.   Meine Intuition gibt mir Frieden und Sicherheit.

87.   Ich bin offen für Inspiration.

88.   Ich lasse mich inspirieren.

89.   Ich handle inspiriert.

90.   Intuitiv erkenne und nutze ich meine Möglichkeiten.

91.   Intuitiv erkenne ich, was zu tun ist.

92.   Intuitiv erkenne ich meine Prioritäten.

Die wahre Entdeckungsreise besteht nicht darin, neue Landschaften zu suchen, sondern neue Augen zu haben.

Druidenweisheit

Intuition

93. Ich setze die richtigen Prioritäten

94. Ich bin offen für neue Ideen.

95. Meine Intuition wird mit jedem Tag stärker und klarer.

96. Ich darf auf mein Gefühl hören. Das ist o. k.

97. Ich lass mich leiten und führen.

98. Ich lasse mich durch meine Intuition leiten.

99. Meine innere Stimme führt und leitet mich.

100. Ich erkenne genau, was gut für mich ist und handle entsprechend.

101. Ich nutze meine Intuition weise und verantwortlich.

102. Ich höre die innere Stimme immer klarer und klarer.

103. Meine innere Stimme wird von Tag zu Tag immer lauter (stärker) und klarer.

104. Meine innere Stimme ist klar und deutlich, ich folge ihr gerne.

105. Ich höre auf meine innere Stimme.

106. Ich fühle, was richtig und wichtig für mich ist.

107. Ich höre mehr und mehr auf mein Bauchgefühl.

108. Ich spüre die richtige Richtung und meinen Weg.

109. Ich verspüre in jeder Situation instinktiv, was ich zu tun habe und handle entsprechend.

110. Meine Intuition führt mich auf sicheren Wegen.

> *Der Verstand kann uns sagen, was wir unterlassen sollen. Aber das Herz kann uns sagen, was wir tun müssen.*
>
> Joseph Joubert

Intuition

111. Meine Intuition bewahrt mich vor Risiko und Verlust.

112. In jeder Situation fühle ich genau, was zu tun ist.

113. Klar und deutlich kann ich unterscheiden.

114. Ich habe die Gabe der Unterscheidung und nutze sie weise und zum Wohle aller.

Was wirklich zählt, ist Intuition.

Albert Einstein

115. Ich konzentriere mich auf die guten (richtigen, wichtigen) Dinge.

116. Meine Entscheidungen dienen dem Wohl aller Beteiligten.

117. Ich nutze die Affirmationen, die meinem Fortschritt dienen.

118. Ich nutze die Affirmationen, um mich zu vervollkommnen / zu entwickeln.

119. Weise stelle ich mir meine Affirmationen zusammen.

120. Affirmationen helfen mir täglich, mich zu verbessern.

121. Ich arbeite mit Affirmationen, die mir helfen, ein besseres Leben zu führen.

122. Ich entscheide mich für Affirmationen, die mein Leben zum Positiven verändern.

123. Ich nutze die Affirmationen, mit denen ich meine guten/gerechten Ziele erreiche.

124. Ich habe nur gute, positive Ziele.

125. Mit meinen gerechten Zielen trage ich zur Verbesserung der Menschheit bei.

Intuition

126. Mit meinen Affirmationen trage ich dazu bei, dass mehr Freundlichkeit/Friede/Glück/Zufriedenheit herrschen.

127. Mein gesunder Menschenverstand und meine Intuition arbeiten perfekt zusammen (miteinander).

128. Ich nutze Verstand und Intuition gleichermaßen.

129. Ich spüre die richtige Richtung und folge ihr.

130. Meine innere Stimme leitet mich.

131. Ich entscheide mich immer für den richtigen Weg.

132. Klar und sicher treffe ich die bestmögliche Entscheidung.

133. Ich kann meinem Gefühl vertrauen, ja, ich höre auf mein Gefühl.

134. Ich konzentriere mich auf die richtigen Dinge.

135. Durch den Geist Gottes erkenne ich, was zu tun ist.

136. Der Geist Gottes führt und leitet mich beständig.

137. Gerne höre ich auf die göttliche Inspiration und meine innere Stimme.

138. Ich treffe gute Entscheidungen.

139. Ich nutze mein Wissen und meine Fähigkeiten zum Wohle meiner Mitmenschen.

Intuition ist dein innerer Kompass, der dir die richtige Richtung weist.

Helga Schäferling

Intuition ist die göttliche Vision einer großartiger Möglichkeiten.

nach Sidney N. Bremer

Dankbarkeit

Es wäre jetzt hilfreich, die bereits genannte Liste von 50 Punkten vorliegen zu haben, für die Sie besonders dankbar sind.

140. Ich fühle mich sehr (so) wohl (gut, ausgezeichnet, großartig ...) und bin froh und dankbar.

141. Ich bin dankbar und danke.

142. AO: Woher habe ich meine Dankbarkeit?

143. AO: Warum bin ich bloß so dankbar?

144. AO: Seit wann kann ich danken?

145. Es ist schön, dass ich danken kann.

146. Ich bin dankbar für mein Leben (Familie, Beziehung, Arbeit, Gesundheit, Talente etc.)

147. Ich bin dankbar und glücklich.

148. Ich habe allen Grund dankbar zu sein.

149. Ich erkenne die vielen Gaben, die ich in mir habe.

150. Ich bin voller guter, positiver Gedanken und fühle mich entsprechend gut.

151. Ich lobe den reichen Schatz an schönen Dingen, die bei mir und in mir sind.

152. Dankbarkeit erfüllt mein Leben.

153. Das Leben meint es gut mit mir.

154. Ich nehme mein Leben in Dankbarkeit an.

155. Ich liebe das Leben.

156. Zufriedenheit durchströmt meinen Körper.

Wenn du am Morgen aufstehst, dann danke für das Morgenlicht, für dein Leben und deine Kraft. Danke für deine Nahrung und für deine Freude am Leben. Wenn du keinen Grund zur Dankbarkeit hast, dann liegt der Fehler bei dir.

Tecumseh,
Häuptling der Shawnee

Dankbarkeit

157. Dankbarkeit macht mich stark.

158. Dankbarkeit macht mich zufrieden.

159. Ich vertraue der Schöpfung.

160. Alle Ereignisse in meinem Leben sind richtig.

161. Ich strahle Dankbarkeit und Zufriedenheit aus.

162. Ich spüre Dankbarkeit und Zufriedenheit.

163. Meine Dankbarkeit ist heilsam für meine Gefühle.

164. Herausforderungen nehme ich dankbar an.

165. Ich bin dankbar für all die Liebe in meinem Leben.

166. Ich bin dankbar für meine Gesundheit.

167. Ich bin dankbar für meine Kinder (Eltern).

Nicht die Glücklichen sind dankbar. Es sind die Dankbaren, die glücklich sind.
Francis Bacon

168. Ich bin voller Dankbarkeit für die Zeit, die ich mit ... verbringen kann.

169. Ich bin dankbar für den Reichtum und die Fülle in meinem Leben.

170. Voller Dankbarkeit teile ich mit anderen.

171. Ich bin dankbar für meinen Körper (Augen, Beine etc.).

172. Ich bin dankbar für all meine Erfahrungen.

173. Ich bin dankbar für meine Intuition.

174. Ich bin so dankbar für meine Freunde.

175. Ich bin dankbar für die Hilfe, die ich erhalte.

176. Ich bin dankbar, dass ich bin, wie ich bin!

Dankbarkeit

177. Ich bin dankbar und zufrieden, dass ich so liebenswert bin!

178. Ich bin so dankbar und voller Liebe für meine Familie!

179. Ich bin dankbar und fröhlich, weil ich geliebt bin!

Und wer alles mit Dankbarkeit empfängt, der wird herrlich gemacht werden.

Lehre u. Bündnisse 78:19

180. Ich bin sehr dankbar und überglücklich, weil ich vollkommen gesund bin!

181. Ich bin dankbar und in Frieden mit meinem Leben!

182. Ich bin überaus dankbar und zufrieden, einen guten Job zu haben!

183. Ich bin jetzt so dankbar und froh erfolgreich zu sein!

184. Ich bin dankbar und glücklich im Wohlstand zu leben!

185. Ich bin dankbar und sehr glücklich in einer harmonischen Beziehung zu leben!

186. Ich bin so dankbar für meinen Partner.

187. Ich bin dankbar für die Möglichkeiten zu wachsen.

188. Je mehr ich danke, desto mehr empfange ich.

189. Mir geht es gut.

190. Ich bin glücklich.

191. Das Leben ist schön und alles ist gut. Danke!

Dank ist keine Erniedrigung, sondern ein Zeichen hellen Verstandes, welcher die Verhältnisse erkennt und ein Zeichen eines guten Gemütes, welches der Liebe fähig ist. Denn wer nicht danken kann, der kann auch nicht lieben.

Jeremias Gotthelf

Gedanken-Hygiene

192. Ich bin verantwortlich für meine Gedanken.

193. AO: Seit wann weiß ich, dass nur ich für meine Gedanken verantwortlich bin?

194. Ich entscheide mich jetzt für gute Gedanken.

195. AO: Seit wann entscheide ich mich ausschließlich für gute Gedanken?

196. Ich konzentriere mich nur auf gute Gedanken.

197. Ich habe die absolute Kontrolle über meine Gedanken.

198. Ich entscheide mich für heilsame und liebevolle Gedanken.

199. Ich liebe und schätze meine klaren und konstruktiven Gedanken.

200. Ich achte auf meine Gedanken und Worte.

201. Ich denke nur positiv und konstruktiv.

202. Ich achte stets auf meinen inneren Dialog.

203. Ich denke klar und kraftvoll.

204. Meine Gedanken sind die Schöpfer meiner Taten.

205. Durch meine positiven Gedanken erschaffe ich mein erfolgreiches Leben.

206. Ich entscheide mich für Gedanken der Freude und des Friedens.

207. Ich entscheide mich positiv und konstruktiv zu denken.

208. Ich wähle meine Gedanken und Worte mit Dankbarkeit und Demut.

Wer heute einen Gedanken sät, erntet morgen die Tat, übermorgen die Gewohnheit, darnach den Charakter und endlich sein Schicksal.

Gottfried Keller

Es heißt, die Gedanken sind frei.
So frei, dass wir ihre Sklaven sind?

Michael Bellersen

Gedanken-Hygiene

209. Ich entscheide mich für liebevolle Gedanken.

210. Ich bin stets Sender froher Gedanken.

Positive Gedanken sind der Beginn einer wunderbaren Realität.

N.N.

211. Ich habe die Fähigkeit, meine Gedanken positiv zu verändern.

212. Voll positiver Gedanken bin ich stets bereit, Veränderungen in meinem Leben anzunehmen.

213. Ich habe nur positive Gedanken.

214. Ich achte auf mein Denken und wähle bewusst gesunde Gedanken.

Aus der Pflege glücklicher Gedanken und Gewohnheiten entsteht auch ein glückliches Leben.

Norman Vincent Peal

215. Frohe und glückliche Gedanken helfen mir, mich gesund zu erhalten. (… gesund zu werden.)

216. Meine positiven Gedanken fördern und stärken mein Immunsystem.

217. Meine Gedanken sind positiv und liebevoll.

218. Ich liebe all meine (positiven) Gedanken und Gefühle.

219. Ich weiß, dass meine Gedanken meine Realität erschaffen.

Was jemand von sich selbst denkt, das bestimmt, oder vielmehr zeigt an, wie sein Schicksal ist.

Henry D. Thoreau

220. Kreative Gedanken strömen unablässig zu mir .

221. Ich denke kreativ.

222. Ich fülle meine Gedanken mit dem, was ich möchte.

223. Meine Gedanken sind liebevoll und positiv.

224. Ich denke gerne neue, höhere Gedanken.

225. Ich lasse alle negativen Gedanken los.

226. Ich sende meinen Mitmenschen friedliche und liebevolle Gedanken.

Gedanken-Hygiene

227. Von Tag zu Tag gelingt es mir immer besser und besser, meine Gedanken zu kontrollieren.

228. Ich denke bewusst.

229. Denken bereitet mir Freude.

230. Meine Gedanken sind klar und rein.

231. Leicht und locker ersetze ich Negatives durch Positives.

232. Ich strebe ständig nach guten, schönen und aufbauenden Gedanken.

233. Ich erfreue mich an meinen konstruktiven und positiven Gedanken.

Die Gedankenfrei-heit haben wir. Jetzt brauchen wir nur noch die Gedanken.
          Karl Kraus

Man muss sich durch die kleinen Gedanken, die einen ärgern, immer wieder durchringen zu den großen Gedanken, die einen stärken.

Gefühle

234. Ich liebe all meine Gedanken und Gefühle.

235. AO: Seit wann liebe ich all meine Gedanken und Gefühle?

236. Ich wähle jetzt, wie ich mich fühlen möchte.

237. AO: Warum wähle ich jetzt, wie ich mich fühlen möchte?

238. Ich wähle Frieden.

239. AO: Seit wann wähle ich den Frieden?

240. Ich wähle meine Gefühle und entscheide mich für innere Ruhe und Wohlbefinden.

241. Ich bin in meiner Mitte.

242. Ich fühle mich wohl.

243. Ich bin voller Liebe.

244. Ich bin glücklich und zufrieden.

245. Ich bleibe stets im Gleichgewicht.

246. Ich schenke meinen Gefühlen Beachtung.

247. Ich vergebe mir, auch wenn ich nicht immer mein Bestes tat.

248. Ich achte genau auf meine Gefühle, denn sie zeigen mir meinen Weg. (s. Seite 22).

249. Ich lasse meine Gefühle durch mich hindurchfließen.

250. Mein Herz ist offen.

251. Meine Gefühle fließen.

252. Ich respektiere und ehre mich.

> Gefühle sind wichtige Botschafter.
> Wie ein Navigationssystem zeigen sie den inneren Zustand an, in dem wir uns befinden.

Gefühle

253. Ich bin mutig und beachte meine Gefühle.

254. Ich strahle Selbstachtung, inneren Frieden, Liebe, Wohlbefinden und Glück aus.

255. Ich lasse Selbstmitleid und Vorwürfe los und ersetze sie durch Liebe.

256. Ich bin stärker als jegliche Angst und fülle mich mit Liebe.

257. Ich atme jetzt mit jedem Atemzug Angst aus und ersetze sie mit reiner Liebe.

258. Ich löse alle Angst im Licht auf.

259. Ich bin jetzt völlig furchtlos.

260. Es ist sicher, verletzlich zu sein.

261. Ich fühle mich gut, ruhig und in Frieden mit mir selbst.

262. Ich lasse in jedem Gedanken und jeder Handlung Harmonie sein.

263. Ich benutze jede Erfahrung zum Guten, was mir wiederum Gutes bringt.

264. Ich nehme all meine Gefühle als Teil von mir selbst an.

265. Meine Gefühle machen mich menschlich.

266. Ich schaue mit leichten und glücklichen Gefühlen auf meine Vergangenheit zurück.

267. Ich kann frei und offen über meine Gedanken und Gefühle mit anderen sprechen.

268. Meine Dankbarkeit ist heilsam für meine Gefühle

Glaube

269. Mein Glaube ist stark.

270. AO: Seit wann habe ich solch einen starken Glauben?

271. Ich bin voller Glauben und Zuversicht.

272. AO: Warum bin ich jetzt so voller Glauben und Zuversicht?

273. Ich habe die Gabe eines festen und starken Glaubens.

274. AO: Seit wann habe ich diese Gabe des festen Glaubens? Das ist großartig.

Die verstehen sehr wenig, die nur das verstehen, was sich erklären lässt.

Maria v. Ebner-Eschenbach

275. Es fällt mir leicht zu glauben.

276. Ich entscheide mich jetzt zu glauben.

277. Ich glaube daran, dass mir Gutes widerfährt.

278. Ich glaube an das Gute.

279. Ich glaube an mich und meine Weg.

280. Ich glaube an meinen Erfolg.

281. Mein Glaube trägt mich durchs Leben.

282. Durch meinen starken Glauben erreiche ich alles!

283. Mein Glaube gibt mir Halt und macht mich stark.

284. Durch meinen Glauben erreiche ich meine Ziele.

285. Mein Glaube bewirkt Wunder.

286. Durch meine guten, aufbauenden Gedanken stärke ich meinen Glauben.

287. Mit den Augen des Glaubens sehe und fühle ich meine wundervolle Zukunft.

Glaube

288. Ich konzentriere mich immer auf das Gute und Schöne.

289. Mein Glaube hilft mir in jeder Lebenssituation.

290. Ich vertraue mir und glaube daran, dass ich alles schaffen kann.

291. Ich glaube an mein grenzenloses Potenzial.

292. Ich glaube an mich und meine (unbegrenzten, großartigen, zahlreichen …) Fähigkeiten.

293. Mein Glaube beflügelt mich.

294. Mein Glaube gibt meinem Leben Flügel.

295. Mein starker Glaube ist mir ein festes Fundament.

296. Mein fester Glaube ist die Kraft in meinem Leben.

297. Mit meinem Glauben verändere ich Dinge zum Guten.

298. Mein Glaube führt mich zum Guten.

299. Mein Glaube führt mich zu meinem Ziel.

300. Von Tag zu Tag wird mein Glaube stärker und stärker, wofür ich dankbar bin.

Der Glaube an unsere Kraft kann diese ins Unendliche verstärken.

Friedrich von Schlegel

Wenn Sie weiter das tun, was Sie schon immer getan haben, bekommen Sie auch das, was Sie schon immer bekommen haben!

N. N.

Harmonie

301. Ich fühle mich sehr (so) wohl (gut, ausgezeichnet, großartig ...) und bin froh und dankbar.

302. Ich liebe das Leben.

303. AO: Seit wann liebe ich das Leben?

304. Das Leben liebt mich.

305. Ich bin geliebt.

Das höchste Gut, ist die Harmonie der Seele mit sich selbst.

Seneca

306. Ich werde geliebt.

307. AO: Seit wann werde ich vom Leben geliebt?

308. Ich spüre Wärme und Zuneigung.

309. AO: Warum spüre ich jetzt solche Zuneigung und Wärme?

310. Liebe ist überall.

311. Meine Lebenskraft strahlt in die Welt.

312. AO: Woher habe ich die Lebenskraft, die in die Welt strahlt?

313. Das Leben ist schön.

314. Mein Leben ist friedvoll.

315. Ich fühle mich geborgen, ja, ich bin geborgen.

316. Ich bin voller Vertrauen.

317. AO: Woher habe ich dieses große Vertrauen?

318. Ich sende positive Gedanken aus.

319. Glück, Erfolg und Liebe werden von mir magisch angezogen.

Harmonie

320. Alle Dinge dienen meinem Besten.

321. Ich bin gelassen, zufrieden und ruhig.

322. Ich glaube stets an das Gute.

323. Ich bin im Gleichgewicht und ausgewogen.

324. Ich bin einzigartig.

325. Ich bin friedlich und liebevoll.

326. Ich lebe in einer harmonischen Umgebung.

327. Ich bin in Harmonie mit mir und meiner Umwelt.

328. Ich liebe die Harmonie.

329. Wir streben gemeinsam nach Harmonie.

330. Wir leben gemeinsam in Harmonie.

331. Ich lebe im Einklang mit meiner Umgebung.

332. Ich bin harmonisch und im Einklang mit mir.

333. Ich bin voller Energie.

334. Ich bin friedvoll und gelassen und fühle mich wohl.

335. Ich liebe mein Herz, es ist voller Kraft und dient mir.

336. Mein Herz und Verstand sind in völliger Harmonie.

337. Ich bin gelassen und friedvoll.

338. Ich sende positive Gefühle aus.

339. Ich bin erfüllt mit Liebe zu allen Menschen.

340. Ich habe ein heiteres Wesen.

Harmonie

341. In mir ist Friede und dieses schenkt mir Harmonie und innere sowie äußere Ausgeglichenheit.

342. Ich schaue zuversichtlich in die Zukunft, denn ich werde geführt.

343. Neue, harmonische Energie durchströmt mich.

344. Ich liebe das Leben - ich bin voller Selbstvertrauen.

345. Ich vertraue Gott, mir und den anderen.

346. Ich liebe und lebe in Harmonie mit dem Ganzen.

347. Ich bringe Freude in die Mitte meines Herzens.

348. Ich zeige Liebe zu allen und allem und übernehme die Verantwortung dafür.

349. Ich entscheide mich jetzt (heute) voller Freude zu sein, ja, ich bin voller Freude und hüpfe vor Freude.

350. Ich ziehe das an, was mit meinen Wünschen in Einklang und Harmonie ist.

351. Ich bin froh und heiter, Gott (Glück) ist mein Begleiter.

Harmonie ist der Zustand nach dem alles strebt.

N.N.

Lebensfreude

Versuchen Sie beharrlich, sich nicht unterkriegen zu lassen. Wenn es Ihnen nicht gut geht, schauen Sie in den Spiegel und lächeln Sie. Dadurch werden positive Gefühle freigesetzt und es wird Ihnen schnell besser gehen. Halten Sie es mit Charlie Chaplin.

352.   Ich fühle mich sehr (so) wohl (gut, ausgezeichnet...)

353.   AO: Warum fühle ich mich bloß so wohl?

354.   Ich habe Vertrauen.

355.   AO: Seit wann habe ich solch großes Vertrauen?

356.   Alles ist gut.

357.   Das Leben ist schön.

358.   AO: Warum ist das Leben so schön?

359.   Ich bin glücklich.

360.   AO: Wieso bin ich so glücklich?

361.   Ich bin voller Liebe, Licht und Lachen.

362.   Ich bin offen.

363.   Ich empfange und sende stets frohe Gedanken.

364.   Ich bin strahlende Lebenskraft.

365.   Ich bin kraftvoll und lebendig.

366.   Ich spüre und genieße meine Energie.

367.   Ich spüre meine Kraft täglich neu.

368.   Ich öffne mich der Schönheit des Lebens.

369.   Ich öffne mich meiner eigenen Schönheit.

Jeder Tag, an dem du nicht lächelst, ist ein verlorener Tag.

Charlie Chaplin

Lebensfreude

370. Ich habe ein fröhliches Gemüt.

371. Ich bin fröhlich, mir geht es gut.

372. Ich bin im Einklang mit mir und dem Leben.

373. Ich erfreue mich an kleinen Ereignissen.

374. Ich habe große Freude an kleinen Ereignissen.

375. Ich verdiene nur Gutes in meinem Leben.

Gib jedem Tag die Chance, der schönste deines Lebens zu werden.

Mark Twain

376. Ich erwarte stets das Beste vom Leben und von jedermann.

377. Ich gebe stets das Beste.

378. Ich entscheide mich jetzt, das Beste aus mir zu machen.

379. Ich fühle mich geliebt und strahle Liebe aus.

380. Ich bin geliebt und strahle Liebe aus.

381. Ich bin in Frieden mit mir und meiner Umwelt.

382. Ich begegne dem heutigen Tag mit großer Freude und Begeisterung.

383. Ich wache jeden Morgen rechtzeitig und voller Energie auf.

384. Göttliche Liebe wirkt durch mich hier und jetzt.

385. Ich öffne mein Herz und fühle tiefe Liebe in mir.

386. Das Universum schickt mir, was ich brauche.

387. Die Gegensätze des Lebens inspirieren mich.

388. Ich bin im Einklang mit der Natur.

389. Ich tue gerne, was ich zu tun habe.

Lebensfreude

390. Leicht und frei fließe ich mit dem Leben.

391. Ich spüre Frieden, Harmonie und Lebensfreude.

392. Ich liebe das Leben

393. Das Leben meint es gut mit mir.

394. Ich bin geborgen.

395. Ich freue mich über jeden neuen Tag.

396. Ich freue mich auf jeden Tag.

397. Jeder Tag ist eine schöne Überraschung.

398. Ich bin lebendig und voller Kraft.

399. Ich glaube an das Gute.

400. Ich habe Vertrauen und lasse Altes los.

401. Ich bin in Sicherheit.

402. Ich spüre Zuwendung und Liebe.

403. Ich sehe die Liebe in jedem Menschen.

404. Ich sehe das Positive in jedem Menschen.

405. Ich bin in Frieden mit mir selbst.

406. Ich bin reich an Liebe, Frieden und Geborgenheit.

407. Ich bin in meiner Mitte.

408. Alles ist gut.

409. Ich liebe mich so, wie ich bin.

410. Ich bin (endlich) frei.

411. Ich bin kerngesund.

Lebensfreude

412. Ich bin voller Lebensenergie.

413. Ich habe Power und bin hoch motiviert.

414. Ich habe vollen Zugriff auf meine Fähigkeiten und Talente.

415. Ich tue Dinge, die mich glücklich machen.

416. Das Leben unterstützt mich.

417. Meine Energien sind ausgeglichen.

Das Leben ist zu kurz, um ein langes Gesicht zu machen.

Nossrat Peseschkian

418. Ich bin ausgeglichen.

419. Ich führe ein ausgewogenes Leben.

420. Ich verfüge über riesige Möglichkeiten.

421. Ich höre auf mein Gefühl.

422. Mein Herz ist voller Freude.

423. Ich gehe selbstbewusst meinen Weg.

424. Ich schaffe alles, was ich will.

425. Ich bin in Harmonie mit mir und der Welt.

426. Ich entscheide mich für liebevolle Gedanken.

427. Grenzenlose Freude durchströmt mich jetzt.

428. Ich habe klare Ziele.

429. Ich erkenne meine Fähigkeiten und Talente.

430. Ich strahle reine Freude aus.

431. Ich gehe liebevoll mit mir um.

432. Ich bin ein Meister der Lebensfreude.

Lebensfreude

433. Ich habe alles, was ich brauche.

434. Voller Vertrauen und Zuversicht nehme ich alles Gute an.

435. Ich meistere meine täglichen Aufgaben mit Leichtigkeit (großer Freude und Begeisterung).

436. Ich lebe im Hier und Jetzt und achte den Moment.

437. Die Vergangenheit ist vergangen und vorbei.

438. Harmonie und Frieden durchströmen mein ganzes Sein.

439. Ich bin ruhig, heiter und gelassen.

440. Ich verdiene (nur) das Gute im Leben.

441. Ich bin innerlich und äußerlich reich.

442. Ich habe Vertrauen in mich und mein Leben.

443. Ich bin frei, das Leben jetzt richtig anzugehen.

444. Meine Natur ist Freude, sie entspringt meinem inneren Wesen.

445. Ich entscheide mich jetzt wirklich zu leben.

446. Ich gehe meinen Weg mit Mut, Kraft und Vertrauen.

447. Alles, was ich brauche (benötige), wird mir gegeben.

448. Meine Zukunft ist voller Licht und Freude.

449. Ich sage JA zu mir und meinem Leben.

450. Aufmerksam und voller Liebe gehe ich durch den Tag.

451. Voller Dankbarkeit genieße ich jeden Augenblick.

452. Ich erkenne die Schönheit in allem, was ist.

Lass die Freude ein, sie steht öfter vor deiner Tür als du glaubst.

N.N.

Lebensfreude

453. Wellen voller Energie und Liebe durchströmen meinen Körper.

454. Alles, was ich tue, geschieht, weil ich es will.

455. Ich fühle mich stets glücklich, auch wenn Enttäuschungen meinen Frieden stören wollen.

456. Ich bin überzeugt, dass alle Dinge meinem Besten dienen.

457. Ich gebe jederzeit mein Bestes - einerlei was ich tue.

458. Ich gebe zu jedem Zeitpunkt mein Bestes.

459. Freude durchströmt mich mit jedem Atemzug.

460. Ich bin stets Sender froher Gedanken.

Ich schwinge mich auf zu neuen Höhen !

Lebensfreude

461. Was ich unternehme, mache ich zu meinem Meisterwerk.

462. Mein Glaube an das Gute wandelt Möglichkeit in
Wirklichkeit.

463. Ich lebe meine Ideale.

464. Ich erkenne und bejahe, dass dort, wo ich bin, immer
die Sonnenseite des Lebens ist.

465. Ich erwarte nur das Beste vom Leben und von jedermann.

466. Ich helfe mir selbst und auch anderen sich selbst zu
helfen.

467. Ich habe mich entschlossen, stets richtig zu denken
und vollkommen zu leben.

468. Ich ernte tausendfach, was ich um anderer willen säe.

469. Ich erkenne in allem das Gute und versuche aus allem
das Beste zu machen.

470. Ich trage stets einen guten Wunsch im Herzen.

471. Ich erwarte das Höchste von mir und rufe darum
Großes in mir hervor.

472. Ich bemühe mich täglich zum Glück anderer beizutragen.

473. Ich bin stets heiter (hilfsbereit, selbstlos, menschlich,
großzügig, teilnahmsvoll etc.)

474. Ich sende strahlende Kraft aus und ziehe alles
Fördernde an.

475. Ich bin offen für die Wahrnehmung meiner tiefen
Bedürfnisse.

Lebensfreude

476. Ich öffne mich der Schönheit des Lebens.

477. Ich öffne mich meiner eigenen Schönheit.

478. Ich stelle mich den Herausforderungen in meinem Leben.

479. Ich bin offen und ehrlich.

480. Ich bin weise und gütig.

481. Ich behandle jeden wohlwollend und zuvorkommend.

482. Ich achte auf die Bedürfnisse der anderen.

483. Ich behandle den anderen so, wie ich wünsche von ihm behandelt zu werden.

484. Mein Körper ist schön und geschmeidig.

485. Mein Wissen und mein Handeln sind stets im Gleichgewicht.

486. Energie belebt meinen Körper bis in jede Zelle.

487. Mein Mut und meine Ausdauer wachsen täglich.

488. Grenzenlose Energie strömt durch meinen Körper.

489. Ich atme tief, ruhig und entspannt.

490. Ich bewege mich jederzeit bewusst.

491. Jeder Atemzug gibt mir neue Energie.

492. Ich bin kraftvoll und lebendig.

493. Ich bin körperlich und geistig flexibel.

494. Ich bin im Fluss mit dem Rhythmus meines Körpers.

495. Ich bin und bleibe jung und dynamisch.

Lebensfreude

496. Ich spüre und genieße meine Vitalität.

497. Ich bin gelassen, zufrieden und ruhig.

498. Ich bin ein Sonnenstrahl für jeden Menschen, dem ich begegne.

499. Ich konzentriere mich immer auf das Wesentliche in meinem Leben.

500. Ich bin der strahlende Mittelpunkt, wo immer ich bin.

501. Ich bin ein Magnet des Guten, jeder kommt mir entgegen, wie ich jedem entgegenkomme.

502. Ich ziehe jeden mit meiner positiven Kraft an.

503. Ich bin strahlende Lebenskraft.

504. Mein heiteres Wesen stimmt alle sympathisch und gewinnt mir Freunde und Helfer.

505. In jedem Augenblick bin ich der Schöpfer meines Zukunft.

506. Mein Verstand und Herz sind im Gleichgewicht.

507. Ich bin immer zur richtigen Zeit am richtigen Ort und tue genau das Richtige.

508. Ich empfinde meinen Körper als harmonisches Ganzes.

509. Ich verbinde im Atmen Körper, Geist und Seele.

510. Ich fühle mich in jedem Augenblick mit meinem Körper verbunden.

511. Ich achte auf die Botschaften meines Körpers.

512. Ich nehme mir Zeit für die wesentlichen Dinge in meinem Leben.

Das Leben ist bezaubernd, man muss es nur durch die richtige Brille sehen.

Alexander Dumas

Lebensfreude

513. Ich nehme mir Zeit für meine Freunde.

514. Das Leben begeistert mich jeden Tag aufs Neue.

515. Ich nehme mir Zeit, um nachzudenken. (…um zu spielen, … um zu lesen, … um froh zu sein.)

516. Mein Leben liegt in meiner eigenen Hand.

517. Ich mache aus jedem Tag einen guten Tag.

Mehr als die Vergangenheit interessiert mich die Zukunft, denn in ihr gedenke ich zu leben.

Albert Einstein

518. Ich lebe heute, denn das Gestern ist fort und das Morgen nicht da.

519. Ich bin unabhängig und erfolgreich.

520. Voller Energie verfolge ich meine Ziele.

521. Ich bin voller Lebensfreude und genieße mein Leben in jedem Augenblick.

522. Ich bin glücklich und gesund.

523. Mein Leben ist bezaubernd.

524. Ich bin froh und heiter, denn dann geht das Leben gut weiter.

525. Die Gegensätze des Lebens inspirieren mich.

526. Ich bin heil und gesund.

527. Ich bin fröhlich und optimistisch.

528. Ich sehe in allem einen Grund glücklich zu sein.

529. Ich bin ein guter Freund und Begleiter.

530. Jeden Tag bereite ich jemandem eine Freude.

531. Ich lache, weil ich glücklich bin und in allem das Schöne sehe.

Lebensfreude

532. Ich bin voller Kraft und Lebensfreude.

533. Ich spende Kraft und Lebensfreude.

534. Ich vertraue der Weisheit des Lebens.

535. Ich sehe all die Schönheit um mich herum.

536. Ich konzentriere mich auf die schönen und guten Dinge im Leben.

537. Ich bin offen für die großen und kleinen Wunder des Lebens.

538. Ich achte auf das Jetzt und Heute.

539. Ich bin im Einklang mit der Natur.

540. Ich finde große Freude in kleinen Ereignissen.

541. Ich öffne mein Herz, um Liebe zu geben und zu empfangen.

542. Freude erfüllt mein Leben.

543. Ich sehe Möglichkeiten, wo andere Schwierigkeiten sehen.

544. Mein Leben ist friedvoll.

545. Ich bin begeistert, froh und glücklich, ich liebe das Leben.

546. Ich entscheide mich dafür, dass dieses ein guter Tag ist.

547. Das Leben ist schön, ich liebe es!

548. Ich gebe jeden Tag die Chance, der schönste meines Lebens zu sein.

Es gibt überall Blumen für den, der sie sehen will.   Henry Matisse

Lebenskraft und Energie

549. Ich fühle mich sehr (so) wohl (gut, ausgezeichnet, großartig ...) und bin froh und dankbar.

550. Ich liebe mich und meine Welt.

551. AO: Seit wann liebe ich mich und meine Welt?

552. Ich bin gesund und voller Energie.

553. AO: Warum bin ich jetzt gesund und voller Energie?

554. Ich habe Kraft, Energie und Lebensfreude.

555. AO: Seit wann habe ich diese Kraft, Energie und Lebensfreude?

Es bleibt einem jeden immer noch soviel Kraft, das auszuführen, wovon er überzeugt ist.

J. W. v. Goethe

556. Ich lasse alle meine Ängste und Zweifel los.

557. Ich lasse die Vergangenheit los.

558. Mein Leben ist leicht und einfach.

559. Ich gehe meinen Weg.

560. Ich bin froh und glücklich (heiter).

561. Ich lebe im gegenwärtigen Augenblick, ja ich lebe im Jetzt.

562. Ich bin gewillt, an Fülle, Wohlstand, Wachstum und Freude zu glauben.

563. Ich bin offen für Neues, woher es auch kommt.

564. Ich ziehe alle positiven und freundlichen Menschen in mein Leben.

565. Ich bin ein selbstsicherer und kraftvoller Mensch.

566. Ich freue mich auf neue kreative Kontakte.

567. Ich spüre meine Ruhe und Gelassenheit.

Lebenskraft und Energie

568. Klarheit kommt von Aufmerksamkeit und geistiger Aktion.

569. Sorgfältige Kommunikation sorgt für Klarheit.

570. Ich fülle meine Gedanken mit dem, was ich möchte.

571. Liebe, Mitgefühl und Führung stehen in Fülle zur Verfügung.

572. Jeder Teil von mir ist mein Freund.

573. Ich kann über mich lachen.

574. Jede Situation ist eine Lernerfahrung.

Kommt dir ein Schmerz,
so halte still und frage,
was er von dir will.

Emanuel Geibel

575. Jedes Mal, wenn ich mich etwas Neuem öffne, lebe ich auf.

576. Alle Zellen meines Körpers sind gesund und vital.

577. Ich bin völlig gelöst.

578. Alles, was ich tue, ist mein freier Wille.

579. Ich beeinflusse die Welt mit meinem Frieden.

580. Ich sende positive Bilder aus.

581. Jeder Tag ist ein neuer Anfang.

582. Ich schätze mich selbst und verwende meine Zeit mit Bedacht.

583. Ich kann mich über alles bisher Bekannte hinaus entwickeln.

584. Meine Einstellung entscheidet, wie ich die Welt erfahre, ja, ich habe eine positive Einstellung.

585. Mein höheres Selbst lenkt mich in die richtige Richtung.

Lebenskraft und Energie

586. Ich atme langsam ein und aus und merke, wie ich mich wunderbar dabei entspanne (löse).

587. Ich spüre den Lebensstrom der Energie in meinem Körper.

588. Durch alles, was ich kreiere, lerne und wachse ich.

589. Ich ziehe gleichgesinnte und liebevolle Menschen in mein Leben.

Glaube an deine Kräfte. Wenn du an deine Stärke glaubst wirst du täglich stärker.
Dalei Lama

590. Ich bin kompetent und komme gut zurecht.

591. Bei meinen Tätigkeiten bin ich völlig konzentriert.

592. Ich bin kontaktfreudig und aufgeschlossen.

593. Ich lerne jeden Tag neue nette Menschen kennen.

594. Ich bin kommunikationsfreudig.

595. Ich bin positiv und kraftvoll.

596. Ich fühle mich in der Gesellschaft anderer sehr wohl.

597. Ich trete sicher und bestimmt auf.

598. Ich fühle mich sicher, wenn ich meine Gedanken ausdrücke.

599. Ich bin in jeder Situation gelassen und heiter.

600. Ich denke und spreche immer positiv.

601. Ich sehe in jedem Menschen das Wahre, Schöne und Gute.

602. Ich bin aufmerksam.

603. Ich bin gesund und strahle Gesundheit aus.

Lebenskraft und Energie

604. Ich strahle Jugend und Vitalität aus.

605. Ich strahle Charme aus.

606. Ich strahle Klugheit aus.

607. Ich strahle Liebe aus.

608. Ich befinde mich überall in einer liebevollen Atmosphäre.

609. Ich gehe mit allen Aufgaben entspannt um.

610. Ich kann jedes Problem lösen.

611. Ich fühle mich jeden Tag sicherer und freier.

612. Ich bin allen Herausforderungen gewachsen.

613. Ich freue mich jeden Tag darauf, den Menschen ein Nutzen zu sein und das stimmt mich glücklich.

614. Ich höre aktiv zu.

615. Leicht und frei führe ich mein Leben.

616. Ich denke und handle immer mehr aus meinem Herzen.

617. Ich bin selbstsicher.

618. Ich bin im Einklang mit dem Lebensstrom.

619. Mit Stresssituationen gehe ich leicht und sicher um.

620. Ich lasse jede Negativität los.

621. Ich vertraue meiner Herzenskommunikation.

622. Ich tue alles voller Selbstvertrauen.

623. Ich verbinde mich mit den Menschen durch mein Herz.

Wenn du durch die Hölle gehst, gehe weiter!

Winston Churchill

Lebenskraft und Energie

624. Jetzt leite ich in allen Lebensbereichen positive Veränderungen ein.

625. Alles, was ich benötige, steht mir jederzeit zur Verfügung.

626. Ich bin bereit zu lernen. Je mehr ich lerne, desto mehr wachse ich.

627. Ich bin gelassen und emotional ausgeglichen.

628. Ich öffne mich für Freude, Energie und Gesundheit.

629. Ich sage JA zum Leben.

630. Ich bin Energie und Lebensfluss.

631. Jede Zelle meines Körpers ist mit freudiger Lebenskraft erfüllt.

632. Ich gönne mir die Ruhe, die ich brauche.

633. Ich wähle meine Gedanken und Worte mit Dankbarkeit und Demut.

634. Ich bin ein Geschenk für mich und andere.

635. Ich habe die Kraft, alles zu erreichen.

636. Ich liebe das Leben und die Menschen.

637. Ich bin glücklich und zufrieden.

638. Ich führe ein erfülltes Leben.

639. Ich bin dankbar für mein reiches und erfülltes Leben.

640. Ich spüre den Frieden und die Harmonie in mir.

641. Meine Gedanken sind liebevoll und positiv.

Lebenskraft und Energie

642. Ich konzentriere mich auf das, was gut und schön ist.

643. Mein Geist ist offen. Ich denke gerne neue, höhere Gedanken.

644. Mein Geist ist auf höhere Ebenen der Wirklichkeit gerichtet.

645. Meine Fähigkeit zur Beobachtung und Aufmerksamkeit wächst.

646. Mein Bewusstsein erweitert sich täglich.

647. Meine Fähigkeiten erweitern sich von Tag zu Tag.

648. Ich verfüge jetzt über eine starke Willenskraft.

649. Die Macht meines Willens ist stärker als alles.

650. Der höhere Wille fließt durch mich.

651. Ich weiß, wann ich zu handeln habe.

652. Ich verwende meinen weisen Willen.

653. Ich folge dem Weg meines Herzens.

654. Die Macht meines Geistes ist stärker als alles andere.

655. Ich mache mein Leben zur Priorität.

656. Ideen kommen leicht und locker.

657. Es fällt mir leicht, mich zu konzentrieren.

658. Ich nehme mir Zeit zum Nachdenken und Meditieren.

659. Mein Denken ist unbegrenzt.

660. Ich denke an Positives.

661. Ich denke positiv, ja, ich bin positiv!

Du kannst dein Leben nicht verlängern noch verbreitern, nur vertiefen.

Gorch Fock

Lebenskraft und Energie

662. Ich lasse alle Bilder los, die andere von mir haben.

663. Ich wähle mein eigenes (positives) Selbstbild.

664. Ich habe einen starken Willen.

665. Ich habe die Fähigkeit, meine Energie auf das zu richten, worauf ich sie richten möchte.

Wer mit Gelassenheit handelt, erreicht, was er erstrebt.

Arabisches Sprichwort

666. Ich bin in jedem Augenblick Schöpfer meines Lebens.

667. Ich bin voller Licht und Liebe.

668. Ich bin stets Sender froher Gedanken.

669. Ich bin strahlende Lebenskraft.

670. Ich richte mich nach meiner inneren Führung.

671. Ich bin überzeugt, dass alle Dinge meinem Besten dienen.

672. Dort, wo ich bin, ist die Sonnenseite des Lebens.

673. Ich erwarte nur das Beste vom Leben und von jedermann.

674. Ich erwarte nur das Beste von mir.

675. Ich fühle mich stets glücklich.

676. Ich umgebe mich mit positiven Menschen.

677. Ich ziehe erfolgreiche und positive Menschen in mein Leben.

678. Enttäuschungen motivieren mich, weiterzumachen.

679. Ich öffne mich der Schönheit des Lebens.

680. Ich öffne mich meiner eigenen Schönheit.

Lebenskraft und Energie

681. Ich nehme mir Zeit für die wesentlichen Dinge im Leben.

682. Ich konzentriere mich auf die wesentlichen Dinge im Leben.

683. Ich handle nach dem sicheren Wissen meines Gewissens.

684. Ich bin göttlich.

685. Ich bin offen für alle Geschenke des Geistes.

686. Ich bin ein Kind Gottes.

687. Ich bin mit Gottes Liebe erfüllt.

688. Alles, was Gott für mich und das Universum beabsichtigt, hat Priorität für mich.

689. Ich lebe jeden Tag so, als ob es der letzte wäre.

690. Ich lebe bewusst, intensiv, pflichterfüllt und bin so dankbar.

691. Ich lasse jeden Tag zu einer schönen Blume erblühen.

692. Ich spüre, ich kann die Geschehnisse in meinem Leben lenken.

693. Ich stelle mich den Herausforderungen meines (des) Lebens.

694. Mein Verstand und mein Herz sind im Gleichgewicht. (… sind in Harmonie.)

695. Ich erkenne meinen Lebenssinn.

696. Ich erkenne mich selbst an und liebe mich.

697. Ich mache einen Quantensprung.

Lebenskraft und Energie

698. Mein Wissen und mein Handeln sind im Gleichgewicht.

699. Meine Innenwelt und meine Außenwelt sind im Gleichgewicht.

700. Ich bin die wichtigste Person in meinem Leben.

701. Ich erreiche neue Bewusstseinsebenen, die weit über das hinausgehen, was ich für möglich hielt.

Ich kann, weil ich will, was ich muss.
Kant

702. Mit Leichtigkeit erreiche ich erweiterte Bewusstseinszustände.

703. Ich lüfte die Schleier der Illusion und sehe klar.

704. Ich bin mir selbst treu in allem, was ich tue.

705. Ich schätze alles, was ich habe und bin.

706. Ich schätze mich sehr und danke für mein herrliches Leben.

707. Ich bin voller Energie und Lebendigkeit.

708. Ich respektiere mich und nutze meine Talente.

709. Ich respektiere und gebrauche meine besonderen, Kenntnisse, Fertigkeiten und Fähigkeiten.

710. Ich lasse mich in allem, was ich tue, von meiner Integrität leiten.

711. Ich behandle mich mit Respekt.

712. Mein Leben ist voller Wunder.

713. Ich ziehe viele wunderbare Gelegenheiten an, in der Welt einen wichtigen Beitrag zu leisten.

714. Ich kenne und respektiere meinen Wert.

Lebenskraft und Energie

715. Ich kenne den Zweck meines Lebens und erfülle ihn.

716. Ich habe einen einzigartigen, speziellen Beitrag zu leisten.

717. Der Sinn und Zweck meines Lebens wird mir immer klarer.

718. Auch wenn ich gerade nicht im Fluss bin, komme leicht wieder hinein.

719. Ich sehe mich als jemanden, der innerlich wächst und expandiert.

720. Ich lebe nun in der Gegenwart.

721. Ich folge meinem Herzen.

722. Ich bin fähig, tüchtig und stark.

723. Ich gratuliere mir häufig.

724. Ich bin gut, schön und liebenswert.

725. Ich umgebe mich mit Dingen, die meine Lebendigkeit und Energie widerspiegeln.

726. Ich weiß, dass meine Gedanken meine Realität erschaffen, deshalb konzentriere ich mich auf das, was ich will.

727. Ich habe eine Fülle wertvoller Fertigkeiten, Kenntnisse und Talente.

728. Ich gebe anderen Gutes und lasse mir von ihnen Gutes geben.

729. Ich tue Dinge, durch die mein Geist entspannt und zur Ruhe gebracht wird.

Jeder neue Tag hat zwei Griffe. Man kann ihn am Griff der Ängstlichkeit anpacken, oder am Griff der Begeisterung. Von dieser Wahl hängt ab, wie dein Tag wird.

N.N.

Lebenskraft und Energie

730. Mein innerliches Wachstum ist eine wunderbare Abenteuerreise voller Entdeckungen.

731. Mein Wert erhöht sich durch alles, was ich tue.

732. Meine Atmung ruhig und kräftig.

Ein neuer Weg ist immer ein Wagnis, aber wenn wir den Mut haben loszugehen, dann ist jedes Stolpern und jeder Fehltritt ein Sieg über unsere Ängste, unsere Zweifel und Bedenken!

Demokrit

733. Ich folge meine Bestimmung, ich baue mein Leben.

734. Ich verwirkliche jetzt meine höhere Bestimmung.

735. Ich sage mir oft, welch gute Fortschritte ich mache.

736. Ich weiß, was ich will, und ich bekomme es.

737. Ich treffe leicht Entscheidungen.

738. Ich weiß, was in meinem Leben wichtig ist und konzentriere mich darauf.

739. Ich sehe die Zukunft mit immer klarerem Blick.

740. Meine Arbeit wird (ist) geschätzt und geehrt.

741. Ich handle so, dass die größten Resultate erfolgen.

742. Ich verwende meine Zeit und Energie dort, wo sie die besten Resultate erzielen.

743. Meine Energie ist konzentriert auf meine Ziele gerichtet.

744. Ich konzentriere mich mit aller Energie auf mein Ziel.

745. Ich bin frei und stark.

746. Ich werde unterstützt und geliebt.

747. Ich behandle mich gut.

Lebenskraft und Energie

748. Ich bin ausgewogen.

749. Ich bin einzigartig.

750. Ich bin großartig.

751. Ich bin friedlich und liebevoll.

752. Ich glaube an mich.

753. Ich bin voller Kraft und Elan.

754. Ich habe Power!

755. Ich schaffe das!

756. Ich freue mich und bin sehr dankbar.

757. Auf zu neuen Ufern.

> *Um neue Küsten zu erreichen,*
> *muss man vertraute Ufer verlassen.*

Motivation

Wir alle erleben Zeiten, in denen unsere Kraft, Geduld, Gesundheit und unsere Werte bis zum Äußersten belastet werden. Manche Menschen zerbrechen daran. Andere nehmen derartige Prüfungen als Gelegenheit wahr, zu wachsen und bessere Menschen zu werden. Letztlich ist es allein unsere Verantwortung, wir haben die Wahl und auch die Kraft. Häufig ist es „nur" eine Frage der Motivation:

„Wenn etwas wichtig für dich ist, wirst du einen Weg finden, wenn nicht, findest du mit Sicherheit eine Ausrede."

Es hängt von dir selbst ab, ob du das neue Jahr als Bremse oder als Motor benutzen willst.

Henry Ford

Ausgerüstet mit den richtigen Affirmationen, werden auch Sie Ihren Weg gehen können. Sie wissen doch, wer hoch steigen will, muss das gegen den Wind tun!

758.   Ich fühle mich sehr (so) wohl (gut, ausgezeichnet...)

759.   Ich bin hoch motiviert.

760.   AO: Warum bin ich so hoch motiviert?

761.   Ich bin motiviert, in jedem Moment das Richtige zu tun.

762.   Ich habe vollen Zugang zu meinen Fähigkeiten.

763.   AO: Seit wann habe ich bloß den vollen Zugang zu meinen Fähigkeiten? Das ist ja großartig.

764.   Ich entscheide mich jetzt dafür, die notwendigen und richtigen Dinge zu TUN.

765.   Ich bin stark.

766.   AO: Weshalb bin ich jetzt so stark? Es tut so gut.

767.   Ich bin motiviert, das zu tun, was jetzt getan werden muss (... ,was am besten für mich ist).

768.   Ich konzentriere mich jetzt auf die richtigen Dinge.

Motivation

769. Mein Fokus ist auf die notwendigen Dinge gerichtet.

770. Ich bin voller Begeisterung!

771. Ich bin voller Tatendrang.

772. Ich entscheide mich jetzt für ein besseres Leben.

773. Ich bin voller Tatendrang und konzentriere mich auf den Erfolg.

774. Ich habe klare Regeln und halte mich daran.

775. Ich habe klare Ziele.

776. Ich konzentriere mich auf meine Ziele.

777. Meine Selbstdisziplin wächst von Tag zu Tag.

778. Dieses ist ein wunderbarer Tag, an dem ich viel schaffe.

779. Ich bin diszipliniert und schaffe, was ich mir vorgenommen habe.

780. Meine Tätigkeit bereitet mir große Freude und verschafft mir Zufriedenheit.

781. Ich führe alle Tätigkeiten (Arbeiten) mit Selbstdisziplin aus.

782. Meine Selbstdisziplin führt mich sicher zum Erfolg.

783. Ich erledige jede Aufgabe mit Begeisterung und Freude und bin dankbar für meine Disziplin.

784. Mit Stolz und großer Freude blicke ich auf das Geschaffte.

785. Ich weiß, dass es sich lohnt, wenn ich mich anstrenge.

> *Wenn alles gegen Dich zu laufen scheint, erinnere dich daran, dass das Flugzeug gegen den Wind abhebt, nicht mit ihm.*
>
> Henry Ford

Motivation

786. Ich habe eine starke Willenskraft und erreiche dadurch meine Ziele.

787. Ich meistere mein Leben.

788. Ich habe mentale und körperliche Kraft (dieses und jenes, Ihr Thema einfügen)..... zu schaffen.

789. Ich arbeite, denn ich weiß, dass die Freude daran von ganz allein kommt.

790. Ich halte durch und schaffe es.

Es ist nie zu spät, das zu werden, was man hätte sein können.

George Eliot

791. Ich schaffe das!

792. I can do it!

793. Ich habe Spaß an der Arbeit und am Erfolg!

794. Ich erledige alle meine wesentlichen Aufgaben zielbewusst.

795. Ich weiß, wie ich mich motivieren kann.

796. Ich kann mich leicht motivieren.

797. Ich bin motiviert, das zu erreichen, was ich mir vorgenommen habe.

798. Ich bin jetzt motiviert, ja, ich bin hoch motiviert.

799. Ich entscheide mich für meine Motivation.

800. Ich bin ein motivierter Mensch.

801. Ich sehe, wie ich meine Arbeit erledigt habe und bin stolz auf mich.

802. Ich fühle bereits jetzt, wie es ist, das Projekt erfolgreich abgeschlossen zu haben.

803. Ich habe ein starkes Durchhaltevermögen.

Motivation

804. Ich stehe das durch!

805. I come through with flying colors.

806. Ich lebe im gegenwärtigen Augenblick, ja, ich lebe im Jetzt.

807. Ich vertraue mir und glaube daran, dass ich das schaffe, ja, ich kann alles schaffen.

808. Was ich mir vornehme, das schaffe ich auch.

809. Ich habe klare Ziele und verfolge diese konsequent.

810. Ich bin voller Aufmerksamkeit.

811. Jeder Teil von mir ist mein Freund.

812. Ich kann über mich lachen.

813. Ich lebe in einer grenzenlosen Welt.

814. Durch alles, was ich kreiere, lerne und wachse ich.

815. Jeder Tag ist ein neuer Anfang.

816. Ich bin der kreative Kapitän meines Seins.

817. Ich bin am Steuer! Ich bin der Steuermann und gebe die Richtung vor.

818. Ich bin der Gestalter meines Lebens.

Genau in dem Moment, als die Raupe dachte, die Welt geht unter, wurde sie zum Schmetterling.

Peter Benary

Persönliches Wachstum

Als ich die Affirmationen zum Thema „Persönliches Wachstum" zusammenstellte, stieß ich auf das nebenstehende Zitat von Orison S. Marden und seine bewegende Biografie, die ich hier verkürzt wiedergeben möchte.

Ich werde einen Weg finden oder ihn schaffen.

Orison S. Marden

Er wurde 1850 als Sohn armer Eltern in New England geboren. Als er drei Jahre alt war starb seine Mutter, kurz darauf sein Vater und die drei Kinder wurden von einem Erziehungsberechtigten zum anderen geschoben. Für Unterkunft und Kost musste er bereits als Kind arbeiten.

Auf einem Dachboden fand er ein Selbsthilfe-Buch von Samual Smiles. Beeindruckt begann er an sich und seinen Lebensumständen zu arbeiten. Später sagte er dazu, dass dieses Buch einen Funken in ihm entzündet habe.

Obwohl er selbst für seinen Lebensunterhalt sorgen musste, graduierte er in zwei Fachbereichen an der Harvard-Universität und wurde später mehrfacher Hotelbesitzer.

Die goldene Gelegenheit, nach der Du suchst, liegt in Dir selbst. Es sind weder die Umstände noch das Glück oder die Hilfe anderer, es ist alleine in Dir.

Orison S. Marden

Während einer schwierigen Lebensphase brachte er, mit dem Ziel andere ebenso zu inspirieren, wie er durch Samuel Smiles inspiriert wurde, seine philosophischen Ideen zu Papier.

Sein erstes Buch „Pushing to the Front" wurde 1894 veröffentlicht. Im gleichen Jahr gründete er das Success Magazine, welches noch heute eines der bekanntesten Geschäfts-Magazine in den USA ist.

Er war der Auffassung, dass unsere Gedanken unser Leben und unsere Lebensumstände beeinflussen.

Marden ist ein großartiges Beispiel für persönliches Wachstum. Sie können seine vollständige Biografie auf der Internetseite nachlesen. Außerdem steht im Downloadbereich sein bekanntestes Buch in der Originalfassung zum Herunterladen bereit (www.affirmation-power.de).

Persönliches Wachstum

819. Ich fühle mich sehr (so) wohl (gut, ausgezeichnet, großartig ...) und bin froh und dankbar.

820. Ich setze mir Ziele.

821. AO: Seit wann setze ich mir Ziele?

822. Meine Ziele sind klar und deutlich definiert (formuliert).

823. AO: Weshalb sind meine Ziele jetzt so klar und deutlich definiert (formuliert)?

824. Ich bin voller Licht und Liebe.

825. AO: Warum bin ich so voller Licht und Liebe?

826. AO: Seit wann bin ich voller Licht und Liebe?

827. Ich bin ein Gewinner.

828. AO: Wieso bin ich immer unter den Gewinnern?

829. Ich bin in jedem Augenblick Schöpfer meines Lebens.

830. Ich genieße Veränderungen.

831. AO: Warum genieße ich plötzlich Veränderungen?

832. AO: Seit wann genieße ich Veränderungen?

833. Ich vertraue der Weisheit des Lebens.

834. Ich habe eine positive Lebenseinstellung.

835. Ich bin diszipliniert und voller Ausdauer.

836. Ich konzentriere mich auf das Wesentliche.

837. Ich bin strahlende Lebenskraft.

838. Ich bin voller Leben und Energie.

Wenn du Fehler hast, habe den Mut, dich von ihnen zu trennen.
Konfuzius

Das Leben besteht aus vielen Höhen und Tiefen, man darf nur nicht im Tief stecken bleiben!
N.N.

Persönliches Wachstum

839. Ich nehme mir Zeit für die wesentlichen Dinge in meinem Leben.

840. Ich bin gelassen, zufrieden und ruhig.

841. Ich bin offen und ehrlich.

842. Ich bin weise und gütig.

843. Ich bin stets glücklich.

844. Ich bin Liebe und behandle jeden wohlwollend und zuvorkommend.

845. Ich achte auf die Bedürfnisse der anderen (anderer).

846. Ich behandle den anderen (Menschen) so, wie ich wünsche von ihm (ihnen) behandelt zu werden.

847. Meine Innen - und Außenwelt sind im Gleichgewicht.

848. Mein Verstand und mein Herz sind im Gleichgewicht.

849. Mein Wissen und mein Handeln sind im Gleichgewicht.

850. Ich bin offen für die Wahrnehmung meiner tiefen Bedürfnisse.

851. Ich öffne mich der Schönheit des Lebens.

852. Ich öffne mich meiner eigenen Schönheit.

853. Ich richte mich nach meiner inneren Führung, nach meinem Gewissen.

854. Ich bin stets Sender froher Gedanken.

855. Ich bin ausgeglichen.

Alles Flexible und Fließende neigt zu Wachstum. Alles Erstarrte und Blockierte verkümmert.

Oscar Wilde

Persönliches Wachstum

856. Alle Dinge dienen zu meinem Besten.

857. Ich habe mich entschlossen, stets richtig zu denken und gut zu leben.

858. Alles ist gut, auch wenn ich nicht immer gleich erkenne wofür.

859. Ich stelle mich den Herausforderungen in meinem Leben.

860. Körper und Geist sind in Harmonie.

861. Ich bin offen für neue Erfahrungen.

862. Veränderungen sind Verbesserungen.

863. Ich bin in Sicherheit und kann mich verändern.

864. Ich bin ich selbst.

865. Ich weiß, was ich will.

866. Ich bin jetzt offen für Veränderungen.

867. Ich lade Veränderungen ein.

868. Ich bin stets glücklich und ausgeglichen, (auch wenn Enttäuschungen meinen inneren Frieden stören wollen).

869. Ich spüre, dass ich die Geschehnisse in meinem Leben immer mehr lenke.

870. Ich erwarte nur das Beste vom Leben und von jedermann.

871. Ich helfe mir selbst und auch anderen, sich selbst zu helfen.

872. Ich weiß, dass sich mein Weg von allein ergibt, wenn ich nur loslasse und ihn im Vertrauen gehe.

Ich vergesse, was dahinten ist und strecke mich aus nach dem, was da vorne ist.

Paulus, Philiper 3,13

Persönliches Wachstum

873. Ich entwickle und verändere mich positiv.

874. Ich darf mich verändern, ja, ich möchte mich gerne verändern.

875. Jetzt leite ich in allen Lebensbereichen positive Veränderungen ein.

876. Ich bin jeder Veränderung gewachsen.

Nicht weil es schwer ist, wagen wir es nicht, sondern weil wir es nicht wagen, ist es schwer.   Seneca

877. Ich verändere mich auf positive Art und Weise.

878. Ich werde mit Achtung und Respekt behandelt.

879. Ich bin bereit, mein Leben angenehmer und schöner zu gestalten.

880. Ich lasse jetzt alle Blockaden und Ängste los und erlaube mir, meine Wünsche und Ziele zu erfüllen.

881. Ich lasse alte Muster los und erlaube mir, mich zu verändern.

882. Ich lasse jetzt meine vergangenen Belastungen los.

883. Ich bin fähig, meine Gedanken positiv zu verändern.

884. Ich habe die Fähigkeit und Kraft, meine Emotionen zu verändern.

885. Jetzt ist ein guter Augenblick, mich zu verändern.

886. Ich habe den Wunsch, die Fähigkeit und Kraft, falsche (alte) Überzeugungen zu verändern.

887. Ich tue alles Notwendige, um alte (schlechte) Gewohnheiten zu überwinden.

888. Ich habe alle Kraft und Autorität, die ich benötige.

889. Ich verändere mein Leben jetzt und hier.

Persönliches Wachstum

890. Veränderung ist ein spannender Teil meines Lebens.

891. Ich öffne mich jetzt für neue Möglichkeiten.

892. Ich heiße das Neue mit Freude und Leichtigkeit willkommen.

893. Ich verändere mich in der richtigen Art und Weise.

894. Meine Veränderung ist ein Prozess (natürlicher Teil) des Wachstums.

895. Veränderung und Wachstum gehören zu mir.

896. Veränderung ist leicht für mich.

897. Ich liebe Veränderungen und Neues.

898. Ich erklimme eine Stufe nach der nächsten.

899. Ich tue Dinge, weil ich es möchte.

900. Ich gehe meinen Weg.

**Stufe
um Stufe
weiter voran!**

901. Voll Freude und Begeisterung bin ich jetzt bereit, Veränderungen in meinem Leben anzunehmen.

902. Ich bin bereit, das Beste zu sein, was ich sein kann.

903. Veränderung ist ein ganz natürlicher Teil des Lebens und ich genieße sie.

904. Ich vertraue in die göttliche Weisheit, die mich führt.

905. Ich bin bereit, mich ständig weiterzuentwickeln.

906. Ich sehe meine wundervolle persönliche Entfaltung.

907. Wie eine aufwärts führende Treppe entwickle ich mich von Stufe zu Stufe.

908. Stufe um Stufe geht es weiter und weiter aufwärts.

Persönliches Wachstum

909. Ich liebe es, außerhalb meiner Komfortzone zu sein.

910. Ich erweitere täglich meine Komfortzone.

911. Außerhalb meiner Komfortzone fühle ich mich frei und wohl.

Schwache Menschen warten auf Gelegenheiten, starke Menschen schaffen sie.

Orison S. Marden

912. Ich liebe die neuen Herausforderungen.

913. Leicht und locker schreite ich jetzt aus meiner Komfortzone.

914. Raus aus der Komfortzone, rein in den Erfolg.

915. Täglich erweitere ich jetzt die Grenzen meiner Komfortzone.

916. Ich bin Stolz auf das, was ich erreiche.

917. Ich wage es und beschreite persönliches Neuland.

918. Täglich lerne ich Neues und erweitere meinen Horizont.

Verlasse endlich die Sicherheit Deines vertrauten Elends!

N.N.

919. Mutig schreite ich voran und teste meine Grenzen aus.

920. Mutig probiere ich Neues aus und erweitere damit meine Grenzen.

921. Jeden Tag stelle ich mich neuen Herausforderungen.

922. Ich liebe Herausforderungen.

923. Täglich tue ich etwas, was mir schwer fällt. Dadurch wachse ich mehr und mehr.

924. Ich freue mich auf ....

925. Mit Kraft, Mut und Begeisterung beginne ich Neues.

926. Ich überschreite meine selbst gesteckten Grenzen.

Selbstvertrauen

927. Ich mag mich.

928. AO: Warum mag ich mich bloß?

929. Jeder mag mich.

930. AO: Weshalb mögen mich alle?

931. Ich bin klasse.

932. AO: Seit wann bin ich so klasse?

933. Ich bin gut.

934. AO: Seit wann bin ich eigentlich so gut?

935. AO: Warum bin ich eigentlich so gut?

936. Ich achte mich.

937. Ich liebe und achte mich.

938. Ich achte und respektiere mich.

939. Ich bin glücklich.

940. Ich liebe das Leben und bin glücklich.

941. Ich bin liebenswert.

942. Ich werde geliebt.

943. Ich liebe und werde geliebt.

944. Gott liebt mich (über alles).

945. Ich bin ausgeglichen und fühle mich wohl.

946. Ich habe großartige Fähigkeiten und Talente.

947. Ich fühle mich sehr (so) wohl (gut, ausgezeichnet...)

948. Ich bin ein guter Mensch.

Äußere Umstände? Was sind schon äußere Umstände? ICH mache die Umstände!

Napoleon Bonaparte

Selbstvertrauen

949. Ich bin trotz Schwächen ein guter Mensch.

950. Ich bin wertvoll und wichtig.

951. Ich lebe ein gutes Leben.

952. Ich fühle mich wohl in meiner Haut.

953. Ich bin wunderbar und fühle mich wohl.

Wir werden nicht von den Umständen geschaffen; wir sind Schöpfer der Umstände!

Benjamin Disraeli

954. Ich sorge gut für mich.

955. Ich meistere mein Leben (mit Leichtigkeit).

956. Ich habe Substanz.

957. Ich bin jeder Veränderung gewachsen.

958. Ich bin achtsam.

959. Ich lebe glücklich und gesund.

960. Ich gehe meinen Weg.

961. Ich trage die Verantwortung für mein Leben.

962. Ich bin für mich verantwortlich.

963. Ich habe Frieden in mir.

964. Ich bin an vielen Dingen interessiert.

965. Ich bin ein interessanter Mensch.

966. Ich bin sicher und ruhe in mir.

967. Ich setze mich für die richtigen Dinge ein.

968. Ich vertraue mir.

969. Ich vertraue anderen.

Selbstvertrauen

970. Alles ist gut, ich bin in Harmonie mit mir und dem Universum.

971. Alles, was ich brauche, kommt zur richtigen Zeit zu mir.

972. Ich entscheide mich für gute Gedanken.

973. Ich sage JA zum Leben.

974. Ich bin mutig.

975. Ich verdiene alles Gute.

976. Das Leben ist schön.

977. Frieden beginnt bei mir selbst.

978. Frieden beginnt mit mir.

979. Ich habe Kraft und Autorität.

980. Ich führe ein erfolgreiches und erfülltes Leben.

Selbstvertrauen ist das erste Geheimnis des Erfolges.

Ralph Waldo Emerson

981. Mein Leben ist mit jedem Tag schöner und besser.

982. Ich lebe und wirke in der Ausgeglichenheit.

983. Ich bin so (werde) akzeptiert, wie ich bin.

984. Ich bin offen und empfänglich für alles, was gut für mich ist.

985. Ich öffne mich für Freude, Energie und Gesundheit.

986. Ich bin voller Sicherheit und Selbstvertrauen und komme im Leben kraftvoll voran.

987. Ich lebe in einer Welt der Liebe und Akzeptanz.

988. Alle meine Entscheidungen wirken sich positiv auf mein Leben aus.

Selbstvertrauen

989. Ich denke nur positiv über mich.

990. Ich gehöre dazu.

991. Ich habe viele Freunde.

992. Ich gehe auf andere zu.

Beginn die Aufgabe und Du wirst die Energie erhalten, um sie zu bewältigen.

Ralph Waldo Emerson

993. Ich bin kontaktfreudig.

994. Ich bin frei.

995. Ich freue mich.

996. Intelligenz, Mut und Selbstvertrauen gehören zu mir.

997. Ich habe eine gute Einstellung zu mir selbst.

998. Ich stehe zu mir und meinen Fähigkeiten.

999. Ich bin stets geduldig und liebevoll mit mir.

1000. Ich bin stets geduldig und liebevoll mit den Mitmenschen.

1001. Ich bin stets geduldig und liebevoll zu mir und anderen.

1002. Ich sehe meine Fähigkeiten, Talente und mein Potential.

1003. Ich bin mir meiner Fähigkeiten (Talente, ...) bewusst.

1004. Ich bin die wichtigste Person in meinem Leben.

1005. Mein innerer Dialog ist freundlich und liebevoll.

1006. Ich habe ein gesundes Selbstwertgefühl.

1007. Ich bin einzigartig.

1008. Jeder Tag ist ein besonderer Tag.

Selbstvertrauen

1009. Ich entscheide mich dafür heiter und gelassen zu sein.

1010. Meine Natur ist Freude, die ich auch ausstrahle.

1011. Ich bin froh hier zu sein.

1012. Ich allein bin verantwortlich für mein Leben.

1013. Ich bin verantwortlich für mein Leben und kann Dinge verändern.

1014. Ich lerne aus jeder Erfahrung.

1015. Ich darf sein, wie ich bin.

1016. Ich kann meine eigenen Weg gehen.

1017. Ich gehe mit Bestimmtheit meinen Weg.

1018. Ich stehe für mich ein.

1019. Ich bin gut (genug).

1020. Ich bin dem Leben gewachsen.

1021. Mein Leben liegt in meiner eigenen Hand.

1022. Ich mache aus jedem Tag einen guten Tag.

1023. Meine Seele ist frei.

1024. Ich habe meinen Platz im Leben.

1025. Ich bin da.

1026. Ich sprühe vor Lebensfreude.

1027. Ich freue mich hier zu sein.

1028. Ich nehme mein Leben als Geschenk an.

Du bist deine eigene Grenze, erhebe dich darüber.

Hafis

Selbstvertrauen

1029. Meine Gefühle machen mich menschlich.

1030. Ich bin authentisch.

1031. Was ich fühle, stimmt für mich.

1032. Ich lasse es zu gerührt und berührt zu sein.

1033. Ich wage es, mich zu zeigen, wie ich bin.

Wer sich selbst alles zutraut, wird andere übertreffen.

Chinesische Weisheit

1034. Ich bin bereit (offen), für neue Erfahrungen.

1035. Es ist, wie es ist.

1036. Ich vertraue auf meine innere Stärke.

1037. Ich bin unabhängig und erfolgreich.

1038. Ich bin reich.

1039. Ich nähre meine Beziehung(en).

1040. Ich bin kraftvoll.

1041. Ich gebe jederzeit mein Bestes.

1042. Voller Energie verfolge ich meine Ziele.

1043. Ich bin ein göttliches Wesen.

1044. Ich nehme meine Aufgaben an und erfülle sie in Liebe.

1045. Ruhe und Frieden durchströmen mein Sein.

1046. Voller Vertrauen und Freude verneige ich mich vor meinem hohen Selbst.

1047. Ich bin mir selbst Lob genug.

1048. Ich bin immer ich selbst.

Selbstvertrauen

1049. Ich lasse alle Masken fallen.

1050. Ich bin bereit, mich anderen zuzumuten.

1051. Ich liebe mich (genauso), wie ich bin.

1052. Ich übernehme die Verantwortung in meinem Leben.

1053. Ich bin mit mir zufrieden.

1054. Ich darf sein, wie ich bin.

1055. Zwischen Himmel und Erde bin ich.

1056. Ich habe Vertrauen.

1057. Am Ende wird (ist) alles gut.

1058. Ich finde immer zu mir zurück.

1059. Ich lasse Altes los und gewinne Neues.

1060. Ich lebe hier und jetzt.

1061. Ich liebe das Leben und das Leben liebt mich.

1062. Ich bin flexibel.

1063. Ich nehme mir Zeit für das Wesentliche.

1064. Ich bin präsent.

1065. Ich verdiene nur das Beste.

1066. Ich verlasse mich auf meinen göttlichen Zeitplan.

1067. Ich bin voller Geduld und Ausgeglichenheit.

1068. Ich sende Vertrauen, ja, ich strahle Vertrauen aus.

1069. Ich entscheide mich für positive Gedanken.

> *Mach das Beste aus dir selbst, denn das ist alles, was du hast.*
>
> Ralph Waldo Emerson

Selbstvertrauen

1070. Ich bin voller Liebe, Frieden und Fülle.

1071. Ich erfreue mich an jedem Augenblick.

1072. Ich genieße ganz bewusst das Hier und Jetzt.

1073. Ich tue es aus dem Zentrum meines Herzens.

1074. Ich höre auf meine innere Stimme und achte auf meine Gefühle.

Sagen Sie sich heimlich in Gedanken: Ich wurde geschaffen, um erfolgreich zu handeln.

Andrew Carnegie

1075. Ich folge meiner inneren Führung im vollen Vertrauen.

1076. Ich sende allen Menschen, denen ich begegne, Gottes Liebe.

1077. Es ist genug für alle da.

1078. Ich lebe in Fülle und erfreue mich an allen Dingen des Lebens.

1079. Ich sehe ganz deutlich, was für ein prächtiger Mensch ich bin.

1080. Ich darf selbst entscheiden, wie mein Leben aussieht.

1081. Herausforderungen des Lebens nehme ich als neue Chancen an.

1082. Ich liebe die Herausforderungen.

1083. Ich stelle mich den Herausforderungen in meinem Leben.

1084. Das Universum schickt mir, was ich brauche.

1085. Ich bin in jedem Augenblick achtsam.

1086. Ich bin offen.

1087. Ich erkenne mich an für das, was ich tue.

Selbstvertrauen

1088. Die Gegensätze des Lebens inspirieren mich.

1089. Ich bin im Einklang mit der Natur.

1090. Ich liebe meine Gedanken, Worte und Taten.

1091. Meine Gedanken, Worte und Taten sind im Einklang mit der Schöpfung.

1092. Ich finde große Freude in kleinen Ereignissen.

1093. Ich tue gerne, was ich tun muss.

1094. Ich tue gern, was zu tun ist.

1095. Ich spüre meine Kraft täglich neu.

1096. Ich vertraue mich dem Fluss des Lebens an.

1097. Die Welt ist mir wohlgesonnen.

1098. Alles ist für etwas gut.

1099. Ich bin ruhig und gelassen.

1100. Ich finde mein Gleichgewicht stets neu.

1101. Mein Leben ist friedvoll.

1102. Ich akzeptiere mich in meiner Unvollkommenheit.

1103. Ich wage es, mich zu zeigen, wie ich bin.

1104. Ich bin zuversichtlich und ausgeglichen.

1105. Ich achte mich und bin wertvoll.

1106. Ich entscheide mich jetzt dafür, mich wohl zu fühlen.

1107. Ich bin achtsam und voller Freude und Energie.

1108. Ich akzeptiere meine Kraft und nutze sie gut.

Sage niemals: „Ich kann nicht." Alles, was du brauchst, ist Gott und Grips. Du kannst, wenn du glaubst du kannst.

A. Harry Moore
(seine Mutter zitierend)

Selbstvertrauen

1109. Ich bin der Gestalter meines Lebens.

1110. Ich alleine bin für mein Leben verantwortlich.

1111. Ich bin entschlussfreudig.

1112. Ich habe klare Ziele und behalte sie im Auge.

1113. Ich erlaube mir Auszeiten.

1114. Ich werde jetzt so geliebt und akzeptiert, wie ich bin.

Der Mut etwas Neues zu tun, stärkt immens das Selbstbewusstsein.

N.N.

1115. Alles ist gut in meiner Welt.

1116. Ich bin so dankbar für mein gutes Selbstwertgefühl.

1117. Mein Leben ist jeden Tag schöner und besser.

1118. Ich entscheide mich jetzt heiter und gelassen zu sein.

1119. Jeder Tag ist besonders und ich genieße ihn.

1120. Meine Mitmenschen akzeptieren mich so, wie ich bin.

1121. Ich bin ein wunderbares Wesen und freue mich am Leben.

1122. Ich kann mich so lieben, wie ich bin.

1123. Ich entscheide mich für ein Leben in Frieden und Freude.

1124. Ich strahle große Liebe aus.

1125. Ich schaue sehr gut auf mich und andere.

1126. Ich habe eine gute Einstellung zu mir.

1127. Ich habe eine große (hohe) Selbstachtung und ein starkes Selbstwertgefühl.

1128. Ich schenke gern und lasse mich gerne beschenken.

Selbstvertrauen

1129. Ich bin stolz auf mich.

1130. Ich trete sicher auf.

1131. Alle meine Erfahrungen wirken sich positiv auf mein Leben aus.

1132. Ich habe ein sicheres Auftreten.

1133. Ich lobe mich selbst für kleine und große Leistungen.

1134. Ich bin für mich da.

1135. Ich danke für eine gesunde Selbstachtung.

1136. Ich bin stets sicher und geborgen.

1137. Ich bin ein Stehaufmännchen.

1138. Ich habe für jede Aufgabe eine gute Lösung.

1139. Ich bin im Frieden mit mir selbst.

1140. Ich nehme nur Gutes.

1141. Das Gute verwirklicht sich in meinem Leben

1142. Ich schaue gerne in den Spiegel und mag mich.

1143. Ich bin jeden Augenblick mit Liebe erfüllt.

1144. Ich vertraue dem Leben.

1145. Ich vertraue meinen Mitmenschen.

1146. Ich bin vertrauenswürdig.

1147. Ich spüre die Wärme des Vertrauens.

1148. Ich glaube daran, dass alles möglich ist.

1149. Ich bin der Kapitän in meinem Leben.

Das Schicksal ist keine Sache des Zufalls; es ist eine Sache der persönlichen Entscheidung. Es ist nicht etwas, das einen erwartet, sondern etwas, das man selbst erschafft.

William J. Bryan

Selbstvertrauen

1150. Ich bin vertrauenswürdig, ja, man kann mir völlig vertrauen.

1151. Ich kann vertrauen, ich darf vertrauen. Vertrauen ist gut für mich.

1152. Aus allem, was passiert, lerne ich und es dient meiner Entwicklung.

Die Größe Deines Erfolges ist abhängig von der Größe Deines Glaubens an Dich!
Eugen Simon[1]

1153. Freudig akzeptiere und trage ich die Verantwortung für mein Leben.

1154. Ich steuere mein Leben.

1155. Ich fühle mich geborgen.

1156. Ich bin voller Vertrauen.

1157. Ich vertraue mir.

1158. Vertrauen ist gut für mich.

1159. Ich verfüge über ein gesundes Vertrauen.

1160. Alle Dinge dienen meinem Besten.

1161. Ich glaube stets an das Gute.

1162. Ich vertraue dem Leben. Ich mache das Beste daraus.

1163. Das Leben liebt mich.

1164. In der Familie ist Harmonie, Friede und Vertrauen.

1165. Ich habe großes Vertrauen in die Zukunft.

1166. Ich genieße Veränderungen.

---

1 Eugen Simon ist bekannt durch seine Gedankendoping-Seminare, www. Gedankendoping.de

Selbstvertrauen

1167. Ich bin bereit, mich ständig weiterzuentwickeln.

1168. Ich liebe neue Herausforderungen und meistere sie mit Bravour.

1169. Ich freue mich auf neue Aufgaben.

1170. Ich kann alles, was ich will.

1171. Ich bin super.

1172. Jeder Tag ist ein neuer Start.

1173. Ich freue mich auf den neuen Tag.

1174. Ich bin wertvoll und Gott liebt mich über alles.

1175. Ich bin dankbar für jeden neuen Tag.

> *Blicke in Dich. In Deinem Inneren*
> *ist eine Quelle, die nie versiegt,*
> *wenn Du nur zu graben verstehst.*
> Marc Aurel

Tatkraft

1176. Ich fühle mich sehr (so) wohl (gut, ausgezeichnet...)

1177. Ich spüre meine Tatkraft.

1178. AO: Woher habe ich plötzlich diese große Tatkraft?

1179. Ich bin stark.

1180. AO: Warum bin ich jetzt so stark?

Erfolg hat nur, wer etwas tut, während er auf den Erfolg wartet.

Thomas A. Edison

1181. Ich vertraue auf meine innere Stärke.

1182. AO: Seit wann kann ich meiner inneren Stärke vertrauen?

1183. Ich bin mutig.

1184. AO: Ist es nicht großartig, wie mutig ich bin?

1185. Ich kann es.

1186. Ich bin das Leben.

1187. Ich achte auf meine Intuition und Tatkraft.

1188. Mit Leichtigkeit und Freude erreiche ich das Beste für mich und mein Leben.

1189. Mit meinem Handeln trage ich zum Wohl der Menschheit bei.

1190. Ich vertraue meinen Sinnen.

1191. Ich erkenne die Chancen, die mir das Leben bietet.

1192. Das Universum schickt mir, was ich brauche.

1193. Ich bin dankbar für meine Möglichkeiten.

1194. Ich gebe immer mein Bestes.

1195. Ich verdiene nur das Beste.

Tatkraft

1196. Ich tue gerne, was ich tue.

1197. Ich tue immer genau das Richtige.

1198. Ich bin erfolgreich.

1199. Ich bin voller Tatendrang und Kraft.

1200. Voller Tatkraft freue ich mich auf den nächsten Tag.

1201. Jeden Morgen bin ich voller Begeisterung und Tatkraft.

1202. Ich freue mich darauf, neue Dinge in Angriff zu nehmen.

1203. Ich bin aktiv und voller Tatendrang.

1204. Ich bin voller Arbeitseifer.

1205. Dieses ist ein guter Tag.

1206. Ich bin voller Kraft und Energie.

1207. Das Leben macht mir Spaß.

1208. Ich ergreife die Initiative und schreite voran.

1209. Ich bin achtsam und voller Energie.

1210. Ich akzeptiere meine Kraft und nutze sie.

1211. Ich handle eigenständig und nutze meine Kräfte optimal.

1212. Ich wirke und lebe im Jetzt.

1213. Ich schaffe mir jetzt die Welt, in der ich leben will.

1214. Ich erschaffe jetzt das Leben, das ich liebe.

1215. Jeder Tag ist einmalig und verleiht mir neue Tatkraft.

Wenn Du etwas willst, findest Du einen Weg. Willst Du es nicht, findest Du Ausreden.

Arabisches Sprichwort

Tatkraft

1216. Ich bin die Schöpferkraft im Jetzt und Hier.

1217. Ich lerne zu leben und bin willens zu wachsen.

1218. Ich habe Kraft, Stärke und Wissen, um alles in meinem Leben zu gestalten.

1219. Das Leben begeistert mich jeden Tag aufs Neue.

1220. Ich spüre, wie ich mit Freude und Begeisterung vorankomme.

Die Kunst ist, einmal mehr aufzustehen, als man umgeworfen wird.
Winston Churchill

1221. Ich bin voller Mut und Zuversicht.

1222. Ich genieße mich selbst.

1223. Ich besitze genügend Energie, mein Sein zu ordnen.

1224. Ich bin strahlende Lebenskraft.

1225. Ich bin in jedem Augenblick Schöpfer meines Lebens.

1226. Ich bin stets Sender froher Gedanken.

1227. Ich bin entschlossen stets richtig zu denken und mein Bestes zu geben.

1228. Ich stelle mich den Herausforderungen in meinem Leben.

1229. Ich bin kraftvoll - ich stehe für mich ein.

1230. Ich bin zuversichtlich, dass sich alles zu meinem Besten entwickeln wird .

1231. Ich gehe meinen Weg mutig und frei.

1232. Ich spüre meine Kraft täglich neu.

1233. Mit Hilfe meiner inneren Stärke verwirkliche ich meine Ziele.

Tatkraft

1234. Ich will das!

1235. Ich kann das!

1236. Ich bin die Art von Mensch, die das erreichen kann und wird.

1237. Ich ziehe das durch.

1238. Ich handle.

1239. Ich tue, was notwendig ist.

1240. Das ist großartig, ja, es ist großartig.

1241. AO: Ist das nicht großartig?

1242. Ich schaffe das! Ja, ich habe es geschafft.

1243. Mir ist alles möglich.

1244. Ich glaube an mich.

1245. Ich habe das verdient!

1246. Ich weiß, wer ich bin und was ich kann.

1247. Jede erledigte Aufgabe macht mich stolz und zufrieden.

1248. Ich erlaube mir, meine Aufgaben leicht und elegant zu erledigen.

1249. Eine Aufgabe zur Zeit.

1250. Ich erledige meine Aufgaben auf entspannte Art und Weise und genau in der Zeit, die sie brauchen.

1251. Ich bin im Flow und erledige meine Aufgaben mit Freude.

1252. Ich bin gut organisiert.

Der sicherste Weg zum Erfolg ist immer, es noch einmal zu versuchen.

Thomas A. Edison

Tatkraft

1253. Ich liebe die Ordnung in meinem Leben.

1254. Ich nutze meine Kraft intelligent und weise.

1255. Ich bin lebendig und voller Kraft.

1256. Ich bin voller Lebensenergie.

1257. Ich verfüge über riesige Möglichkeiten.

Den Erfolg Deiner Träume erreichst Du nur durch Tatkraft.

N.N.

1258. Ich habe klare Ziele.

1259. Ich erkenne meine Fähigkeiten und Talente.

1260. Ich strahle reine Freude aus.

1261. Jeder Tag ist ein neuer Anfang.

1262. Ich weiß, was ich will, und ich bekomme es.

1263. Meine Energie ist auf meine Ziele fokussiert.

1264. Mein Weg und meine Lebensarbeit sind meine höchste Priorität.

1265. Ich freue mich über meine Tatkraft, ja, ich bin sehr dankbar dafür.

1266. Ich bin voller Tatkraft, Vitalität und Lebensfreude.

1267. Mutig und entschlossen gehe ich meinen Weg.

1268. Ich setze alle guten Ideen voller Tatkraft in meinem Leben um.

1269. Ich bin dankbar für meine große Kraft.

Kommunikation

1270. Ich schenke Aufmerksamkeit.

1271. AO: Seit wann schenke ich Dingen so große Aufmerksamkeit?

1272. Ich höre zu, ja, ich höre aktiv zu.

1273. AO: Warum höre ich jetzt aktiv zu?

1274. Ich höre aufmerksam und interessiert zu.

1275. Ich nehme alles wahr.

1276. Ich teile meine Bedürfnisse und Wünsche mit.

1277. Meine Stimme ist frei und klar.

1278. Ich achte auf meine Stimme und Ausdrucksweise.

1279. Ich vertraue meiner Herzenskommunikation.

1280. Ich respektiere und achte meinen Gesprächspartner.

1281. Ich habe eine offene Kommunikation mit meinen Arbeitskollegen (Freunden, Kindern, Eltern etc.).

1282. Ich respektiere die Gefühle anderer.

1283. Ich lobe und danke.

1284. Meine Mitmenschen nehmen mich wahr. (Man nimmt mich wahr.)

1285. Ich habe einen guten Wortschatz und formuliere gut.

1286. Ich spreche leicht, locker und konstruktiv mit anderen Menschen.

1287. Ich denke klar und frei und drücke mich klar und deutlich aus.

Die Natur hat uns nur einen Mund, aber zwei Ohren gegeben, was darauf hindeutet, dass wir weniger sprechen und mehr zuhören sollten.

Zenon, griech. Philosoph

Kommunikation

1288. Geschickt benutze ich meinen Wortschatz.

1289. Ich formuliere und spreche mit Bedacht.

1290. Ich wähle meine Worte sorgfältig und behutsam.

1291. Andere hören mich.

1292. Man hört mir zu.

Sprich zu seinem Herzen, und der Mensch wird mit einem Mal ein sittlicher Mensch.

Ralph Waldo Emerson

1293. Ich vermittle in den Gesprächen.

1294. Ich achte auf meine Gefühle.

1295. Ich bin stets beherrscht.

1296. Ich kommuniziere harmonisch.

1297. Meine sorgfältige Kommunikation sorgt für Klarheit.

1298. Ich lasse aussprechen und versuche zu verstehen.

1299. Ich erwarte nur Positives.

1300. Geschickt durchschaue ich die Absichten meiner Gesprächspartner.

1301. Ich verstehe die Absichten meiner Gesprächspartner.

1302. Intuitiv erkenne ich, um was es geht.

1303. Ich interpretiere das Gespräch in der richtigen Art und Weise.

1304. Ich bin ein geschickter Verhandlungspartner.

1305. Geschickt kommuniziere ich auf allen Kanälen.

1306. Alle nehmen meine Worte auf und verstehen mich.

1307. Ich höre meine ruhige, angenehme Stimme.

Kommunikation

1308. Ich spreche ehrlich und positiv.

1309. Ich spreche deutlich und formuliere klar.

1310. Ich rede mit anderen freundlich, klar und deutlich.

1311. Andere sprechen gerne mit mir.

1312. Ich werde akzeptiert.

1313. Meine Meinung ist geschätzt.

1314. Man fragt mich um Rat.

1315. Ich kann mich klar artikulieren.

1316. Ich artikuliere klar und deutlich.

1317. Ich bin frei in meiner Sprache.

1318. Ich atme ruhig und tief.

1319. Ich darf reden, man hört mir aufmerksam zu.

1320. Ich rede und man hört mir aufmerksam zu.

1321. Ich bin in meinen Gesprächen ruhig und gelassen.

1322. Ich artikuliere immer in einer freundlichen und angenehmen Art und Weise.

1323. Ich denke und spreche natürlich und liebevoll.

1324. Ich habe Freude an der Kommunikation.

1325. Kommunikation macht Spaß.

1326. Man hört mich gern, man hört mir gerne zu.

1327. Ich habe stets ein gewinnendes und strahlendes Aussehen.

Lasse jedes Wort, bevor du es aussprichst drei Pforten passieren. An der ersten wird gefragt: "Ist es wahr?" an der zweiten: "Ist es nötig?" und an der dritten: "Ist es nett?"

aus dem Islam

Kommunikation

1328. Ich bin ein exzellenter Sprecher.

1329. Ich bin ein exzellenter Zuhörer.

1330. Ich drücke Verständnis aus.

1331. Ich drücke mich klar (verständlich) aus.

1332. Was ich zu sagen habe, ist wert gehört zu werden.

1333. Ich habe stets eine liebevolle und gewinnende Ausstrahlung.

Wenn Sie wirklich zuhören, dann geschieht dabei ein Wunder.
Krishnamurti

1334. Ich verwende die Sprache positiv und aufbauend.

1335. Ich denke und handle zielbewusst.

1336. Ich höre meinen Mitmenschen immer aktiv, mit Verständnis und positiven Gefühlen zu.

1337. Ich höre aktiv zu.

1338. Ich akzeptiere meine Gesprächspartner so, wie sie sind.

1339. Mir fällt es leicht, mit anderen Menschen über unsere Beziehung zu sprechen.

1340. Ich achte immer darauf, dass ich positive und aufbauende Worte spreche.

1341. Ich setze die Signale der Körpersprache bewusst und sinnvoll in jedem Gespräch ein.

1342. Ich freue mich auf jedes konstruktive Gespräch.

1343. Ich pflege positive und bejahende Kontakte zu allen Menschen.

1344. Ich verbessere täglich meine Gesprächsbereitschaft.

1345. Meine Stimme ist Heilung.

Kommunikation

1346. Ich habe und zeige Verständnis.

1347. Ich kann mich frei mit Menschen austauschen.

1348. Ich gebe klare und vollständige Anweisungen.

1349. Ich sende klare und positive Botschaften in meinen Gesprächen.

1350. Ich höre geduldig und mit Liebe zu.

1351. Ich beobachte mein Verhalten und nutze meine Sprache positiv und aufbauend.

1352. Ich weiß, wo ich Grenzen setzen muss und sage Nein, wenn es nötig ist.

1353. Meine Kommunikationsfähigkeit führt mich von Erfolg zu Erfolg.

1354. Ich bin ein guter Gesprächspartner.

1355. Meine Kommunikationsfähigkeit verbessert sich von Tag zu Tag.

Die Demut des Herzens verlangt nicht, dass du dich demütigen, sondern dass du dich öffnen sollst. Das ist der Schlüssel des Austausches. Nur dann kannst du geben und empfangen.

Antoine de Saint-Exupéry

Partnerschaft

Anmerkung: Gebrauchen Sie - wenn es passt - so oft wie möglich den Namen ihres Partners.

1356. Du meinst es gut mit mir.

1357. AO: Warum meinst du es so gut mit mir?

1358. Ich meine es gut mit Dir.

1359. AO: Seit wann meine ich es so gut mit dir?

1360. Ich meine es gut mit mir.

1361. Wir sind eine starke Gemeinschaft.

1362. AO: Seit wann sind wir eigentlich so eine tolle Gemeinschaft.

1363. Wir sind ein (super) Team.

1364. AO: Weshalb sind wir ein solches (super) Team?

1365. Wir sind uns treu.

1366. Ich liebe meine Familie.

1367. Ich liebe mich.

1368. Ich liebe meinen Partner.

1369. Ich (Wir) habe(n) eine glückliche, stabile Beziehung.

1370. Zuneigung und Liebe umgeben mich (uns).

1371. Mein/e Partner/in ist genau der/die Richtige für mich.

1372. Ich bin mit meinem Partner sehr glücklich.

1373. Mein Partner gibt mir Energie und Kraft.

1374. Wir respektieren einander.

Das schönste an einer Partnerschaft ist nicht die ausgestreckte Hand, das freundliche Lächeln oder der menschliche Kontakt, sondern das erhabene Gefühl, jemanden zu haben, der an einen glaubt.

Ralph Waldo Emerson

Partnerschaft

1375. Ich respektiere meinen Partner.

1376. Ich akzeptiere meinen Partner so, wie er ist und ich werde so akzeptiert, wie ich bin.

1377. Ich mache mir (uns) Mut.

1378. Wir haben eine harmonische und aufbauende Kommunikation.

1379. Ich höre meinem Partner aktiv zu.

1380. Ich bin ein guter Partner.

1381. Ich lobe und bedanke mich.

1382. Ich achte auf meine Gefühle.

1383. Ich beherrsche mich.

> Partnerschaften durchleben auch Zyklen der Natur. Nach einem kalten Winter folgt wieder Frühling und Sommer.

1384. Ich bin geduldig, ja, ich habe Geduld.

1385. Ich bin so dankbar für meinen Lebensgefährten.

1386. Wir unterstützen uns gegenseitig in all unseren Unternehmungen.

1387. Ich spreche nur positiv und liebevoll von meinem Partner.

1388. Ich bin offen für eine (neue) wunderschöne Beziehung.

1389. Ich mag ihn so, wie er ist. (Ich mag sie so, wie sie ist.)

1390. Ich bin (Name des Partners) immer wohlgesonnen. (Ich verhalte mich immer wohlgesonnen.)

1391. Ich bin mit meinem Partner liebevoll verbunden.

1392. Jeden Tag mache ich meinem Partner ein echtes Kompliment.

Partnerschaft

1393. Ich bin sanft und zärtlich.

1394. Ich vergebe ihm/ihr von ganzem Herzen.

1395. Mein Partner (Namen einsetzen) ist mir eine große Hilfe.

1396. Ich vertraue meinem Partner.

Balance der Partnerschaft: vom anderen nicht mehr verlangen als von sich selbst.

Henriette W. Hanke

1397. Ich entwickle mich zu einem Idealpartner.

1398. Täglich stärke und erneuere ich meine Beziehung.

1399. Wir haben eine zärtliche und harmonische Beziehung.

1400. Mein Partner ist die Liebe meines Lebens.

1401. Wir lieben uns und leben in Frieden und Harmonie.

1402. Ich bestärke meinen Partner in seinen Möglichkeiten.

1403. Wir haben ein gemeinsames Lebensziel.

1404. Unser Lebensziel zieht uns magisch an.

1405. Wir haben unendliche Energie.

1406. Gemeinsam sind wir stark.

1407. Wir erreichen alles.

1408. Gemeinsam erreichen wir alles.

1409. Gemeinsam stehen wir das durch.

1410. Wir sind glücklich.

1411. Wir sind füreinander da.

1412. In der (unserer) Familie ist Harmonie, Friede und Vertrauen.

Partnerschaft

1413. Wir lieben uns.

1414. Ich bin geliebt.

1415. Wir leben in Harmonie.

1416. Ich bin absolut treu, auch in meinen Gedanken.

1417. Ich bin absolut ehrlich und zuverlässig.

1418. Mein Partner kann sich 100-prozentig auf mich verlassen. (... kann 100-prozentig auf mich bauen)

1419. Auf mich ist Verlass.

1420. Ich habe ein heiteres Wesen.

1421. Ich habe meinen Traumpartner.

1422. Ich bin ein Magnet des Guten. Alle mögen mich.

1423. Ich begegne meinem richtigen Partner und erkenne ihn sofort.

1424. Jeder kommt mir entgegen, so wie ich jedem entgegenkomme.

1425. Ich ziehe jeden positiven Menschen mit meiner positiven Kraft an.

1426. Ich bin ein Sonnenstrahl für jeden Menschen, dem ich begegne.

1427. Wo immer ich bin, bin ich der strahlende Mittelpunkt.

1428. Ich bin mein bester Freund.

1429. Ich vertraue darauf, dass ich einen tollen Partner haben werde.

1430. Ich bin dankbar für meinen Lebenspartner.

In der Ehe ist es weniger wichtig, den richtigen Partner zu finden als der richtige Partner zu sein.

N.N.

Partnerschaft

1431. Ich bin offen für eine glückliche Verbindung.

1432. Meine Intuition führt mich zu meinem Lebenspartner.

1433. Jeden Tag öffne ich mich mehr und mehr.

1434. Ich lasse in meinem Leben viel Raum für Liebe.

1435. Eltern sind wunderbare Menschen.

1436. Die Liebe verändert mein Denken und Handeln.

1437. Ich strahle zu allen Menschen, denen ich begegne, Liebe aus.

1438. Das Leben liebt mich.

1439. Ich ziehe offene, liebevolle Freundschaften an.

1440. Zusammen sind wir eins.

1441. Ich liebe die Menschen.

1442. Ich ziehe meine idealen Freunde und Partner an.

1443. Ich bin bereit, Liebe fließen zu lassen.

1444. Ich liebe.

1445. Ich bin liebevoll.

1446. Ich achte das Wahre, Schöne und Gute.

1447. Ich ziehe Liebe und Freundschaft an.

1448. Ich sende viel Liebe aus.

1449. Ich bin für all die Liebe in meinem Leben sehr dankbar.

1450. Ich bin friedvoll und geduldig.

Partnerschaft

1451. Ich bin von Liebe umgeben. Alles ist gut.

1452. Mein Herz ist offen.

1453. Ich spreche liebevoll und sanft.

1454. Ich bin glücklich und zufrieden.

1455. Ich bin in einer freudvollen, intimen Beziehung mit einem Menschen, der mich wirklich (innig) liebt.

1456. Ich bin schön und alle lieben mich.

1457. Wohin ich auch gehe, begegnet mir Liebe.

1458. Ich gebe und empfange Liebe.

1459. Ich bin sanftmütig.

1460. Ich ziehe (nur) liebevolle Wesen an.

1461. Ich komme mit allen Menschen gut aus.

1462. Ich bin geborgen.

1463. Meine Kommunikation mit anderen Menschen ist verständnisvoll und liebevoll.

1464. Mein Vertrauen gegenüber dem Leben gibt mir Sicherheit.

1465. Ich verbreite nur gute Nachrichten.

1466. Es gibt immer Menschen, die bereit sind, mir zu helfen.

1467. Ich öffne mein Herz für alle Menschen.

1468. Mein Herz ist für alle Menschen offen.

1469. Ich öffne mich jetzt und die Liebe strömt in mein Leben.

Partnerschaft

1470. Ich öffne mich jetzt und die Liebe strömt in mein Leben.

1471. Ich öffne mich für die Liebe und Freude in meinem Leben.

1472. Ich öffne mich für eine neue Beziehung.

1473. Ich drücke meine Liebe (Zuneigung) auf positive und liebevolle Art und Weise aus.

1474. Ich spüre, dass mein Traumpartner existiert! Ich weiß, dass wir uns begegnen!

1475. Ich bin jetzt bereit, dem Menschen zu begegnen, nach dem ich mich schon immer gesehnt habe.

1476. Alle meine Beziehungen sind von Harmonie, Wohlwollen, Liebe und Verständnis geprägt.

1477. Mir fällt es leicht, andere Menschen zu lieben und zu akzeptieren.

1478. Menschen lieben und respektieren mich so, wie ich bin.

1479. Das Schöne, was ich in anderen sehe, ist auch in mir vorhanden.

1480. Ich genieße es, anderen Menschen körperlich und seelisch ganz nahe zu sein.

1481. Unsere gegenseitige Zuneigung ist ein Ausdruck des Vertrauens und unserer Liebe.

1482. Mir fällt es leicht, mich für die Belange anderer Menschen zu öffnen.

1483. Ich vertraue meinen Mitmenschen und diese vertrauen mir.

1484. Ich kann von (mit) anderen Menschen sehr viel lernen.

Partnerschaft

1485. Ich kann frei und offen über meine Gedanken und Gefühle mit anderen reden.

1486. Ich lebe in liebevollen und ehrlichen Beziehungen.

1487. Ich werde von anderen respektiert und geachtet.

1488. Ich liebe und werde geliebt.

1489. Je mehr Liebe ich an andere verschenke, desto mehr Liebe erhalte ich zurück.

1490. In jedem Menschen erkenne ich die Einzigartigkeit.

1491. Ich bin dankbar für die wundervolle Beziehung, die ich habe.

1492. Viele Menschen unterstützen mich in meinem persönlichen Wachstum und Vorwärtskommen.

1493. Andere Menschen sind gern mit mir zusammen (denn ich bin eine Bereicherung für ihr Leben).

1494. Ich liebe mich selbst, daher lieben mich auch andere.

1495. Ich lasse mich lieben.

1496. Ich fühle mich in der Gegenwart anderer Menschen geborgen.

1497. Meine Beziehungen sind geprägt von gegenseitigem Mitgefühl.

1498. Ich gebe jetzt alle negativen Gedanken, die ich über Beziehungen hatte, vollkommen auf.

1499. Ich beziehe alle Menschen in meine bedingungslose Liebe mit ein.

1500. Ich erkenne jetzt in jedem Menschen - auch in mir - ein Licht Gottes, das ich freudig begrüße.

Der ideale Partner ist der, mit dem ich lachen und weinen kann.

Michael Bellersen

Partnerschaft

1501. Ich bin bereit bedingungslos zu lieben.

1502. Ich bin Liebe.

1503. Ich achte auf meine Gedanken und Worte.

1504. Ich entscheide mich für liebevolle Gedanken.

1505. Ich ziehe jetzt wunderbare, liebevolle Menschen in mein Leben.

1506. Ich ziehe Menschen an, die gut für mich sind.

1507. Mein Leben ist harmonisch und friedvoll.

1508. Wir bilden gemeinsam Synergien. (..... (Name des Partners) und ich bilden gemeinsam Synergien.)

1509. Ich lebe in einer glücklichen und sehr harmonischen Beziehung.

1510. Ich habe an unserer liebevollen Beziehung viel Freude.

1511. Ich bin ein guter (toller, super) und interessierter Partner.

1512. Ich lasse meinem Partner Liebe und Wärme zufließen.

1513. Ich ziehe meinen Partner mit meiner positiven Kraft und Ausstrahlung an.

1514. Ich habe jetzt eine (die) ideale Beziehung.

1515. Ich kann gut zuhören, ja, ich höre interessiert zu.

1516. Ich bin immer liebenswürdig, höflich und aufmerksam.

1517. Jede neue Beziehung beginne ich vertrauensvoll und entgegenkommend.

Partnerschaft

1518. Jede Beziehung baue ich auf Vertrauen und Respekt auf.

1519. Es fällt mir leicht, Freundschaften zu beginnen.

1520. Ich bin zärtlich und liebevoll.

1521. Ich bin vertrauenswürdig und verantwortungsbewusst.

1522. Ich bin wohlgesonnen.

1523. Ich erlebe vollständige Erfüllung.

1524. Ich strahle Liebe und Licht aus.

Ein guter Partner ist wie alter Wein - er wird mit den Jahren noch besser.

N.N.

1525. Ich finde jetzt Erfüllung in allen Bereichen meines Lebens.

1526. Ich bin herzlich, aufrichtig, liebevoll, rücksichtsvoll und fürsorglich.

1527. Ich kann mich leicht und mühelos entfalten.

1528. Ich trage mehr und mehr zum Glück und Frieden in unserer Partnerschaft bei.

1529. Ich bin so glücklich, dass ich mit meinem idealen Partner zusammen bin.

1530. Ich bin dankbar für meinen tollen Partner.

1531. Ich bin sehr glücklich mit meinem Partner (Namen einsetzen).

1532. Wir sind stets durch das Gefühl der Liebe und gegenseitigen Wertschätzung verbunden.

1533. Zwischen uns besteht ein inniges geistiges Band.

1534. Wir fühlen uns immer zueinander hingezogen.

Partnerschaft

1535. Ich schenke meinem Partner (Name) Herzenswärme, Frieden und sehr viel Freude.

1536. Miteinander leben wir in Liebe, Freude und Glück.

1537. Ich begehre meinen Partner und mein Partner mich.

1538. Den ganzen Tag denke ich liebevoll an meinen Partner.

Baue Brücken, keine Mauern.

N.N.

1539. Ich bin selbstbewusst und selbstsicher.

1540. Ich erlebe mein Liebesleben bewusst, ungezwungen und ganz frei.

1541. Ich bin immer in der Lage mich bei (mit) meinem Partner zu entspannen.

1542. Wir haben ein glückliches, intensives und sehr befriedigendes Sexualleben.

1543. Ich habe Spaß an (in) unserer Liebe.

1544. Ich empfinde unsere Liebe intensiv am ganzen Körper.

1545. Ich habe ein positives und wohliges Gefühl bei meinem Partner.

1546. Wir sind frei und ungezwungen.

1547. Unsere gemeinsame Liebe ist harmonisch und beständig.

1548. Wir genießen unser gemeinsames Liebesleben.

1549. Ich erlebe mit meinem Partner (vollkommenes) Glück und Erfüllung.

1550. Von Tag zu Tag wird unsere Beziehung immer schöner und schöner.

Mitmenschen

1551. Ich liebe mich und meine Welt.

1552. Ich bin für andere eine Quelle des Lichts und Erwachens.

1553. Ich verbinde mich mit den Menschen durch mein Herz.

1554. Ich nutze sämtliche Energien um vorwärts zu streben.

1555. Ich bin tolerant gegenüber den Wahrnehmungen anderer.

1556. Ich bewege das Beste in den Menschen.

1557. Ich ändere die Welt um mich, indem ich mich selbst ändere.

1558. Ich bin frei und schenke anderen Freiheit.

1559. Ich diene anderen nach besten Kräften mit allem, was ich sage und tue.

1560. Ich habe das Recht, meine Meinung zu ändern.

1561. Ich habe das Recht zu wählen, wen ich um mich haben möchte (mit wem ich zusammen sein möchte).

1562. Ich gönne mir Zeiten der Ruhe und des Alleinseins.

1563. Ich bringe (befinde) mich in Situationen, in denen ich mich geehrt, geliebt und geschätzt fühle.

1564. Ich sehe jeden um mich als einen Menschen, der wächst und expandiert.

1565. Ich spreche von anderen mit Achtung und ehre sie in Worten und Gedanken.

1566. Ich spreche positive Worte, die Auftrieb verleihen.

Verletzungen lassen sich nicht vermeiden. Wie wir damit umgehen, ist, worauf es ankommt. Manche von uns bleiben bei der Verletzung stehen. Manche von uns richten sich häuslich darin ein; wir denken und fühlen von dort aus und gehen auch von dort aus unsere Beziehungen ein.

Djohariah Toor[1]

---

1 Lieder vom heiligen Berg, Niedernhausen: Falken, 1998, S. 115

Mitmenschen

1567. Meine Worte sind positiv und aufbauend.

1568. Die Menschen meinen es gut mit mir, sie haben gute Absichten.

1569. Die Menschen sind freundlich.

1570. Ich ziehe nur freundliche Menschen an.

Das schönste Denkmal, das ein Mensch bekommen kann, steht in den Herzen der Mitmenschen.

Albert Schweitzer

1571. Ich konzentriere mich auf das Gute in Menschen und helfe ihnen, es zu verwirklichen.

1572. Ich weiß, wann ich Menschen beizustehen habe.

1573. Ich öffne mein Herz und nehme Mitmenschen liebevoll an.

1574. Ich empfange Liebe und bekomme sie in großzügigem Maße geschenkt.

1575. Mir wird Liebe im großzügigem Maße zuteil.

1576. Ich sende meinen Mitmenschen stets friedliche, liebevolle Gedanken.

1577. Ich sage meine Wahrheit mit Liebe.

1578. Ich gehe lächelnd auf meine Mitmenschen zu.

1579. Jeden Tag schenke ich jemandem ein Lächeln.

1580. Ich konzentriere mich bewusst auf die gute und liebevolle Energie um mich.

1581. Mit jedem Atemzug ziehe ich gute Menschen an.

1582. Ich habe liebevolle und hilfreiche Beziehungen mit meinen Mitmenschen.

1583. Meine Motivation in allem ist Liebe für mich und andere.

Mitmenschen

1584. Ich verdiene eine positive, unterstützende und harmonische Umgebung.

1585. Ich lasse alle Urteile und negativen Gedanken über andere los.

1586. Ich unterstütze den Erfolg und das Glück von jedem, den ich kenne.

1587. Ich setzte mich für gute Dinge ein.

1588. Ich bewege etwas im Leben anderer.

1589. Ich lebe mit allen in Harmonie.

1590. Alles ist gut in mir.

1591. Ich weiß, wann ich geben und wann ich empfangen sollte.

1592. Ich verwende jede Erfahrung als Gelegenheit zu spirituellem Wachstum.

1593. Liebe erfüllt mein Herz, meinen Körper und meinen Geist.

1594. Ich habe mehr, als ich brauche, daher teile ich mit meinen Mitmenschen.

1595. Ich bin stets geduldig und liebevoll mit mir und meinen Mitmenschen.

1596. Von Tag zu Tag gehe ich immer besser und besser mit mir und meinen Mitmenschen um.

Der direkte Weg zum Herzen der Menschen führt über die Dinge, die den betreffenden besonders am Herzen liegen.

N.N.

Gesundheit

1597. Ich fühle mich sehr wohl (gut, ausgezeichnet...)

1598. AO: Warum fühle ich mich so wohl?

1599. Ich liebe meinen Körper.

1600. AO: Seit wann liebe ich eigentlich meinen Körper?

1601. Ich bin frei von Allergien. (Allergien sind wahlweise zu ersetzen durch andere Krankheiten).

Die besten Doktoren auf der Welt sind der Doktor Ernährung, der Doktor Stille und der Doktor Fröhlichkeit.

Jonathan Swift

1602. AO: Warum ist meine Allergie verschwunden?

1603. Ich genieße den Frühling.

1604. AO: Seit wann kann ich den Frühling wieder genießen?

1605. Ich kann alles essen, was ich möchte.

1606. AO: Wieso kann ich jetzt wieder alles essen?

1607. Ich, (mein Name), liebe meinen Körper!

1608. Ich, (mein Name), habe einen wundervollen, gesunden Körper, der mir gute Dienste leistet.

1609. Ich anerkenne meinen Körper für seine guten Leistungen.

1610. Ich (mein Name), bin jeder Zelle meines Körpers dankbar.

1611. Jede Zelle meines Körpers wird geliebt.

1612. Jede Zelle meines Körpers schwingt in Harmonie.

1613. Jede Zelle meines Körpers ist von freudiger Lebenskraft erfüllt.

1614. Ich pflege und sorge gut für meinen Körper.

Gesundheit

1615. Ich segne jede Zelle meines Körpers mit Liebe und Dankbarkeit.

1616. Jede Zelle meines Körpers freut sich über meine positive Einstellung.

1617. Die Zellen meines Körpers erneuern und regenerieren sich in jedem Augenblick.

1618. Die Qualität meines Körpers entspricht der Qualität meiner Gedanken über ihn.

1619. Ich denke mit Liebe an meinen Körper.

1620. Mein Körper ist ein heiliger Tempel für mich.

1621. Ich habe eine positive Einstellung zu meinem Körper.

1622. Ich schätze meinen Körper, er ist wertvoll.

1623. Ich, (mein Name), sorge gut für mich und meinen Körper.

1624. Je besser und hochwertiger meine Nahrung ist, desto gesünder ist mein Körper.

1625. Ich behandle meinen Körper behutsam, liebevoll und achtsam.

1626. Ich liebe meinen Körper, daher sorge ich jederzeit gut für ihn.

1627. Gesundheit ist der natürliche Zustand meines Körpers.

1628. Ich bin und bleibe vollkommen gesund, vital und fit.

1629. Da ich gut für meinen Körper sorge, belohnt er mich mit Wohlbefinden und guter Gesundheit.

1630. Ich behandle meinen Körper behutsam und liebevoll.

Gesundheit

1631. Ich bin meinem Körper dankbar für die wundervollen Dienste, die er täglich leistet.

1632. Ich regeneriere mich jetzt vollständig.

1633. Gottes Lebenskraft wohnt in mir - daher weicht jetzt alle Krankheit aus meinem Körper und macht Platz für strahlende Gesundheit.

1634. Meine Gesundheit wird durch meine positiven Gedanken gestärkt.

Lachen ist eine körperliche Übung von größtem Wert für die Gesundheit.
Aristoteles

1635. Ich trage Verantwortung für meinen Körper und achte ihn.

1636. Ich habe starke Selbstheilungskräfte.

1637. Ich aktiviere jetzt meine Selbstheilungskräfte.

1638. Meine Selbstheilungskräfte tun alles Erforderliche für die Erhaltung meiner Gesundheit.

1639. Meine Selbstheilungskräfte sorgen für einen gesunden Körper.

1640. Jede Zelle meines Körpers erneuert sich beständig in vollkommener Art und Weise.

1641. Ich wünsche allen eine gute Gesundheit.

1642. Ich übernehme die volle Verantwortung für meinen Körper und lasse ihm nur noch Gutes zuteil werden.

1643. Durch positive und aufbauende Gedanken bin ich immun und bleibe gesund.

1644. Ich bin gesund, vital und kräftig.

1645. Intuitiv erkenne ich, was mein Körper benötigt.

1646. Ich akzeptiere meinen Körper jetzt so, wie er ist.

Gesundheit

1647. Beständig schicke ich positive Gedanken an jede Zelle in meinem Körper.

1648. Ich vertraue meinem Körper und achte darauf, was er mir sagen möchte.

1649. Je mehr Liebe ich anderen entgegenbringe, desto gesünder bin ich.

1650. Ich erzeuge Frieden in mir, meinem Körper und meiner Umwelt.

1651. Ich lasse los und Vitalität kehrt in meinen Körper zurück. Dafür bin ich sehr dankbar.

1652. Ich entlasse jetzt alle negativen Gedanken und denke an strahlende Gesundheit, Liebe, Lebensfreude und Vitalität.

1653. Mein gesunder Körper ist Ausdruck meiner Lebensfreude.

1654. Ich, (mein Name) lasse es mir und meinem Körper gut gehen.

1655. Das Beste ist für mich und meinen Körper gerade gut genug.

1656. Ich, (mein Name) vertraue meinem Körper voll und ganz.

1657. Ich bin von ganzem Herzen dankbar für meine Augen. (Herz, Arme, Füße, Finger, Lungen usw.)

1658. Ich, (mein Name), fühle mich wohl in meinem Körper.

1659. Ich habe eine gute Verbindung zu meinem Körper und verstehe jederzeit seine Signale.

1660. Körper, Geist und Seele bilden jetzt eine Einheit.

Wer nicht jeden Tag etwas für seine Gesundheit aufbringt, muss eines Tages sehr viel Zeit für die Krankheit opfern.

Sebastian Kneipp

Gesundheit

1661. Je mehr ich meinen Körper liebe, desto besser und wunderbarer wird er.

1662. Ich liebe mein Herz, es macht einen tollen Job.

1663. Herz und Gehirn sind in völliger Harmonie.

1664. Ich bin (kern)gesund.

1665. Ich bin energiegeladen.

1666. Ich bin gesund, glücklich und voller Energie.

1667. Ich halte mich geistig und körperlich fit.

1668. Ich bin voller Freude und Vitalität.

1669. Ich bin kraftvoll und lebendig.

1670. Ich spüre und genieße meine Vitalität.

1671. Ich bin (und bleibe) jung und dynamisch.

1672. Ich bin ein kraftvoller Mensch.

1673. Ich empfinde meinen Körper als ein harmonisches Ganzes.

1674. Alle Zellen meines Körpers werden ständig von liebevollen und aufbauenden Gedanken durchströmt.

1675. Ich achte auf mein Denken und wähle bewusst gesunde Gedanken.

1676. Ich habe gesunde Gedanken.

1677. Meine Gedanken und Gefühle fördern und stärken mein Immunsystem.

1678. Frohe Gedanken helfen mir, einen gesunden Körper zu haben.

Krankheiten befallen uns nicht aus heiterem Himmel, sondern entwickeln sich aus täglichen Sünden wider die Natur. Wenn sich diese gehäuft haben, brechen sie unversehens hervor.

Hippokrates

Gesundheit

1679. Frohe und glückliche Gedanken helfen mir, mich gesund zu erhalten. (… gesund zu werden.)

1680. Ich achte auf meinen Körper und behandle ihn gut.

1681. Ich achte auf die Botschaften meines Körpers.

1682. Mein Körper spürt Gesundheit.

1683. Ich erreiche gesund und vital ein hohes Alter. (Gesund und vital erreiche ich ein hohes Alter.)

1684. Ich verbinde im Atmen Körper, Geist und Seele.

1685. Ich atme tief, ruhig und frei.

1686. Ich atme tief, ruhig und entspannt (gelöst).

1687. Jeder Atemzug gibt mir neue Energie.

1688. Grenzenlose Energie strömt durch meinen Körper.

1689. Ich bin dem Leben dankbar

1690. Ich führe meinem Körper die beste Nahrung zu.

1691. Meine Nahrung gibt mir Kraft und Energie.

1692. Intuitiv nehme ich die richtige Nahrung zu mir.

1693. Ich nehme die Nahrung zu mir, die meinem Körper gut tut.

1694. Mein Körper nutzt die zugeführte Nahrung optimal.

1695. Täglich trinke ich ausreichend gutes, klares Wasser.

1696. Gutes, klares Wasser reinigt meine Zellen und meinen Körper.

1697. Bewegung gehört zu meinen täglichen Gewohnheiten.

Gesundheit

1698. Mein Körper ist heil, gesund und dynamisch.

1699. Mein Körper ist heil, gesund und voller Energie.

1700. Ich liebe es körperlich und geistig aktiv zu sein.

1701. Ich bin körperlich und geistig flexibel.

1702. Ich genieße die Natur und die frische Luft.

1703. Ich liebe jede Zelle meines Körpers.

1704. Ich habe die richtige Balance zwischen Arbeit, Ruhe und Vergnügen (Freizeit).

1705. Ich achte auf ausreichenden und erholsamen Schlaf.

1706. Ich schlafe tief und entspannt.

1707. Mein Schlaf ist entspannt und erfrischend.

1708. Ich bin heute gesünder als je zuvor.

1709. Mein Körper ist friedvoll, gesund und glücklich.

1710. Mein Körper weiß zutiefst, was Gesundheit bedeutet.

1711. Mein Körper ist intelligent.

1712. Ich bin offen und empfänglich für alles, was gut für mich ist.

1713. Ich bin vollkommen gesund.

1714. Ich darf vollkommen gesund sein.

1715. Ich strahle Glück und Gesundheit aus.

1716. Ich bin offen für Freude, Energie und Gesundheit.

1717. In jeder Situation bin ich vollkommen ruhig und gelassen.

Es ist der Geist, der sich den Körper baut.

Friedrich von Schiller

Gesundheit

1718. Ich bin meinem Körper sehr dankbar für die Arbeit, die er für mich tut.

1719. Ich bin meinem Körper sehr dankbar, dass er richtig funktioniert.

1720. Mein Körper heilt einfach und schnell.

1721. Mein Körper funktioniert tadellos.

1722. Meine Selbstheilungskräfte sorgen für einen gesunden Körper.

1723. Meine Selbstheilungskräfte funktionieren optimal.

1724. Mein Körper ist stark und heilt sich selbst.

1725. Liebevoll pflege ich meinen Körper.

1726. Mein starker Glaube heilt mich.

1727. Ich bin durch meinen starken Glauben völlig gesund.

1728. Ich achte sorgfältig auf die Botschaften (Signale) meines Körpers.

1729. Ich erkenne meine innere Schönheit.

1730. Ich bin körperlich stark.

1731. Ich bin glücklich zu leben.

1732. Ich fühle mich wohl.

1733. Alle emotionalen Belastungen fallen von mir ab.

1734. Ich löse jetzt sicher und einfach alle emotionalen Belastungen.

1735. Ich konzentriere mich darauf (wieder) völlig gesund zu sein.

Gesundheit

1736. Mein Körper ist frei von Krankheit und Schmerzen.

1737. Mein Körper ist schön und geschmeidig.

1738. Ich danke für einen gesunden, schönen und vitalen Körper.

1739. Ich bin im Fluss mit dem Rhythmus meines Körpers.

1740. Ich fühle mich in jedem Augenblick mit meinem Körper verbunden.

1741. Ich bewege mich jederzeit bewusst.

1742. Ich erlaube meinem Körper optimal zu funktionieren (leben).

1743. Ich bin heil.

1744. Ich vertraue darauf, dass ich gesund bin.

1745. Ich verbinde im Atmen Körper, Geist und Seele.

1746. Ich atme gelassen und tief.

1747. Ich erlaube meinem Körper im richtigen Rhythmus zu leben.

1748. Ich bin und bleibe jung und dynamisch.

1749. Ich bin voller Vitalität und Lebensfreude.

1750. Ich liebe meinen Körper und das Leben schenkt mir Freude und Vitalität.

1751. Ich achte auf die Bedürfnisse (Botschaften) meines Körpers.

1752. Ich habe einen perfekt funktionierenden Körper.

1753. Mein Körper ist perfekt und wunderbar.

Gesundheit

1754. Ich bin voller Kraft und Energie.

1755. Ich bin ein positiver Mensch.

1756. Alle meine Zellen werden optimal mit den notwendigen Nährstoffen versorgt.

1757. Ich bin glücklich, voller Energie und kerngesund.

1758. Ich gebe meinem Körper, was er braucht.

1759. Ich meide alle schädlichen Stoffe.

1760. Ich strahle vor Gesundheit und Kraft.

1761. Ich führe ein ausgewogenes Leben.

1762. Ich trainiere meinen Körper.

1763. Ich liebe regelmäßige Bewegung.

1764. Ich treffe Entscheidungen, die meine Gesundheit fördern.

1765. Ich entscheide mich für eine gesunde Lebensweise.

1766. Ich entscheide mich jetzt für Gesundheit.

1767. Heilung geschieht von selbst.

1768. Ich habe eine hohe Abwehrkraft.

1769. Ich besitze ein starkes Immunsystem.

1770. Durch meine weise (vernünftige) Lebensweise unterstütze ich meine Selbstheilungskräfte.

1771. Ich härte meinen Körper ab.

1772. Ich liebe die kalte und erfrischende morgendliche Dusche. Sie macht mich fit.

Ein ungeübtes Gehirn ist schädlicher für die Gesundheit, als ein ungeübter Körper.

George Bernhard Shaw

Gesundheit

1773. Voller Freude und Vergnügen erlebe ich einen weiteren wunderbaren Tag.

1774. Ich bin so dankbar für meinen gesunden Körper.

1775. Ich genieße meinen gesunden Körper.

1776. Ich verbinde mich mit der Kraft, die mich heilt.

1777. Mein Körper fühlt sich wohl.

1778. Ich bin körperlich fit und gesund.

1779. Ich führe ein Leben in vollkommener Gesundheit.

1780. Meine positiven Gedanken fördern und stärken mein Immunsystem.

1781. Mein Körper ist mein guter Freund, den ich liebe und pflege.

1782. Mein Körper ist mein guter (bester) Freund, der mir optimal dient.

1783. Mein Körper ist mein bester Freund.

1784. Liebevoll erschaffe ich mir optimale Gesundheit.

1785. Ich erfahre ausreichend (reichlich) Liebe.

1786. Ich verdiene es (vollkommen) gesund zu sein.

1787. Ich staune über die Fähigkeiten meines Körpers.

1788. Mein Körper ist ein einziges Wunder.

1789. Alle meine Körperorgane funktionieren optimal.

1790. Mein Körper heilt schnell.

1791. Ich öffne mich der Gesundheit.

Es ist unglaublich, wie viel Kraft die Seele dem Körper zu leihen vermag.

Wilhelm von Humboldt

Gesundheit

1792. Ich öffne mich für Freude, Energie und Gesundheit.

1793. Gesundheit ist ein ganz natürlicher Bestandteil meines Lebens.

1794. Ich treffe weise Entscheidungen.

1795. Ich bin meinem Körper dankbar, für all die Arbeit, die er für mich leistet.

1796. Mein Körper ist auf optimale Selbstheilung eingestellt.

1797. Gesundheit ist das Beste, was mir passieren kann.

1798. Ich genieße meine Gesundheit und sorge dafür, dass es so bleibt.

1799. Ich bin die schöpferische Kraft in meinem Leben.

1800. Ich bin die schöpferische Kraft, die meinen Körper gesund erhält.

1801. Ich bin jederzeit sicher und geborgen.

1802. Die Liebe in mir stärkt mein Immunsystem.

1803. Ich bin frei von allen Stauungen und Blockaden.

1804. Mein Herz ist stark und kräftig.

1805. Mein Herz ist völlig gesund und macht einen tollen Job.

1806. Ich bin so dankbar für mein großartiges Herz.

1807. Mein Gehirn und Herz kommunizieren liebevoll miteinander.

1808. Meine Organe funktionieren optimal und machen einen tollen Job.

Gesundheit

1809. Mein Körper verfügt über genügend Abwehrkräfte.

1810. Ich habe ein optimales Abwehrsystem.

1811. Mein Immunsystem arbeitet optimal.

1812. Mein Immunsystem ist stark.

1813. Ich fühle mich stark, ja, ich bin stark.

1814. Mein Organismus ist vollkommen intakt.

1815. Mein Organismus ist vollkommen geschützt.

1816. Ich spüre die Gesundheit von innen.

1817. Liebe umgibt und schützt mich.

1818. Ich ernähre mich gesund.

1819. Meine Abwehrzellen funktionieren perfekt.

1820. Meine Zellen funktionieren perfekt, ich liebe sie.

1821. Ich entscheide mich jetzt friedlich und harmonisch zu sein.

1822. Ich lebe freudig und frei.

1823. Ich treibe Sport.

1824. Ich liebe körperliche Betätigung.

1825. Jeden Morgen mache ich Frühsport.

1826. Jetzt überwinde ich mich und mache täglich einen strammen Spaziergang.

1827. Ich bin so begeistert, dass ich jetzt sportlich aktiv bin.

1828. Körperliche Bewegung tut mir (Leib und Seele) gut.

Gesundheit

1829. Ich bin vollkommen ausgeglichen.

1830. Es ist leicht, einen gesunden Körper zu haben.

1831. Ich tue alles, um einen gesunden Körper zu haben.

1832. Gesundes, nahrhaftes Essen gibt mir Energie und Gesundheit und hält mich im Gleichgewicht.

1833. Ich gebe meinem Körper die Möglichkeit optimal zu funktionieren.

1834. Ich bin es wert gesund zu sein.

1835. Ich genieße es fit zu sein.

1836. Ich sage JA zu meinem Körper.

1837. Alle Körpersysteme sind fit und gesund.

1838. In jedem Moment geht es mir in jeder Hinsicht besser und besser.

1839. Ich fühle mich sehr (so) wohl (gut, ausgezeichnet, großartig ...) und bin froh und dankbar.

Fröhlichkeit und Mäßigkeit sind die zwei besten Ärzte.

N.N.

Entspannung

Anmerkung: *ge löst, locker*

Ich persönlich vermeide in meinen Affirmationen den Begriff „Entspannung", da mir der Wortteil „Spannung" zu dominant ist. Relaxed, gelöst, ruhig, gelassen und Stille, sind einige Synonyme, die ich stattdessen gerne nutze.

1840. Ich bin ruhig und gelassen.

1841. AO: Seit wann bin ich so ruhig und gelassen?

1842. Alles um mich ist ruhig.

1843. AO: Warum ist alles um mich herum so wunderbar ruhig?

1844. Ich spüre Frieden und Harmonie.

1845. AO: Seit wann spüre ich eigentlich diesen Frieden und diese Harmonie?

1846. Ich fühle mich großartig.

1847. Ich bin in meiner Mitte.

1848. Ich bin geborgen.

1849. Ich lasse los und fühle mich leicht und wohl.

1850. Ein wunderbares Wohlgefühl strömt durch meinen Körper.

1851. Ich liebe mein Herz.

1852. Mein Herz und Verstand schwingen (sind) in Harmonie.

1853. Alles ist leicht und gut.

1854. Alles ist gut.

Nimm dir Zeit zum Glücklichsein, es ist die Quelle der Kraft. Nimm dir Zeit zum Spielen, es ist das Geheimnis der Jugend. Nimm dir Zeit zum Lesen, es ist der Ursprung der Weisheit.

Achim von Arnim

Entspannung

1855. Das Leben bereitet mir Freude.

1856. Ich bin voller positiver Energien.

1857. Jeder Teil meines Körpers ist locker.

1858. Alles ist warm und wohlig.

1859. Ich spüre meinen Atem.

1860. Mein Atem ist tief und ruhig.

1861. Mit jedem Atemzug strömt frische Energie in meinen Körper.

1862. Ich bin entspannt (gelöst).

1863. Ich gönne mir so viel Ruhe, wie nötig.

1864. Ich kann ab und zu alle Viere von mir strecken.

1865. Ich bin gelöst, in meiner Mitte und habe für alles genug Zeit.

1866. Ich fühle mich wohl und geborgen.

1867. Ich bin völlig relaxed (entspannt und locker).

1868. Ich bin voller Zuversicht.

1869. Das Leben meint es gut mit mir.

1870. Von Tag zu Tag fühle ich mich wohler und wohler und ich bin so dankbar dafür.

Nur im ruhigen Teich spiegelt sich das Licht der Sterne.
Chinesisches Sprichwort

Wenn man die Ruhe nicht in sich selbst findet, ist es umsonst, sie anderswo zu suchen.
François de La Rochefoucauld

Erfolg

1871. Ich fühle mich sehr (so) wohl (gut, ausgezeichnet...)

1872. Ich sage JA zum Erfolg!

1873. Yes, I can!

1874. Ich liebe Herausforderungen, weil ich den Erfolg liebe.

1875. AO: Seit wann liebe ich eigentlich diese Herausforderungen und den Erfolg?

1876. Ich bin voller Entschlossenheit und Kraft.

1877. AO: Woher habe ich diese Entschlossenheit und Kraft?

1878. Ich schaffe (eben) alles...

1879. Ich bin erfolgreich, ja, so ist es.

1880. Ich wage jetzt das Abenteuer der Veränderung und erlebe Wachstum und Erfolg.

1881. Göttliche Energie fließt ungehindert durch mich hindurch und erfüllt mich mit Freude, Weisheit und Kraft.

1882. Ich bin Ruhe und Kraft.

1883. Ich bin grenzenlose Energie. Mir ist alles möglich.

1884. Ich bin genial!

1885. Ich bin ein Magnet für Erfolg!

1886. Heute gelingt mir alles. Ja, ich bin ein Gewinner.

1887. Ich danke für ein Leben voller Gesundheit, Reichtum, Glück und Selbstverwirklichung.

1888. Ich habe finanziellen Erfolg.

Erfolg

1889. Ich ziehe die Menschen, Chancen und Finanzen an, die ich für meinen Erfolg benötige.

1890. Ich segne mein Einkommen und verursache, dass es sich ständig vermehrt.

1891. Ich habe immer mehr, als ich brauche.

1892. Ich bin finanziell unabhängig (erfolgreich).

1893. Ich bin voller Arbeitsfreude und Tatkraft.

1894. Ich bin voller Energie und Kraft.

1895. Meine Arbeit bereitet mir sehr viel Freude.

1896. Ich liebe meine Arbeit.

1897. Meine Arbeit erfüllt mich und ich entwickle mich immer weiter und weiter.

1898. Ich erledige meine Arbeit mit Freude und sichere mir dadurch mein Einkommen.

1899. Intuitiv werde ich zu den Menschen geführt, mit denen ich gemeinsam erfolgreich arbeite.

1900. Intuitiv habe ich die richtigen Kontakte.

1901. Intuitiv habe ich für jede Aufgabe die richtige Lösung.

1902. Mir stehen alle Mittel und Möglichkeiten zur Verfügung.

1903. Ich lasse positive Gedanken und Worte für mich arbeiten.

1904. Ich sehe ständig neue Verdienstmöglichkeiten und nutze sie.

1905. Ich bin immer zur richtigen Zeit am richtigen Ort.

Am Mute hängt der Erfolg.

Theodor Fontane

Erfolg

1906. Ich lebe meine Berufung.

1907. Wenn ich morgens erwache, freue ich mich auf den neuen, erfolgreichen Tag.

1908. Es fällt mir leicht, Entscheidungen zu treffen.

1909. Ich begrüße neue Ideen.

1910. Ich bin ein aktiver Zuhörer.

1911. Ich bin offen für neue Dinge.

Hindernisse und Schwierigkeiten sind Stufen, auf denen wir in die Höhe steigen.

Friedrich Nietzsche

1912. Ich entfalte mein gesamtes Potential.

1913. Ich bin erfolgreich und stark.

1914. Ich habe bei allem, was ich tue, Erfolg.

1915. Es fällt mir leicht, vor anderen frei und klar zu sprechen.

1916. Ich habe Vertrauen und glaube an mich.

1917. Meine erkenne für jede Aufgabe immer die richtige Lösung.

1918. Ich habe ein gutes Arbeitsklima.

1919. Ich schaffe (sorge für) ein gutes Arbeitsklima.

1920. Überall bieten sich mir herausragende Chancen.

1921. Ich kann gut mit Autorität umgehen und werde respektiert.

1922. Ich habe vielfältige Möglichkeiten und nutze sie.

1923. Ich bin erfolgreich, da ich immer das halte, was ich verspreche.

1924. Ich fördere und unterstütze andere.

Erfolg

1925. Ich bin erfolgreich, weil ich mit Begeisterung bei der Arbeit bin.

1926. Mein Herz ist voller Freude, wenn ich an die Arbeit denke, die es für mich zu tun gibt.

1927. Ich bin begierig, neue Dinge zu erfahren und zu lernen.

1928. Täglich trete ich aus meiner Komfortzone heraus und wage Neues.

1929. Ich bin begeistert und lernbegierig.

1930. Mein Geschäft und meine berufliche Tätigkeit sind angefüllt mit rechtem Handeln.

1931. Ideen, Geldmittel, Waren und die erforderlichen Kontakte stehen jederzeit für mich bereit.

1932. Alles Gute wird von mir mit Macht angezogen.

1933. Ich bin auf allen Wegen göttlich geführt und inspiriert.

1934. Jeder Tag präsentiert mir wunderbare Möglichkeiten des Wachstums und des Fortschritts.

1935. Ich bin reif für das Glück, weshalb es sich überall in meinem Leben einstellt.

1936. Ich habe großen Erfolg, weil ich andere so behandle, wie ich es auch von ihnen erwarte.

1937. Ich ernte tausendfach, was ich um anderer willen säe.

1938. Ich suche an allem das Gute zu erkennen und aus allem das Beste zu machen.

1939. Was ich unternehme, mache ich zu meinem Meisterwerk.

Erfolgreiche Menschen sind erfolgreich, weil sie das tun, was andere Menschen nicht tun.

Henry Ford

Erfolg

1940. Ich trage stets einen guten Wunsch im Herzen.

1941. Ich bemühe mich täglich, zum Glück anderer beizutragen.

1942. Ich bin stets heiter, hilfsbereit, selbstlos, menschlich und teilnahmsvoll.

1943. Ich fühle und bejahe mein Glück, als sei es schon da.

1944. Ich bin mutig und stark.

1945. Ich habe stets positive und gute Gedanken.

1946. In allen Dingen gebe ich jederzeit mein Bestes.

1947. Bei allem, was ich tue, gebe ich immer mein Bestes.

1948. Ich tue das, was erforderlich ist!

1949. Ich habe die Kraft das zu tun, was erforderlich ist.

1950. Schnell und effektiv erledige ich meine Aufgaben.

1951. Ich halte jeden Ärger und jede Erregung von meiner Seele fern.

1952. Ich besinne und sammle mich täglich auf das Idealbild meiner Selbst.

1953. Ich lebe meine Ideale - umso rascher verwirkliche ich sie.

1954. Ich sende strahlende Kraft aus und ziehe somit alles Fördernde an.

1955. Ich bringe Erfolg hervor.

1956. Ich bin umgeben von erfolgreichen Personen.

1957. Ich lebe in einem freundlichen Universum und alles Positive fließt mir zu.

Es ist sinnlos zu sagen: Wir tun unser Bestes. Es muss dir gelingen, das zu tun, was erforderlich ist.

Winston Churchill

Erfolg

1958. Ich gehe meinem Erfolg mutig entgegen.

1959. Ich habe immer eine zufriedenstellende und gut bezahlte Arbeit oder eine andere Quelle für meine materielle Versorgung.

1960. Ich habe immer genug zum Leben.

1961. Meine innere Weisheit führt mich und verschafft mir ein wunderbares Leben.

1962. Ich bin ein Gewinner und außerordentlich erfolgreich.

1963. Ich denke im großen Maßstab und helfe vielen Menschen.

1964. Ich konzentriere mich auf meine Chancen und nutze sie.

1965. Wie ein Magnet ziehe ich wunderbare Menschen an, mit denen ich arbeite.

1966. Ich bin ein Erfolgsmagnet.

1967. Ich sehe, fühle und erkenne meine Chancen und nutze sie.

1968. Ich habe alle Macht, Herausforderungen zu meistern.

1969. Ich sehe und fühle, wie ich alle Herausforderungen mit Bravour meistere.

1970. Ich nehme freizügig an und gebe freizügig und vergrößere damit meinen Erfolg.

1971. Ab sofort bin ich der erfolgreiche Manager meines Lebens.

1972. Ich bin im Flow.

Erfolgreich zu sein setzt zwei Dinge voraus:
Klare Ziele und den brennenden Wunsch, sie zu erreichen.

J. W. v. Goethe

Erfolg

1973. Es macht mir Freude und ich bin bereit, mich ständig weiterzuentwickeln und zu wachsen.

1974. Jederzeit fühle und erkenne (sehe) ich, was am besten für mich und andere ist, und handle entsprechend.

1975. Alles, was kommt, ist gut für mich.

1976. Alles kommt zu mir im richtigen Augenblick.

Wenn ich auf mein Unglück trete, stehe ich höher.
Friedrich Hölderlin

1977. Locker (schnell, natürlich, beschwingt) erreiche ich meine Ziele.

1978. In allen Unternehmungen handle ich ethisch und zum Wohle aller Beteiligten.

1979. Ich denke und spreche positiv über andere.

1980. Ich trage stets einen guten Wunsch im Herzen.

1981. Ich bejahe mein Glück, als sei es schon da.

1982. Von Tag zu Tag gelingt es mir immer besser, meine Bedürfnisse wahrzunehmen und für mich zu sorgen.

Konzentration

1983. Ich (Ihr Name) fühle mich sehr wohl.

1984. Ich plane.

1985. AO: Seit wann plane ich?

1986. Ich bin ruhig.

1987. AO: Warum bin ich jetzt bloß so ruhig? Es ist wunderbar.

1988. Ich liebe und genieße die Ruhe in mir.

1989. AO: Seit wann empfinde ich diese angenehme Ruhe in mir?

1990. Mein Atem ist tief und ruhig.

1991. AO: Seit wann bin ich in der Lage so ruhig und tief zu atmen?

1992. Ich bin in meiner Mitte.

1993. Ich bin hoch (voll) konzentriert.

1994. Ich gehe kontinuierlich voran, einen Schritt vor den anderen setzend.

1995. Es ist mir wichtig, deshalb bin ich voll konzentriert.

1996. Ich vertraue mir und fühle mich sicher.

1997. Ich bin sicher.

1998. Ich schaffe es, ja, ich schaffe das.

1999. Ich bin super und ich kann es.

2000. Ich freue mich.

Konzentration ist die Fähigkeit, dort zu sein, wo man ist.

Andreas Tenzer

Konzentration

2001. Konzentriert erledige ich schnell und einfach meine Aufgaben.

2002. Meine Aufmerksamkeit ist auf eine Sache gerichtet.

2003. Ich setze Prioritäten.

2004. Ich tue jetzt die Dinge, die wichtig sind.

2005. Ich konzentriere mich auf mein Thema.

2006. Jetzt ist nur mein Thema wichtig.

Alles hängt von der Intensität ab, die man auf eine Sache verwendet.

Gustave Flaubert

2007. Ich konzentriere mich auf die wesentlichen Punkte.

2008. Hoch konzentriert arbeite ich an meiner Sache (Projekt, Thema).

2009. Ich bin total fokussiert.

2010. Ich sehe mein Ziel klar vor Augen.

2011. Ich bin konzentriert wie ein Laserstrahl.

2012. Ich konzentriere mich (jetzt) auf meine Aufgabe.

2013. Ich kann mich in jeder Situation konzentrieren.

2014. Ich spüre die Kraft, ja, ich habe die Kraft.

2015. Ich nutze meine innere Stärke.

2016. Ich gebe immer mein Bestes.

2017. Ich gebe mein Bestes, indem ich alle verfügbaren Ressourcen nutze.

2018. Jede erledigte Aufgabe macht mich stolz und zufrieden.

Konzentration

2019. Ich bin relaxed (gelöst, entspannt, ruhig) und doch aufmerksam.

2020. Ich befinde mich in einer entspannten (ruhigen) Konzentration.

2021. Ich bin aufmerksam.

2022. Ich bin ein guter Zuhörer.

2023. Ich habe Erfolg.

Wer sich zu viel mit Kleinigkeiten abgibt, wird unfähig zum Großen.

François de La Rochefoucauld

2024. Eine Aufgabe zur Zeit mit Konzentration und Fokus.

2025. Ich ziehe das durch.

2026. Ich tue, was notwendig ist.

2027. Ich bin gut organisiert.

2028. Ich handle und tue jetzt, was getan werden muss.

2029. Ich erledige meine Aufgaben auf entspannte Art und Weise und genau in der Zeit, die es braucht.

2030. Ich bin im Flow und erledige meine Aufgaben mit Freude.

2031. Ich nutze meine Kraft intelligent und weise.

2032. Ich setzte Prioritäten und erledige das Wichtigste immer zuerst.

2033. Ich konzentriere mich jetzt nur auf … (Aufgabe nennen).

2034. Ich fokussiere meine Kräfte jetzt auf … (Aufgabe nennen).

Konzentration

2035. Ich nutze jetzt alle meine Fähigkeiten, meine ganze Energie, Intelligenz, Intuition und meine Erfahrungen zur Erreichung meines Zieles.

2036. Ich erschaffe jetzt einen starken Brennpunkt, indem ich meine ganze Kraft konzentriere.

2037. Ich verwende die Kraft der Konzentration jetzt (nur) für das, was ich gerade tue.

2038. Ich bin sehr konzentrationsfähig.

Wer sich entschieden hat, etwas zu tun, und an nichts anderes denkt, überwindet alle Hindernisse.

G. G. Casanova

2039. Ich kann meine Gedanken fokussieren, ja, ich fokussiere jetzt meine Gedanken.

2040. Ich denke klar und deutlich, ja, ich denke jetzt ganz klar und deutlich.

2041. Ich denke konzentriert und bin begeistert.

2042. Ich denke schnell und weitblickend.

2043. Ich sehe mein kreatives Ziel ganz deutlich vor meinen Augen.

2044. Ich kann mich jederzeit intensiv konzentrieren.

2045. Ich bin (befinde mich) im Zustand der entspannten Konzentration und gelange zu neuen und ungewöhnlichen Assoziationen (Ergebnissen, Lösungen).

2046. Ich habe ein hervorragendes Konzentrationsvermögen.

2047. Ich kann meine Konzentration über eine längere Zeit aufrechterhalten.

2048. Wenn ich mich konzentriere, stelle ich alle meine Sinne auf die betreffende Sache ein.

Konzentration

2049. Es fällt mir sehr leicht, meine Aufmerksamkeit auf etwas zu konzentrieren.

2050. Ich steuere meine Aufmerksamkeit und bestimme meine Gedanken.

2051. Nur diese eine Aufgabe ist jetzt wichtig.

2052. Meine Gedanken sind klar und auf die Sache konzentriert.

2053. Ich habe mein Konzentrationsvermögen völlig im Griff.

2054. Ich konzentriere mich gerne.

2055. Ich bin dankbar für meine hervorragende Konzentrationsfähigkeit.

2056. Meine Konzentrationsfähigkeit wird mit jedem Tag immer besser und besser.

2057. Ich richte alle Aufmerksamkeit auf einen Punkt.

Konzentration heißt

alle Aufmerksamkeit

auf einen einzigen

Punkt zu

richten

●

Lernen und Wissen

2058. Ich fühle mich sehr (so) wohl (gut, ausgezeichnet, großartig ...) und bin froh und dankbar.

2059. Ich habe Spaß am Lernen.

2060. AO: Warum habe ich jetzt Spaß am Lernen?

2061. Ich freue mich auf das Lernen, ja, ich freue mich zu lernen.

Lernen ist wie Rudern gegen den Strom. Hört man damit auf, treibt man zurück.

Laotse

2062. AO: Seit wann habe ich eigentlich diese große Freude am Lernen?

2063. Ich liebe es, zu lernen. Lernen macht Spaß.

2064. Ich freue mich auf Neues.

2065. AO: Weshalb freue ich mich immer auf etwas Neues?

2066. Ich bin offen für Neues.

2067. Ich lerne für mich.

2068. Ich konzentriere mich und höre aktiv zu.

2069. Ich lerne gerne. Lernen bereitet mir große Freude.

2070. Ich lerne schnell und einfach.

2071. Ich überwinde meine Grenzen.

2072. Ich bin frei zu lernen, für was auch immer ich mich entscheide.

2073. Ich verstehe schnell und erinnere mich leicht.

2074. Ich habe eine schnelle Auffassungsgabe.

2075. Prüfungen bestehe ich mit guten Ergebnissen.

2076. Erfolg macht Spaß.

Lernen und Wissen

2077. Erfolg zieht Erfolg nach sich.

2078. Während der Prüfungen (Tests) bin ich völlig (angenehm) relaxed (entspannt, ruhig) und freue mich darauf, alles zu meistern, und rufe alle Informationen mit Leichtigkeit ab.

2079. Ich gehe optimal vorbereitet und konzentriert in die Prüfung und meistere diese mit Bravour.

Eine Investition in Wissen bringt noch immer die besten Zinsen.

Benjamin Franklin

2080. Ich drücke mich (jetzt) klar und deutlich aus. Ich formuliere präzise und exakt.

2081. Ich erledige alle erforderlichen Aufgaben ruhig und mit meinem besten Vermögen.

2082. Neues merke ich mir leicht.

2083. Wichtiges behalte ich leicht.

2084. Ich nehme neues Wissen leicht und schnell auf.

2085. Ich behalte das Gelernte.

2086. Ich habe ein gutes Namensgedächtnis.

2087. Von Tag zu Tag werde ich besser und besser.

2088. Ich kann es und ich habe großen Erfolg.

Was ich heute bin, ist ein Hinweis auf das, was ich gelernt habe, aber nicht auf das, was mein Potenzial ist.

Virginia Satir

2089. Ich bin ein Gewinner.

2090. Ich bin neugierig und wissbegierig.

2091. Ich bin neugierig und lernbegierig.

2092. Ich bin begeistert.

2093. Ich bin intelligent.

2094. Ich lerne von Tag zu Tag leichter, besser und schneller.

Lernen und Wissen

2095. Wissen fließt mir leicht und natürlich zu.

2096. Mein Herz und Verstand sind in Harmonie.

2097. Ich freue mich, in einer interessanten Welt zu leben, die umso interessanter ist, je klüger ich bin und je mehr ich weiß.

2098. Lernen macht klug, das weiß ich und es ist mir immer bewusst.

Was man lernen muss, um etwas zu tun, das lernt man, indem man es tut.

Aristoteles

2099. Ich bin klug und lernen fällt mir leicht, es macht mein Leben schön und interessant.

2100. Ich bin bereit zu lernen. Je mehr ich lerne, desto mehr wachse ich.

2101. Ich öffne mich dem Lernstoff mit meinem Herzen und all meinen Sinnen.

2102. Mein Gedächtnis verbessert sich von Tag zu Tag in jeder Hinsicht.

2103. Ich nehme Informationen auf und verstehe schnell.

2104. Wissen erweitert meinen Horizont und begeistert mich.

2105. Ich kann alle Informationen schnell aus meinem Gedächtnis abrufen.

2106. Ich kann mein Wissen jederzeit leicht wiedergeben.

2107. Ich kann leicht und natürlich entspannen (relaxen).

2108. Ich bin hoch motiviert und mit großem Interesse bei der Sache.

2109. Jeden Tag lerne ich etwas Neues.

Lernen und Wissen

2110. Ich freue mich an meinen Fähigkeiten.

2111. Mein Geist ist frei und klar.

2112. Ich liebe es zu lesen, ja, ich bin ein begeisterter Leser.

2113. Fremdsprachen lerne ich leicht und natürlich wie ein Kind.

2114. Lesen erweitert meinen Horizont, ja, gerne lerne ich neue Dinge.

2115. Mein Geist ist offen und aufnahmebereit.

2116. In der Entspannung stehen mir alle positiven Informationen zur Verfügung.

2117. Mein Bewusstsein (Verstand) ist hell, klar und aufnahmebereit.

2118. Ich freue mich darauf, wieder etwas zu lernen.

2119. Ich nehme den Lernstoff leicht und schnell auf.

2120. Ich verstehe und begreife den Lernstoff.

2121. Ich lerne spielerisch und leicht.

2122. Durch fokussierte Aufmerksamkeit lerne ich schnell und natürlich.

2123. Ich ruhe in meiner Mitte und fühle die Stärke meiner Konzentrationsfähigkeit.

2124. Ich lerne konzentriert.

2125. Ich konzentriere mich auf den Lernstoff und lerne schnell und nachhaltig.

2126. In meinem Leben habe ich die besten Chancen und Möglichkeiten und nutze sie.

Lesen heißt Leben!
Russ. Sprichwort

Lernst du wohl, wirst du gebratener Hühner voll. Lernst du übel, musst du mit der Sau in zum Kübel.

Martin Luther

Lernen und Wissen

2127. Ich benutze mein Wissen nur im positiven Sinn.

2128. Mein Wissen und mein Handeln sind jetzt im Gleichgewicht.

Je mehr wir aufnehmen, umso größer wird das geistiges Fassungsvermögen.

Seneca

2129. Ich handle immer ethisch und nutze mein Wissen dementsprechend.

2130. Ich setze mein Wissen für den Fortschritt der Menschheit ein.

2131. Mit meinem Wissen helfe und unterstütze ich andere.

2132. Mit meinem Wissen und Tun bin ich ein Segen für viele Menschen.

2133. Ich bin so dankbar für mein großartiges Wissen.

2134. Täglich erweitere ich meinen Horizont.

Erweitere deinen Horizont, damit du einen besseren Überblick und eine weitere Sicht bekommst.

Arbeit und Beruf

2135. Ich liebe meinen Beruf (Job).

2136. AO: Warum liebe ich meinen Beruf so?

2137. Ich bin erfolgreich, denn das, was ich tue, macht mir Spaß (bereitet mir Freude).

2138. AO: Seit wann bin ich so erfolgreich und macht mir die Arbeit Spaß?

2139. Das, was ich anpacke, gelingt mir.

2140. AO: Weshalb gelingt mir jetzt alles, was ich anpacke?

2141. Ich erledige meine täglichen Aufgaben ruhig und gelassen.

2142. AO: Wieso erledige ich meine täglichen Aufgaben jetzt so ruhig und gelassen?

2143. Durch meine positive Einstellung zu meiner Arbeit ergeben sich immer wieder viele positive Möglichkeiten für mich und andere.

2144. Meine positive Einstellung zur Arbeit macht mir diese leicht.

2145. Die unendliche Weisheit führt mich zu dem Platz in meinem Leben, der absolut am besten für mich ist.

2146. Ich habe (endlich) meinen idealen Arbeitsplatz.

2147. Ich bin ein guter (super) Kollege.

2148. Zu meinen Kollegen habe ich ein sehr harmonisches und freundschaftliches Verhältnis.

2149. Wir haben ein gutes Arbeitsklima.

2150. Durch meinen Erfolg haben auch andere Erfolg.

Arbeit und Beruf

2151. Ich habe Spaß an meiner Arbeit (Tätigkeit).

2152. Meine Arbeit bereitet mir große Freude.

2153. Meine Arbeit (Tätigkeit) erfüllt mich.

2154. Ich arbeite leicht, (mühelos) und unverzüglich.

Arbeite nur, die Freude daran kommt von ganz allein.

J. W. v. Goethe

2155. Ich bleibe (bin) während meiner Arbeit in jeder Situation ruhig, gelassen und freundlich.

2156. Ich bleibe (bin) während meiner Arbeitszeit vollkommen entspannt.

2157. Kreative Gedanken strömen mir unablässig zu und sind weitere Meilensteine zum großen Erfolg.

2158. Ich erhalte Achtung und Anerkennung für meine wertvollen Dienste.

2159. Ich gebe meine Dienste gern und empfange dafür ein großzügiges Gehalt.

2160. Ich werde (bin) gemäß meinen Fähigkeiten eingesetzt.

2161. An meinem Arbeitsplatz kann ich mich entsprechend meinen Neigungen voll entfalten.

2162. Ich arbeite gern und mit Freude.

2163. Durch meine Arbeit erfahre ich vollkommene berufliche Erfüllung.

2164. Ich bin es wert, meinen idealen Arbeitsplatz zu bekommen.

2165. Ich habe meinen idealen Arbeitsplatz.

2166. Alles, was ich anfasse, gelingt mir.

Arbeit und Beruf

2167. Ich achte auf meine Intuition und Tatkraft.

2168. Ich bin stolz auf mich, denn ich leiste gute Arbeit, die viel Beachtung findet.

2169. Ich bin durchströmt von guten und erfolgreichen Ideen, die mir und anderen zum Segen werden.

2170. Ich habe gute, kreative Ideen.

2171. Ich setze Prioritäten.

2172. Ich konzentriere mich auf mein Thema.

Freude an der Arbeit lässt das Werk trefflich geraten.
Aristoteles

2173. Mir fließen (ständig) neue und einzigartige Ideen zu.

2174. Ich bin stets aufnahmebereit für neue Ideen und Gedanken.

2175. Ich tue jetzt die Dinge, die wichtig sind.

2176. Ich bin aktiv und voller Tatendrang und Kraft.

2177. Ich bin voller Tatendrang und konzentriere alles (mich) auf ein Projekt.

2178. Ich konzentriere mich auf die wesentlichen Punkte.

2179. Ich konzentriere mich jetzt (beharrlich) auf meine Aufgaben (Ziele).

2180. Ich konzentriere mich auf das, was ich will.

2181. Schnell und leicht verarbeite ich neue Informationen und Wissen.

2182. Ich denke schnell und vorausschauend.

2183. Ich bin voller Arbeitseifer.

2184. Ich freue mich auf jeden neuen Arbeitstag.

Arbeit und Beruf

2185. Ich handle eigenständig und nutze meine Kräfte optimal.

2186. Ich ergreife die Initiative und schreite voran.

2187. Jetzt ist nur mein Thema wichtig.

2188. Hoch konzentriert arbeite ich an meiner Sache (Projekt, Thema).

2189. Ich bin total fokussiert.

2190. Ich bin völlig (total) fokussiert (konzentriert).

2191. Ich sehe mein Ziel klar vor Augen.

2192. Ich bin konzentriert wie ein Laserstrahl.

2193. Ich suche und finde neue kreative Lösungen (Wege zum Erfolg).

2194. Im Zustand der entspannten Konzentration erledige ich leicht und locker meine Tätigkeiten.

2195. Ich vertraue mir.

2196. Ich fühle mich sicher.

2197. Ich bin sicher.

2198. Konzentriert erledige ich schnell und einfach meine Aufgaben.

2199. Ich bin voller Lebensenergie.

2200. Ich bin innovativ.

2201. Ich trage (maßgeblich) zum Erfolg bei.

2202. Auf mich ist Verlass.

2203. Ich bin ein Teamplayer.

Arbeit und Beruf

2204. Ich unterstütze mein Team.

2205. Ich bin ein super Teamleiter (Vorgesetzter).

2206. Ich motiviere meine Mitarbeiter und Kollegen durch Lob und Anerkennung.

2207. Ich motiviere andere Menschen, ihr Bestes zu geben.

2208. Ich höre aufmerksam zu.

2209. Ich bin entscheidungsfreudig.

2210. Ich treffe klare Entscheidungen.

2211. Ich handle verantwortungsbewusst.

2212. Ich vermittle.

2213. Ich entwickle mich beständig weiter.

Persönlichkeiten werden nicht durch schöne Reden geformt, sondern durch Arbeit und eigene Leistung.
Albert Einstein

2214. Ich liebe Herausforderungen und meistere sie mit Bravour.

2215. Ich bin völlig bei der Sache.

2216. Ich weiß, was ich will und arbeite konsequent.

2217. Ich arbeite beständig (effektiv) an meinem Projekt.

2218. Ich bin begeistert, arbeite konzentriert und bringe das Projekt (schnell) voran.

2219. Ich bringe das Projekt täglich weiter voran.

2220. Ich bringe das Projekt zu einem erfolgreichen Abschluss.

2221. Ich bin voller Arbeitsfreude und Tatkraft.

2222. Jeden Tag komme ich meinem Ziel näher.

2223. Ich bin ausgeglichen.

Arbeit und Beruf

2224. Yes, I can!

2225. Ich bin voller Entschlossenheit und Kraft.

2226. Ich bin voller Energie.

2227. Ich erledige (jetzt) meine Arbeit mit Freude und Begeisterung.

2228. Konsequent halte ich mich an die Prioritäten.

2229. Intuitiv erkenne ich meine Prioritäten und halte mich konsequent daran.

2230. Ich setze Prioritäten und halte mich daran (richte mich danach aus).

2231. Eins nach dem anderen.

2232. Ein Projekt nach dem anderen.

2233. Ich habe die richtigen Prioritäten.

2234. Ich entfalte jetzt mein volles Potential.

2235. Ich glaube an mich und ziehe das durch.

2236. Ich ziehe das jetzt (konsequent) durch.

2237. Ich bin mutig und entschlossen.

2238. Ich bringe Erfolg hervor.

2239. Mir ist völlig klar, welches heute die wichtigste Tätigkeit ist und ich arbeite konsequent daran.

2240. Ich beschäftige mich (arbeite) jetzt mit (an) den wichtigsten Dingen.

2241. First things first!

2242. First priority first.

Arbeit und Beruf

2243. Ich tue das, was genau jetzt getan werden muss.

2244. Mein Fokus ist auf die wichtigsten Dinge gerichtet.

2245. Ich schaffe es (das).

2246. Ich halte durch und schaffe das!

2247. Auch wenn es nicht leicht ist, ich schaffe das.

2248. Ich sehe meine Ziele klar vor Augen (und strebe sie konsequent an).

2249. Ich weiß, dass ich meine Ziele erreiche.

2250. Ich bin ein Macher!

2251. Ich bin strahlende Lebenskraft.

2252. Ich bin der perfekte Geschäftspartner.

2253. Ich habe immer ideale Geschäftspartner.

2254. Ich sehe (erkenne) schnell und klar gute Geschäftsmöglichkeiten und realisiere diese erfolgreich.

2255. Ich bin immer bereit, gute Geschäfte zu machen.

2256. Ich ziehe mit meiner Ausstrahlung gute Geschäftspartner an.

2257. Ich ziehe mit meiner positiven Ausstrahlung gute Kunden an.

2258. Dieser Tag ist großartig.

2259. Ich entscheide mich heute für den Erfolg!

2260. Von Tag zu Tag mache ich bessere und bessere Geschäfte.

2261. Ich ernte tausendfach, was ich säe.

Bei jeder Arbeit ist es vor allem wichtig, dass man zuerst einmal einfach irgendwie anfängt. Dann kommt die Sache in Fluss.

Karl Hilty

Arbeit und Beruf

2262. Stetig steigere ich meine Umsätze.

2263. Ich bin für jeden Menschen, dem ich begegne, ein warmer Sonnenstrahl.

2264. Klar und deutlich sehe (erkenne) ich meine Prioritäten.

2265. Voller Eifer und Begeisterung arbeite ich an meinen Zielen.

2266. Ich habe alle Fähigkeiten und Ressourcen, die ich für mein Projekt benötige.

2267. Ich erkenne neue Wege und Möglichkeiten.

2268. Ich arbeite konsequent an einer Sache und bringe diese (mit Erfolg) zu (einem guten) Ende.

2269. Ich bin immer zur richtigen Zeit am richtigen Ort und tue genau das Richtige.

2270. Ich schließe mein Projekt erfolgreich (Gewinn bringend) ab.

2271. Ich bin finanziell gesund und so wird es immer bleiben.

2272. Eine Aufgabe zur Zeit mit Konzentration und Fokus!

2273. Ich kann mich leicht konzentrieren.

2274. Ich denke leicht und konzentriert.

2275. Meine Gedanken sind klar und deutlich.

2276. Ich sehe meine Chancen und nutze sie.

2277. Man schätzt und achtet mich.

2278. Ich bin ein Gewinn für die Firma (… meinen Arbeitgeber).

Arbeit und Beruf

2279. Ich bin jedem gegenüber höflich und genieße Respekt und Achtung.

2280. Meine Meinung ist gefragt.

2281. Ich setze mich ein und habe Erfolg.

2282. Ich kenne den Markt und nutze mein Wissen geschickt zum Vorteil aller.

2283. Ich kann andere leicht von meiner Sache überzeugen.

2284. Ich erkenne klar und deutlich, womit ich mein Einkommen generieren soll.

2285. Ich erkenne klar und deutlich, mit welchen Ideen (Projekten) ich ein sehr gutes Einkommen generieren kann (werde).

2286. Ich erkenne jetzt klar und deutlich, mit welchem Projekt(en) ich mich beschäftigen muss.

2287. Ich erkenne klar und deutlich, an welchem Projekt ich jetzt arbeiten muss.

2288. Ich mache Karriere und es macht mir Spaß.

2289. Klar und deutlich sehe ich, an welchen Projekten ich zu arbeiten habe, damit mein Einkommen gesichert ist.

2290. Meine erste Tätigkeit gilt meinem Einkommen.

2291. Voller Eifer und Begeisterung arbeite ich an der Steigerung meines Einkommens.

2292. Mein Einkommen steigt und steigt.

2293. Ich will das.

Arbeit und Beruf

2294. Ich will das, weil es für mich die einzige Option ist.

2295. Ich kann das!

2296. Ich bin die Art von Mensch, die das erreichen kann und wird.

2297. Ich tue, was notwendig ist.

Der Schlüssel aller Arbeit ist der Fleiß.

aus China

2298. Ich handle.

2299. Das wird großartig, ja, das ist großartig!

2300. AO: Ist das nicht großartig?

2301. Ich schaffe das! Ja, ich habe es geschafft.

2302. Mir ist alles möglich.

2303. Ich glaube an mich.

2304. Ich habe das verdient!

2305. Ich vertraue meiner Intuition.

2306. Zu meinen Kollegen habe ich jederzeit ein sehr harmonisches und freundschaftliches Verhältnis.

2307. Ich gebe jederzeit mein Bestes, einerlei was ich tue.

2308. Ich bin jetzt kreativ und erschaffe mir durch meine eigene Arbeit ein rundum glückliches Leben.

2309. Ich erkenne neue Wege und Möglichkeiten.

2310. Meine Arbeit wird geschätzt und geehrt.

2311. Ich treffe Entscheidungen leicht.

2312. Ich treffe weise Entscheidungen.

2313. Wohlüberlegt entscheide ich.

Arbeit und Beruf

2314. Ich kann delegieren.

2315. Ich bin ein geschätzter Mitarbeiter.

2316. Ich bin teamfähig.

2317. Ich leite mit Umsicht, Weisheit und Klugheit meine Gruppe (Firma, Team).

2318. Ich arbeite in einem tollen Team.

2319. Ich bin stolz auf meine Arbeit (Tätigkeit).

2320. Stets präsentiere ich mich hervorragend.

2321. Ich bin eine herausragende Persönlichkeit.

2322. Ich bin ein guter und erfolgreicher Manager, ja, ich bin ein super Manager!

2323. Mein Denken, Handeln, meine Leistungen und Fähigkeiten sind absolut professionell.

2324. Ich verwende Zeit und Energie dort, wo sie nötig ist.

2325. Ich treffe optimale Entscheidungen.

2326. Durch meinen Erfolg haben auch andere Erfolg.

2327. Ich habe Spaß an meiner Arbeit.

2328. Ich erledige meine Arbeit leicht, mühelos und unverzüglich.

2329. Ich kann NEIN sagen.

2330. Ich arbeite gern und mit Freude.

2331. Ich bleibe während meiner Arbeit in jeder Situation ruhig, gelassen und freundlich.

2332. Ich nutze meine Kraft intelligent und weise.

Wer gute Arbeit leisten will, schärfe zuerst das Werkzeug.
aus China

Arbeit und Beruf

2333. Ich erhalte Achtung und Anerkennung für meine wertvollen Dienste.

2334. Ich erledige meine Aufgaben auf entspannte Art und Weise und genau in der dafür notwendigen Zeit.

2335. Ich erlaube mir, meine Aufgaben leicht und elegant zu erledigen.

2336. Ich bin im Flow und erledige meine Aufgaben mit Freude.

2337. Ich freue mich über die Resultate meines soliden, professionellen Stils.

2338. Ich bin gut organisiert.

2339. Ich lade Ordnung und Organisation in mein Leben ein und genieße es.

2340. Ich setze Prioritäten und erledige das Wichtigste immer zuerst.

2341. Jede erledigte Aufgabe macht mich stolz und zufrieden.

2342. Ich weiß, wer ich bin und was ich kann.

2343. Ich bin mir meiner Fähigkeiten und Talente voll bewusst.

2344. Von Tag zu Tag entwickle ich mich weiter und weiter.

2345. Von Tag zu Tag werde ich immer besser und besser in der Verwirklichung meiner Ziele.

2346. Ich bin so dankbar für meinen Erfolg, die Freude und das großartige Einkommen!

Wohlstand und Fülle

2347. Ich fühle mich sehr (so) wohl (gut, ausgezeichnet...)

2348. Ich bin glücklich und wohlhabend.

2349. AO: Warum bin ich so glücklich und wohlhabend?

2350. Ich habe einen tollen Arbeitsplatz (Job).

2351. AO: Wie habe ich denn plötzlich diesen tollen Job bekommen?

2352. Ich bin bereit zu schenken und beschenkt zu werden.

2353. AO: Weshalb bin ich jetzt bereit zu schenken und beschenkt zu werden?

2354. Ich bin ein Magnet für Geld und Reichtum!

2355. AO: Seit wann bin ich eigentlich ein Magnet für Geld und Reichtum?

2356. Ich schwimme im Geld.

2357. Ich nutze meinen Reichtum, um anderen zu helfen.

2358. Ich bin glücklich, dass ich mit meinem Reichtum (Wohlstand) jetzt anderen helfen kann.

2359. Durch mein Denken, Sprechen und Handeln stelle ich jetzt die Weichen für Reichtum.

2360. Ja, ich bin einverstanden, ein Leben in Reichtum und Überfluss zu führen.

2361. Ich entscheide mich für ein Leben in Reichtum und Überfluss.

2362. Alles verwandelt sich für mich in Reichtum und Überfluss.

2363. Geld und Reichtum fließen unaufhörlich zu mir.

Vier Säulen stützen den Tempel der irdischen Glückseligkeit: Gesundheit, Gemütsruhe, Wohlstand und Freundschaft.

Francis Bacon

Wohlstand und Fülle

2364. Ich sorge gut für die, die ich liebe. (Ich sorge gut für meine Lieben.)

2365. Ich sorge gut für meine Familie.

2366. Es ist genügend da für alle.

2367. Ich zahle meine Schulden zurück und genieße das Gefühl der Freiheit.

2368. Ich begleiche meine Verpflichtungen und genieße das Gefühl der Freiheit.

2369. Ich atme Reichtum (Wohlstand), ich träume Überfluss, ich erlebe Erfolg.

2370. Ich erhalte (habe, verdiene) leicht und mit Freude … Euro im Monat (Jahr).

2371. Mein Leben erstrahlt jetzt in innerem und äußerem Reichtum.

2372. Geld fließt aus mehreren Quellen (reichlich) zu mir.

2373. Ich danke für den wunderbaren finanziellen Reichtum, der sich jetzt in meinem Leben manifestiert.

2374. Die göttliche Quelle versorgt mich jetzt auf wunderbarste Weise.

2375. Das Universum lässt mich jetzt an seiner unendlichen Fülle teilhaben.

2376. Ich vertraue auf vollkommene finanzielle Versorgung (durch die göttliche Macht).

2377. Ich mache meine Arbeit gern und werde (bin) reichlich entlohnt.

2378. Ich gehe mit den mir zur Verfügung stehenden Mitteln verantwortlich um.

Wohlstand und Fülle

2379. Je mehr ich gebe, desto mehr erhalte (empfange) ich.

2380. Mein Einkommen übersteigt meine Ausgaben.

2381. Ich habe mehr als ich brauche, daher teile ich gerne mit meinen Mitmenschen.

2382. Ich gehe klug und weise mit meinen Mitteln um.

2383. Ich zapfe den gewaltigen Geldstrom an, der sich über die Erde ergießt.

2384. Ich zapfe nun den gewaltigen Geldstrom an.

2385. Ich lebe in Fülle und Wohlstand.

2386. Ich heiße Wohlstand nun willkommen.

2387. Ich lasse Reichtum und Fülle in mein Leben fließen.

2388. Ich denke groß und gestatte mir, noch mehr Gutes anzunehmen und weiterzugeben.

2389. Geld fließt aus mehreren (vielen) Quellen (beständig) in mein Leben.

2390. Geld fließt (kommt) aus mehreren Quellen zu mir.

2391. Ich habe zahllose Wahlmöglichkeiten für mein Einkommen.

2392. Überall bieten sich mir Chancen und ich realisiere die Besten.

2393. Ich fördere andere darin erfolgreich zu sein.

2394. Ich tue jetzt die Arbeit, die ich liebe, und werde gut dafür bezahlt.

2395. Es ist ein Vergnügen mit dem Geld umzugehen, das mit jetzt (heute) zufließt (… heute zu mir kommt).

> *Dem Geld darf man nicht nachlaufen, man muss ihm entgegengehen.*
>
> Aristoteles Onassis

Wohlstand und Fülle

2396. Ich bin bereit, mich dem unbegrenzten Reichtum zu öffnen, der überall existiert.

2397. Das Gesetz der Anziehung bringt nur Gutes in mein Leben.

2398. Ich erfreue mich finanzieller Sicherheit.

2399. Ich strahle Erfolg aus und bin bei allem, was ich unternehme, erfolgreich.

2400. Segen und Reichtum stehen für mich jetzt bereit.

2401. Ich verdiene das Beste und ich akzeptiere jetzt das Beste.

2402. Ich bin ein Geldmagnet.

2403. Geld ist mein Freund.

2404. Geld strömt wie ein mächtiger Fluss zu mir.

2405. Ich bin in jeder Situation erfolgreich.

2406. Es geht mir finanziell immer besser und besser. Ich bin es wert.

2407. Das Geld liebt mich und fließt vermehrt zu mir.

2408. In allen finanziellen Angelegenheiten lasse ich mich weise führen.

2409. In allen finanziellen Angelegenheiten treffe ich intuitiv die richtigen Entscheidungen.

2410. Ich gehe mit meinem stets Wohlstand verantwortungsbewusst um.

2411. Mit Wertschätzung zahle ich meine Rechnungen.

2412. Der Wohlstand ist fest in mir verankert.

Wohlstand und Fülle

2413. Mein Bewusstsein ist mit Wohlstand und Fülle erfüllt.

2414. Ich habe immer alles, was ich brauche. Vielen Dank dafür.

2415. Mein Wohlstand trägt zum Wohlergehen meiner Mitmenschen bei.

2416. Ich habe immer mehr Geld, als ich benötige.

2417. Ich mache das Beste aus meinem Wohlstand.

2418. Je mehr ich gebe, desto mehr empfange ich.

2419. Ich bin reich.

2420. Macht, Wohlstand und Liebe strömen in mich.

2421. Ich bin magnetisch für Geld und Glück.

2422. Ich erfahre Fülle, Wohlstand und Reichtum.

2423. Ich bin so dankbar für meinen Wohlstand und Reichtum auf allen Ebenen.

2424. Das Leben erfüllt meine Bedürfnisse im Überfluss.

2425. Mein Wohlstand trägt zu meinem Wohlergehen bei.

2426. Ich bin voller Freude, ich erlaube Wohlstand in meinem Leben.

2427. Ich male mir Fülle, Wohlstand und Reichtum im Überfluss aus.

2428. Ich glaube (weiß), dass finanzieller Wohlstand moralisch richtig ist.

2429. Geld ist eine wunderbare Kraft des Guten.

2430. Ich entscheide mich für ein Leben im Wohlstand.

Wohlstand ist eine Grundlage, aber kein Leitbild für die Lebensgestaltung. Ihn zu bewahren ist noch schwerer, als ihn zu erwerben.

Ludwig Erhard

Wohlstand und Fülle

2431. Ich lebe mit Geld in Harmonie.

2432. Ich mag Geld.

2433. Geld ist mir sehr sympathisch.

2434. Ich gehe weise mit meinem Wohlstand um.

2435. Geld lehrt wichtige Lektionen und ist wertvoll.

2436. Ich weiß jetzt, wie ich Geld mit Freude anziehe.

2437. Ich habe leicht und angenehm finanziellen Erfolg.

2438. Ich genieße jetzt großen finanziellen Wohlstand.

2439. Dieses Universum ist reich, und es ist genug für uns alle da.

2440. Überfluss gehört zu meiner innersten Natur.

2441. Ich nehme den Wohlstand voller Freude an.

2442. Ich verdiene es, erfolgreich und glücklich zu sein.

2443. Ich bin jetzt erfolgreich und glücklich.

2444. Je erfolgreicher ich bin, desto mehr können andere teilhaben.

2445. Das Universum ist voller Überfluss.

2446. Ich bin bereit, Freude und Glück in meinem Leben anzunehmen.

2447. Das Leben macht mir Spaß, und ich genieße es.

2448. Ich bin im Inneren und Äußeren reich.

2449. Ich habe ein ausreichendes Monatseinkommen.

2450. Ich werde jeden Tag finanziell wohlhabender.

Wohlstand und Fülle

2451. Ich bin reich, glücklich und fühle mich wohl.

2452. Ich habe immer genug Geld für meinen persönlichen Bedarf.

2453. Ich werde täglich magnetischer für Geld, Glück und Liebe.

2454. Ich bin magnetisch für Wohlstand und finanzielle Freiheit.

2455. Ich bin dafür offen, Geld in jeder Weise hervorzubringen (zu empfangen).

2456. Ich vertraue meiner stets wachsenden Fähigkeit, Wohlstand und Reichtum zu (er)schaffen.

2457. Ich kümmere mich jetzt um mein eigenes sowie um das Wohl anderer.

2458. Ich sende meinen Mitmenschen Gedanken des Wohlstands.

2459. Ich bekomme, was ich mir rechtschaffen wünsche.

2460. Je reicher ich bin, umso mehr helfe ich seelisch und materiell meinen Mitmenschen.

2461. Ich erschaffe jetzt ein erfolgreiches Geschäft.

2462. Ich kann haben, was ich mir wünsche.

2463. Ich gehe weise mit meinen Ressourcen um.

2464. Je mehr ich habe, umso mehr kann ich anderen helfen.

2465. Ich erfülle mein Leben mit Sonnenschein, Glück und Zufriedenheit.

2466. Ich lasse alles, was ich anfasse, zu Gold werden.

Wohlstand und Fülle

2467. Ich bin bewahrt vor Risiken und Verlusten.

2468. Wenn ich gebe, so empfange ich.

2469. Alles, was ich erschaffe, erfüllt mich.

2470. Das Geld, das ich jetzt ausgebe, bereichert die Gesellschaft und es kehrt vielfältig zu mir zurück.

2471. Das größte Geschenk, das ich anderen mache, ist das Beispiel meines eigenen glücklichen Lebens.

2472. Ich befinde mich in meinem gewünschten Zustand.

2473. Meine Arbeit wird (ist) geschätzt.

2474. Durch alles, was ich tue, steigert sich mein Wert.

2475. Es kommt immer mehr Geld herein als hinausgeht.

2476. Geld fließt in mein Leben.

2477. Ich bin wohlhabend, erfolgreich und glücklich.

2478. Ich erkenne meine Gelegenheiten und nutze sie gut.

2479. Ich akzeptiere und liebe mich jetzt so, wie ich im Moment bin.

2480. Ich bin die Quelle meines Wohlstands und meines Reichtums.

2481. Ich bin erfolgreich und erlaube mir mich erfolgreich zu fühlen.

2482. Ich bin ein spezieller, einzigartiger Mensch.

2483. Ich bin ein wertvoller Mensch. Mein Weg ist wichtig.

2484. Ich bin ein Wesen ohne Grenzen.

Wohlstand und Fülle

2485. Ich kann alles (er)schaffen, was auch immer ich möchte.

2486. Ich bin finanziell unabhängig und frei.

2487. Ich bin mir selbst gegenüber großzügig.

2488. Ich bin offen (dafür) zu empfangen.

2489. Ich bringe Liebe in alles ein, was ich tue.

2490. Gute Dinge kommen leicht zu mir.

2491. Ich bin immer zur richtigen Zeit am richtigen Ort.

2492. Ich bin mit der grenzenlosen Fülle des Universums verbunden.

2493. Ich demonstriere täglich Liebe mit meinen Handlungen.

2494. Ich konzentriere mich auf mein höheres Wohl.

2495. Ich erlaube mir mehr zu haben, als ich für möglich halte.

2496. Ich erlaube mir zu haben, was ich mir wünsche.

2497. Ich erlaube mir, unbegrenzt zu denken und zu träumen.

2498. Ich erschaffe Geld, Fülle und Wohlstand durch Freude.

2499. Ich erschaffe meine Wünsche mühelos und mit Leichtigkeit.

2500. Ich erschaffe, was ich mir wünsche, mit Energie.

2501. Ich erwarte stets das Beste und (nur) das Beste geschieht.

Wenn ein Mensch behauptet, mit Geld ließe sich alles erreichen, darf man sicher sein, dass er nie welches gehabt hat.

Aristoteles Onassis

Wohlstand und Fülle

2502. Statt im Außen zu suchen, finde ich im Innern.

2503. Ich folge meinem Herzen.

2504. Ich folge weise meiner höchsten Freude.

2505. Ich fühle mich gut, was meine Ausgaben angeht.

2506. Ich gebe mir die Erlaubnis zu sein, was ich zu sein vermag.

2507. Ich gebe stets mein Bestes.

2508. Ich gratuliere mir häufig.

2509. Ich habe eine Fülle wertvoller Kenntnisse und Talente.

2510. Ich habe einen einzigartigen, besonderen Beitrag zu leisten.

2511. Ich habe (lebe) jetzt mein Idealleben.

2512. Ich kenne und ehre meinen Wert.

2513. Ich lade das Gute in mein Leben ein und lasse es herein.

2514. Ich lasse alles Negative los.

2515. Ich lasse Glück, Wohlstand und Überfluss in mein Leben ein.

2516. Ich lasse in vollem Vertrauen mit Leichtigkeit los.

2517. Ich lausche (höre) auf die Weisheit meines Herzens.

2518. Ich lebe in einem Universum der Fülle.

2519. Ich habe immer alles, was ich benötige.

2520. Ich lebe in einer Welt der Fülle.

Wohlstand und Fülle

2521. In meinem Universum ist alles perfekt.

2522. In allem, was ich tue, folge ich meiner Integrität.

2523. Ich bestimme allein über mich, ja, ich erbaue mein Leben.

2524. Ich liebe den Weg so sehr wie das Ziel.

2525. Ich liebe und ehre alles, was ich erschaffe.

2526. Ich respektiere mich in allem, was ich tue.

2527. Ich schätze alles, was ich habe und bin.

2528. Ich sende mir Liebe.

2529. Ich schätze meine Zeit und Energie.

2530. Voller Kraft strebe ich meinem Ziel entgegen.

2531. Ich spreche von Wohlstand und Erfolg.

2532. Ich schätze meine Kreativität und Ideen und setze sie um.

2533. Ich schätze mich sehr. Ich danke für mein wunderbares Leben.

2534. Ich liebe meine Vorstellungskraft und vertraue ihr.

2535. Ich erkenne meine Chancen und nutze sie weise.

2536. Meine Worte sind aufbauend und inspirierend.

2537. Ich stelle mir für mich und meine Mitmenschen Fülle, Wohlstand, Reichtum und Überfluss vor.

2538. Ich tue, was ich liebe und das Geld strömt mir zu.

2539. Ich verbringe Zeit in Ruhe und im Nachdenken; ich höre (auf) meine innere Führung.

Und wie bei der Liebe, so verhält es sich auch mit dem Reichtum: er tötet denjenigen, der ihn für sich behält, doch demjenigen, der ihn weitergibt, schenkt er Leben.

Khalil Gibran

Wohlstand und Fülle

2540. Ich verdiene (habe) Wohlstand, Reichtum und Überfluss.

2541. Ich fühle mich meinem Weg tief verpflichtet.

2542. Ich wähle Lebendigkeit und Wachstum.

2543. Ich vertraue darauf, dass alles zur perfekten Zeit kommt.

2544. Ich vertraue und folge meiner inneren Führung.

2545. Ich verwandle die Welt um mich, indem ich mich selbst wandle.

2546. Ich wähle ein Leben in Fülle.

2547. Ich wähle stets den lichtvollsten Pfad.

2548. Ich wähle Überzeugungen, die mir Lebendigkeit bringen.

2549. Ich weiß, was ich gern tue, und ich tue es.

2550. Ich werde stets zu der höheren Lösung geführt.

2551. In jeder Veränderung erfahre ich Klarheit und Harmonie.

2552. Jedermanns Erfolg trägt zu meinem Erfolg bei.

2553. Jedes meiner Geschenke dient dem Beschenkten und stärkt ihn.

2554. Mein Geld ist eine Quelle des Guten für mich und andere.

2555. Meine Träume werden wahr. (Meine Träume sind wahr geworden.)

2556. Mein Weg und meine Lebensarbeit sind meine höchste Priorität.

Wohlstand und Fülle

2557. Alles, was ich tue, steigert meinen Wert.

2558. Mein Wohlstand segnet auch andere.

2559. Meine Energie ist konzentriert auf meine Ziele gerichtet.

2560. Meine Energie ist offen und fließt in jedem Bereich meines Lebens.

2561. Meine Gedanken sind positiv und liebevoll.

2562. Meine Möglichkeiten und Optionen erweitern sich täglich.

2563. Meine Tage sind voller Spaß und sinnvoller Aktivitäten.

2564. Ich nutze meine Zeit weise und effektiv.

2565. Meine Überzeugungen erschaffen Gutes für mich.

2566. Meine Überzeugungen erschaffen meine Realität.

2567. Ich glaube an meinen unbegrenzten Wohlstand.

2568. Ich verdiene die Erfüllung meiner Wünsche.

2569. Ich bin ein Magnet des großen Glücks.

2570. Wohlstand und Reichtum fließen mir reichlich zu.

2571. Ich weiß, dass mir die Fülle grenzenlos zusteht.

2572. Das Universum ist grenzenlos.

2573. Ich bin Teil der Schönheit und des Reichtums.

2574. Der unendliche Reichtum des Universums fließt zu mir.

2575. Leicht fließt mir Reichtum in allen Formen zu.

Wohlstand und Fülle

2576. Der Reichtum des Universums manifestiert sich in mir.

2577. Ich bin stets dankbar für den Reichtum in meinem Leben.

2578. Ich habe absolute Gewissheit und das Vertrauen in meine Fähigkeit, so viel Einkommen zu erzeugen, wie ich möchte.

2579. Ich habe absolute Gewissheit, Wohlstand zu bekommen und zu schaffen.

2580. Ich habe absolutes Vertrauen in meine Fähigkeit, Reichtum zu bekommen und zu schaffen.

2581. Ständig finde ich neue Wege, um Wohlstand zu schaffen.

2582. Ich bin kreativ und finde immer neue Wege, um meinen Wohlstand zu vermehren.

2583. Ich kreiere jetzt (eine) unbegrenzte Fülle in allen Bereichen meines Lebens.

2584. Ich erkenne und nutze gute Chancen zur Bildung von Wohlstand.

2585. Ich gebe konsequent und bin offen konsequent zu empfangen.

2586. Ich habe immer genug Geld für alles, was ich benötige.

2587. Ich bin ein Geldmagnet.

2588. Ich habe jetzt Wohlstand und Fülle in allen Bereichen meines Lebens.

2589. Ich ziehe den ganzen Reichtum und alle Chancen für den finanziellen Erfolg an.

Wohlstand und Fülle

2590. Ich benutze meinen Reichtum und Wohlstand klug.

2591. Ich verdiene es, Geld ganz leicht in Hülle und Fülle zu bekommen und schuldenfrei zu leben.

2592. Mit Leichtigkeit erreiche ich meine finanziellen Ziele.

2593. Überall bieten sich mir Chancen und ich realisiere die besten.

2594. Wohlstand ist Freude und Fülle.

2595. Wohlstand ist mir willkommen.

2596. Ich tue jetzt die Arbeit, die ich liebe und werde gut (großzügig) dafür bezahlt.

2597. Ich treffe immer die richtigen Entscheidungen.

2598. Die Schaffung von Wohlstand ist jetzt einfach und mühelos.

2599. Die Schaffung von Wohlstand ist immer Teil meines Wesens.

2600. Ich visualisiere täglich die Schaffung von Wohlstand.

2601. Meine Kreativität ist (jetzt) mein Fundament für die Schaffung von Wohlstand.

2602. Wohlstand zirkuliert ständig in meinem Leben.

2603. Neue Kanäle für Reichtum öffnen sich für mich täglich.

2604. Jetzt sehe ich Chancen, um Wohlstand für alle um mich herum zu schaffen.

2605. Ich lebe in einem liebenden Universum des Überflusses und danke dafür.

Wohlstand und Fülle

2606. Ich spare und gehe mit dem Geld weise um.

2607. Geld fließt aus vielen Quellen zu mir.

2608. Geld fließt leicht und mühelos zu mir.

2609. Ich bin auf allen Ebenen erfüllt. Danke!

2610. Ich lasse alle Erinnerungen an Mangel jetzt los.

2611. Ich öffne mich jetzt für den Wohlstand.

2612. Ich erfreue mich finanzieller Sicherheit.

2613. Ich bin für all das Gute stets dankbar.

2614. Jeder Tag bringt mir neue wunderbare Erfahrungen.

2615. (Jetzt) In diesem Augenblick stehen Reichtum und Segen für mich bereit.

2616. Ich erlaube mir erfolgreich zu sein.

2617. Ich kann mir alles, was ich will leisten, muss es aber nicht.

2618. Geld sucht und findet mich.

2619. Ich bin mit finanziellem Erfolg gesegnet und segne andere.

2620. Mit meinem Wohlstand gehe ich verantwortungsvoll um.

2621. Ich habe immer alles, was ich brauche, und bin sehr dankbar dafür.

2622. Ich habe alles ‚was ich brauche, und das im Überfluss.

2623. Von überall und von allen kommt Gutes zu mir.

Wohlstand und Fülle

2624. Mein Leben ist jetzt gefüllt mit Glück, Reichtum und Wohlstand.

2625. Ich lerne jeden Tag etwas Neues.

2626. Von Tag zu Tag entwickle ich mich weiter.

2627. Ich gehe mit meinem Wohlstand verantwortlich um.

2628. Je mehr ich habe, desto mehr erhalte ich, um geben zu können.

2629. Mit meinem Erfolg wächst der Erfolg anderer.

2630. Ich bin wertvoll und liebenswert.

2631. Ich verdiene es reich zu sein.

2632. Es immer genug da.

2633. Ich denke groß.

2634. Wo ich auch arbeite, immer werde ich für meine Tätigkeit gut honoriert.

2635. Geld kommt zu mir und erreicht mich, wo immer ich bin.

2636. Meine gesamten Erfahrungen tragen zum Wachstum und Wohlstand bei.

2637. Ich freue mich, dass Wohlstand und Fülle (jetzt, von nun an) meine Lebensbegleiter sind.

2638. Ich achte auf meine intuitive Führung, die mich zu Wohlstand führt.

2639. Deutlich erkenne ich den vollkommenen Plan.

2640. Ich danke jetzt für ein Leben voller Gesundheit, Reichtum und Erfüllung.

> *Wohlstand ist etwas Gutes, aber man muss ihm gewachsen sein.*
> Richard von Weizsäcker

Wohlstand und Fülle

2641. Ich bin frei von allen Ängsten und ziehe privat und beruflich Gutes an.

2642. Der Herr ist mein Hirte, mir wird nichts mangeln.

2643. Gott ist meine unendliche Versorgung und große Geldsummen kommen rasch und auf vollkommener Weise zu mir.

2644. Göttliche Inspiration öffnet mir den Weg zu einem schuldenfreien und glücklichen Leben.

2645. Jetzt ist die richtige Zeit, das Wunderbare geschieht.

2646. Gottes Wege sind wunderbar, seine Methoden sind sicher!

2647. Ich bin großzügig und teile mit anderen.

2648. Ich freue mich, mit anderen teilen zu können.

2649. Ich spende 10 % von meinem Einkommen, wodurch ich sehr gesegnet bin.

2650. Ich bin hilfsbereit und helfe Menschen mit meinen finanziellen Mitteln.

2651. Es bereitet mir große Freude abzugeben.

2652. Ich verhelfe anderen zu Wohlstand.

2653. Ich lade andere ein, an meinem Überfluss teilzuhaben.

2654. Ich habe immer genug für meinen Bedarf.

2655. Gott ist mein Begleiter, ich bin froh und heiter.

Bedenke jedoch, das Geheimnis eines glücklichen Lebens liegt in der Entsagung.

nach Mahatma Gandhi

Zukunft und Erfüllung

2656. Ich fühle mich sehr (so) wohl (gut, ausgezeichnet, großartig ...) und bin froh und dankbar.

2657. Ich bin ein weiser, mitfühlender Meister (Mensch) mit grenzenloser Energie.

2658. Ich bin weise und mitfühlend.

2659. AO: Seit wann bin ich so weise und mitfühlend?

2660. In der Familie ist Harmonie, Friede und Vertrauen.

2661. Meine innere Ruhe ist die Ursache für meine Weisheit.

2662. Mein Weg führt ins Licht.

2663. Meine Zukunft ist voller Licht und Freude.

2664. Ich sage JA zu mir und meinem Leben.

2665. Jeder neue Tag ist der Beginn meiner Zukunft.

2666. Ich sehe die Zukunft mit klarem Blick.

2667. Ich denke mit Optimismus und Hoffnung an meine Zukunft.

2668. Ich verdiene die Erfüllung meiner Wünsche.

2669. Alles in meinem Leben ist bedeutungsvoll und einzigartig.

2670. Ich freue mich darauf begehrenswert und schön zu sein!

2671. Ich bin begehrenswert und schön.

2672. AO: Warum bin ich bloß so begehrenswert und schön?

2673. Ich genieße mein Leben.

Die Zukunft soll man nicht voraussehen wollen, sondern möglich machen.

Antoine de Saint-Exupéry

Zukunft und Erfüllung

2674. So wie ich mich behandle, werde ich von anderen behandelt.

2675. Ich sehe meine eigene Göttlichkeit in allem.

2676. Gute Gedanken. Gute Worte. Gute Taten.

2677. Mein Herz kennt den Weg der Liebe und vertrauensvoll lasse ich mich führen.

Versuche nicht, Stufen zu überspringen. Wer einen weiten Weg hat, läuft nicht.

Paula Modersohn-Becker

2678. Ich überlasse mich der göttlichen Führung, egal was kommt.

2679. Ich bin ein göttlicher Ausdruck des Lebens.

2680. Ich bin schöpferische Kraft.

2681. Ich erreiche höchste Erfüllung und Freude.

2682. Ich bin bereit, in etwas Neues, Strahlendes verwandelt zu werden.

2683. Ich lasse los und vertraue dem Fluss des Lebens.

2684. Ich bin der Kanal Gottes.

2685. Ich vertraue meiner Intuition und gehe den Weg des Lichts.

2686. Ich sage JA zu mir, ich sage JA zum Leben.

2687. Ich bin eine strahlende Sonne der Liebe.

2688. Ich habe Vertrauen.

2689. Ich vertraue mir und glaube daran, dass ich alles erschaffen kann, ja, ich kann alles erschaffen.

2690. Wofür ich Dank sage, das vermehrt sich.

2691. Danken öffnet Türen zu höheren Ebenen.

Zukunft und Erfüllung

2692. Meine Aufmerksamkeit ist nur auf die positiven Dinge gerichtet, wodurch ich sie vermehre.

2693. Am Ende ist alles gut.

2694. Ich finde immer zu mir zurück.

2695. Ich lasse Altes los und gewinne Neues.

2696. Ich lebe hier und jetzt.

2697. Ich bin flexibel.

2698. Ich nehme mir Zeit für das Wesentliche.

2699. Ich bin präsent.

2700. Ich verdiene nur das Beste.

2701. Es geht mir von Tag zu Tag in jeglicher Hinsicht immer besser und besser.

2702. Danke für dieses Leben, danke für alles auf dem Weg.

Die Dinge, denen meine Aufmerksamkeit gilt, erschaffe ich.

N.N.

Unsere Wünsche sind Vorgefühle der Fähigkeiten, die in uns liegen, Vorboten desjenigen, was wir zu leisten imstande sein werden. Was wir können und möchten, stellt sich unserer Einbildungskraft außer uns und in der Zukunft dar; wir fühlen eine Sehnsucht nach dem, was wir schon im Stillen besitzen.
So verwandelt ein leidenschaftliches Vorausgreifen das wahrhaft Mögliche in ein erträumtes Wirkliches.

J. W. v. Goethe

Gut und entspannt schlafen

2703. Ich fühle mich sehr wohl, mir geht es gut.

2704. AO: Seit wann fühle ich mich so wohl?

2705. Liebevoll lasse ich den Tag hinter mir.

2706. AO: Warum kann ich jetzt endlich den Tag liebevoll hinter mir lassen?

2707. Friedlich gleite ich in den Schlaf.

Der Schlaf ist doch die köstlichste Erfindung.

Heinrich Heine

2708. Ich gleite in friedlichen Schlaf und freue mich auf den nächsten Tag.

2709. Ich darf (kann) schlafen.

2710. Ich kann herrlich durchschlafen und genieße es.

2711. Ich kann leicht und ganz natürlich schlafen.

2712. Ich schlafe leicht und ganz natürlich.

2713. Ich schlafe (jetzt, endlich) durch.

2714. Ich habe einen natürlichen Schlafrhythmus.

2715. Ich halte mich an meinen Schlafrhythmus.

2716. Ich gehe rechtzeitig zu Bett.

2717. Ich gehe um ... zu Bett.

2718. Ich hab einen ganz natürlichen Schlaf.

2719. Ich kann tief und fest schlafen.

2720. Ich schlafe tief und fest.

2721. Ich schlafe sicher und friedvoll.

2722. Mein Schlaf ist friedvoll und erholsam.

Gut und entspannt schlafen

2723. Mein Schlaf erfrischt und erneuert mich.

2724. Ich schlafe völlig entspannt und erwache mit neuer Kraft und Vitalität.

2725. Mein Schlaf ist Ruhe.

2726. Schlafen ist gut und erholsam.

2727. Ich genieße meinen Schlaf.

2728. Ich freue mich auf meinen erholsamen Schlaf.

2729. Meine Probleme lösen sich im Schlaf.

2730. Mein höheres Selbst ist die ganze Nacht über bei mir und beschützt mich.

2731. Ich entspanne und lasse los.

2732. Schlaf erneuert meine Energien.

2733. Ich genieße den erholsamen Schlaf.

2734. Ich schlafe friedvoll.

2735. Ich schlafe gut und erwache fit und erfrischt.

2736. Ich bin so dankbar für meinen guten (tiefen, erholsamen) Schlaf.

2737. Beim Schlafen fallen sofort alle Sorgen von mir ab und ich schlafe gelassen ein.

2738. Meine Träume sind harmonisch und helfen mir gesund zu bleiben.

2739. Ich liebe es, abends rechtzeitig zu Bett zu gehen.

2740. Jede Zelle meines Körpers wird im Schlaf mit neuer Energie versorgt.

Es gibt keinen größeren Genuss auf Erden als den Schlaf, wenn man schlafen will.

Anton Tschechow

Gut und entspannt schlafen

2741. Ich freue mich auf meinen Schlaf.

2742. Im Schlaf verarbeite ich den vergangenen Tag.

2743. Meine Atmung ist tief und gleichmäßig.

2744. Mit jedem Atemzug strömt neue Energie in mich.

2745. Mein Schlafbedarf ist immer ausreichend.

2746. Ich sorge dafür, dass ich immer ausreichend schlafe.

2747. Ich achte auf meinen Körper, höre auf seine Signale.

2748. Ich sorge gut für meinen Körper.

2749. Jeden Abend, wenn ich zu Bett gehe, spüre ich (die) Harmonie und Ruhe in mir fließen.

2750. Mein Bett gibt mir das Gefühl von Geborgenheit.

2751. Ich lasse mich tief in meinen Schlaf fallen.

2752. Ich habe meine Nachtruhe (redlich) verdient.

2753. Endlich kann ich gut schlafen.

2754. Ich bin mit einem guten Schlaf gesegnet.

2755. Mein Schlaf hält die ganze Nacht über an.

2756. Ich schlafe gesund und natürlich.

2757. Ich kann wieder gut und entspannt schlafen, ja, ich schlafe gut und entspannt.

2758. Vor dem Schlafengehen gebe ich alles Belastende ab.

2759. Ich freue mich auf den Schlaf, er bedeutet Regeneration, Gesundheit und Lebenskraft.

2760. Während des Schlafs finde ich absolute Erholung.

Gut und entspannt schlafen

2761. Ein Gefühl der Schwere und Entspannung hilft mir einzuschlafen.

2762. Ich lasse los, gebe Kontrolle ab und freue mich auf das Geschenk eines neuen Tages.

2763. Ich atme tief und ruhig und beginne bereits vor dem Schlaf die Ruhe in mir zu spüren.

2764. Ich schlafe schnell ein und schlafe tief, ruhig und fest.

2765. Nach jedem Schlaf bin ich ausgeruht und leistungsfähig.

2766. Am Morgen erwache ich voller Lebensfreude und Energie.

2767. Schlaf ist ein natürlicher und schöner Teil meines Lebens.

2768. Schlaf ist ein Jungbrunnen für meinen Körper.

2769. Im Schlaf regenerieren sich alle Zellen meines Körpers.

2770. Es geht mir von Tag zu Tag in jeder Hinsicht immer besser und besser.

Idealgewicht

2771. Ich fühle mich sehr (so) wohl (gut, ausgezeichnet...)

2772. Ich, ... (Name) ... liebe meinen Körper!

2773. AO: Seit wann liebe ich meinen Körper so?

2774. Ich, ... (Name) ... habe einen wundervollen, gesunden Körper, der mir gute Dienste leistet.

Abnehmen ist ganz einfach: Man darf nur Appetit auf Dinge bekommen, die man nicht mag.

Jan van Ruusbroec

2775. AO: Warum habe ich einen so wundervollen, gesunden Körper, der mir so gute Dienste leistet?

2776. Mein Körper ist Freude und Jugend.

2777. AO: Wieso ist mein Körper voller Freude und Jugend?

2778. Ich bin richtig sexy.

2779. AO: Ist dir aufgefallen, wie sexy ich geworden bin?

2780. Ich habe eine tolle Bikinifigur.

2781. AO: Wieso habe ich so eine tolle Bikinifigur?

2782. Freude ist positive Energie. Ich lache mich schön!

2783. Ich atme Schönheit, ich träume Schönheit, ich bin Schönheit.

2784. Mein Weg führt zu Schönheit und Jugend.

2785. Ich bin und bleibe schlank und attraktiv.

2786. Ich bin schlank und mag mich.

2787. Ich freue mich auf meine neue, schlanke Figur.

2788. Ich habe eine schöne, schlanke Figur.

2789. Ich spüre intuitiv, welches mein Idealgewicht ist.

2790. Ich freue mich auf mein Idealgewicht.

Idealgewicht

2791. Mein Weg führt zum (zu meinem) Idealgewicht.

2792. Sanft und weise nähere ich mich meinem Idealgewicht.

2793. Jeden Tag komme ich meinem Idealgewicht näher.

2794. Mein Gewicht verändert sich zu meinem Idealgewicht.

2795. Ich habe mein Idealgewicht.

2796. Ich habe mein Idealgewicht und halte es.

2797. Ich liebe es, mein Idealgewicht zu haben.

2798. Ich bin glücklich mit meinem Idealgewicht.

2799. Endlich habe ich mein Idealgewicht erreicht. Ich fühle mich so gut.

2800. Meine Diät heißt Liebe und Freude!

2801. Ich gebe meinem Körper die richtige Nahrung in der richtigen Menge und erlebe jugendliche Energie und Freude.

2802. Ich bin jetzt bereit für die Verwandlung meines Körpers in Jugend und Kraft und genieße es.

2803. Ich lebe mein Leben kraftvoll.

2804. Ich bin Kraft, Wärme und Schönheit.

2805. Ich bin ein Magnet für Gesundheit.

2806. Ich bin körperlich und geistig fit.

2807. Ich genieße Bewegung.

2808. Jeden Tag genieße ich meinen strammen Spaziergang.

2809. Ich bin begeistert und freue mich jeden Tag auf meinen Spaziergang

Wussten Sie, dass Dicksein am Vererben eines schlechten Gens liegt, dem "Zum-Kühlschrank-Gen"?

N.N.

Idealgewicht

2810. Bewegung bedeutet Freude und Gesundheit.

2811. Ich liebe aktiven Sport.

2812. Ich liebe es, zu joggen.

2813. Ich liebe körperliche Betätigung.

2814. Ich bin total motiviert, um fit zu sein.

Das Erste, was man bei einer Abmagerungskur verliert, ist die gute Laune.

Gert Fröbe

2815. Ich genieße es fit zu sein.

2816. Jeden Tag bewege ich mich (etwas mehr und steigere meine Kondition).

2817. Meine Kondition wird von Tag zu Tag immer besser.

2818. Jeden Tag fühle ich mich gesünder und fitter.

2819. Ich esse nur gesunde Dinge.

2820. Ich esse nur Gesundes.

2821. Ich bin frei von allen Süchten.

2822. Ich esse bewusst.

2823. Gesundes Essen macht mich glücklich.

2824. Ich ernähre mich gesund (und nahrhaft).

2825. Gesundes, (nahrhaftes) Essen schenkt mir Energie und hält mich im Gleichgewicht.

2826. Ich esse mäßig, aber regelmäßig.

2827. Mein Körper nimmt alle Nährstoffe auf und verarbeitet sie optimal.

2828. Ich fühle intuitiv, was mein Körper jetzt braucht.

2829. Ich ernähre mich bewusst und ausgewogen.

Idealgewicht

2830. Ich gebe meinem Körper die notwendigen und besten Nährstoffe.

2831. Ich nehme ausreichend Flüssigkeit zu mir.

2832. Ich trinke jeden Tag mindestens zwei Liter klares, gutes Wasser.

2833. Ich spüre, was mein Körper braucht.

2834. Ich liebe meine Körper.

2835. Ich denke bewusst und gesund.

2836. Ich achte gut auf meinen Körper.

2837. Ich weiß, was richtig für meinen Körper ist.

2838. Ich ernähre mich vollkommen gesund.

2839. Ich kann gut für mich sorgen, ja, ich sorge in der Tat gut für mich.

2840. Ich bin jetzt bereit, gesunde und heilsame Nahrung zu mir zu nehmen.

2841. Mein Körper ist für die richtige Ernährung dankbar.

2842. Ich tue das nur für mich.

2843. Ich erlaube mir, mein ideales Gewicht zu erreichen und zu halten.

2844. Ich fühle mich jeden Tag besser und besser.

2845. Ich erlaube mir, mich gesund zu ernähren.

2846. Gesunde, nahrhafte Nahrung gibt mir Energie und Kraft.

2847. Ich genieße es mich mehr zu bewegen, ja, Bewegung ist gut für mich (tut mir gut).

> *Seit Erfindung der Kochkunst essen die Menschen doppelt so viel wie die Natur verlangt.*
>
> Benjamin Franklin

Idealgewicht

2848. Ich bin gesund und voller Vitalität.

2849. Ich bin aktiv und in Bewegung.

2850. Bewegung macht mir Spaß.

2851. Ich spüre und genieße meine (neue) Vitalität.

2852. Grenzenlose Energie durchströmt meinen Körper.

2853. Ich fühle mich in meinem Körper wohl.

2854. Ich empfinde meinen Körper als harmonisches Ganzes.

Die gesündeste Turn-übung ist das rechtzeitige Aufstehen vom Esstisch.

Giorgio Pasetti

2855. Ich esse nur, wenn ich wirklich Hunger habe.

2856. Ich esse immer in Maßen.

2857. Ich habe nur noch Lust auf Sachen, die gut für mich sind.

2858. Meine Verdauung arbeitet einwandfrei.

2859. Ich habe Selbstvertrauen und Willensstärke.

2860. Ich habe immer mehr Spaß an kleinen Portionen.

2861. Ich lasse (meinen) Ballast los und fühle, wie mein Leben leichter und leichter wird.

2862. Ich fühle mich von Tag zu Tag immer attraktiver.

2863. Ich genieße meine neue Figur.

2864. Täglich spüre ich, wie mir leichte Speisen gut tun.

2865. Ich nehme die richtige Nahrung zu mir, die mich mit allen Nährstoffen versorgt.

2866. Ich bin weise in meinen Entscheidungen und achte auf die Bedürfnisse meines Körpers.

Idealgewicht

2867. Ich behandle meinen Körper liebevoll und pflege ihn innen und außen.

2868. Ich respektiere und achte mich.

2869. Ich fühle mich wohl, wenn ich diszipliniert bin.

2870. Ich spüre heilende Energie in jeder Zelle meines Körpers.

2871. Ich allein bestimme, was ich esse und wann ich esse.

2872. Ich habe die Herrschaft über meinen Körper und entscheide, was ich zu mir nehme.

2873. Ich habe einen wunderschön geformten Körper.

2874. Es ist so schön schlank und gesund zu sein.

2875. Ich habe so viel abgenommen, wie ich wollte.

2876. Ich bin attraktiv und begehrenswert.

2877. Ich spüre, wie mich andere Menschen bewundern.

2878. Ich erkenne meinen Körper für seine guten Leistungen an.

2879. Ich, (mein Name) bin jeder Zelle meines Körpers dankbar.

2880. Je besser und hochwertiger meine Nahrung ist, die ich zu mir nehme, desto gesünder ist mein Körper.

2881. Die Zellen meines Körpers erneuern und regenerieren sich in jedem Augenblick.

2882. Mein Körper ist ein heiliger Tempel für mich.

2883. Mein Körper ist mein bester Freund.

Die Dicken leben zwar kürzer, aber sie essen länger.

Stanislaw Jerzy Lec

Idealgewicht

2884. Ich, ... (Name) ... fühle mich wohl in meinem Körper.

2885. Ich behandle meinen Körper behutsam, liebevoll und achtsam.

2886. Ich liebe es, wenn andere mich auf meinen gut gebauten Körper ansprechen und mir Komplimente machen.

2887. Mein Körper ist ein Instrument für Gottes Dienste und daher sehr wertvoll für mich.

2888. Jeden Tag fühle ich mich mit meinem neuen Gewicht besser und besser.

Die Vernunft beginnt bereits in der Küche.

Friedrich Nietzsche

Wenn man auf seinen Körper achtet, geht's auch dem Kopf besser.

Jil Sander

Ängste

Ein mir unbekannter Autor machte die folgende Aussage:
„Das größte Hindernis, das viele Menschen überwinden müssen, ist Angst. Angst abgelehnt zu werden. Angst davor Entscheidungen zu treffen. Angst vor Veränderung. Angst vor Konfrontation. Angst vor Verlusten. Angst vor Niederlagen. Und dann natürlich die größte Angst - Angst vor Erfolg! Es ist diese Angst (und all ihre Verwandten wie Sorgen und Selbstzweifel), die einen lähmen und daran hindern, erfolgreich zu sein!"

Angst ist in der Regel ein schlechter Berater und hindert Menschen daran, ihr volles Potential zu entfalten. Der Philosoph und Autor Leo Buscaglia sagt treffend: *„Die Sorge nimmt dem Morgen nie den Kummer; sie raubt nur dem Heute die Kraft."*

Der Begriff „Angst" kommt von lat. „angustiae", was so viel wie Enge, Engpass und Beschränkung bedeutet.

Aber es gibt auch begründete Ängste, die vor drohenden Gefahren warnen. Sie sind oft ein wertvoller Schutzmechanismus und erfüllen die Aufgabe, uns vor Schäden zu bewahren.

Man muss also zwischen begründeten und unbegründeten Ängsten unterscheiden. Es tut gut zu wissen, dass die meisten Befürchtungen sich nie verwirklichen.

Sollte die Angst einen doch mal überfallen, ist die „worst-case"-Technik ein einfaches Mittel, um sie in den Griff zu bekommen. Fragen Sie sich, was im schlimmsten Fall passieren kann. Meist schrumpfen viele der unbegründeten Ängste dann auf ein Minimum zusammen.

Wenn Ängste aufkommen, haben wir häufig das Gefühl, dass unser Herz eingeschnürt wird, es fast zerspringt. In der Tat wird das Herz dadurch stark belastet.

Ich möchte Ihnen noch einen Tipp geben, der mir in solchen Situationen schon häufig geholfen hat.

Das Herz ist eines der größten Wunder. Wussten Sie, dass es bereits 21 Tage nach der Zeugung selbstständig anfängt zu schlagen, obwohl das Gehirn zu diesem Zeitpunkt noch nicht voll funktionsfähig ist?

Man hat festgestellt, dass das Herz ca. 40 000 Neuronen enthält, also auch als kleines selbstständiges Gehirn arbeitet. Es gibt unserem Gehirn sogar „Anweisungen". Beide kommunizieren regelmäßig miteinander. Im Zustand der Angst ist diese Kommunikation allerdings gestört und chaotisch. Dieses kann man mit Heart-Rate-Variability-Messungen (HRV) nachweisen.

Ängste beeinflussen die Entwicklung. Entfaltung geschieht im Freisein von Angst.

Else Pannek

Steht der Mensch unter Stress, Unruhe, Nervosität und Ängsten, verläuft die HRV-Kurve sehr gezackt und unruhig.

Sobald allerdings die Herz-Gehirn-Kommunikation wieder hergestellt ist, wird die HRV-Kurve sehr gleichmäßig und harmonisch. Man spricht dann davon, dass Herz und Gehirn in Kohärenz sind.

In Abbildung 14 wird das deutlich. Die HRV-Messung wurde im Sitzen für zunächst 300 Sekunden mit normaler Atmung durchgeführt. Obwohl die Person nicht sonderlich gestresst war, zeigt der linke Teil der Abbildung einen sehr unruhigen Herzrhythmus. Direkt anschließend führte die Person für weitere 300 Sekunden eine Entspannungsübung durch. Innerhalb kurzer Zeit harmonisierte sich der Herzrhythmus deutlich.

Die Angst klopft an die Tür, der Verstand öffnet und Niemand ist draußen.

Chinesische Weisheit

Wie kann man nun bewusst dafür sorgen, dass eine gute Kommunikation zwischen dem Herzen und dem Gehirn stattfindet? Hierzu gibt es eine einfache Übung.[1]

Übung:
Machen Sie es sich bequem, indem Sie sich hinlegen oder in einem Sessel entspannen. Nun legen Sie beide Hände auf Ihr Herz (es befindet sich leicht links zwischen den Brüsten) und schicken Sie ihm gute Gedanken.

Ich stelle mir vor, dass es mein bester Freund ist und habe dabei ganz liebevolle Gedanken. In meinen Gedanken

---

1 Doc Childre und Howard Martin, Die HerzIntelligenz-Methode, VAK-Verlag

gehen Herz und Gehirn Hand in Hand spazieren. So sollte es übrigens auch sein. Beide sind eng miteinander verbunden und sind ein perfektes Team.

Innerhalb weniger Minuten wird sich ein wohliges und ruhiges Gefühl einstellen. Frieden durchströmt Sie, was sich auch durch Ihren Gesichtsausdruck bemerkbar macht. Herz und Gehirn sind nun in Kohärenz, die Angst ist verflogen.

Bitte denken Sie daran, dass es für Emotionen nur zwei Pole gibt, die Liebe und ihr Gegenteil, die Angst. Deshalb wird in den folgenden Affirmationen hauptsächlich auf die Liebe eingegangen, die alle Ängste vertreibt.

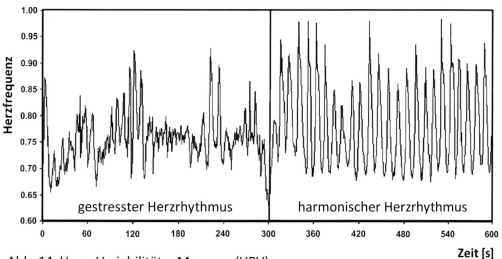

Abb. 14: Herz-Variabilitäts-Messung (HRV)

Ängste

2889. Ich bin ... (Name) ... und fühle mich so wohl. (Ich ... (Name) ...fühle mich so wohl.)

2890. Ich ... (Name) ... bin liebenswert.

2891. AO: Seit wann bin ich ... (Name) ... so liebenswert?

2892. Ich liebe mich.

2893. AO: Warum liebe ich mich so?

2894. Zuneigung und Liebe umgeben mich.

2895. Ich bin sicher und beschützt.

2896. Die Liebe verändert mein Denken und Handeln.

2897. Ich strahle zu allen Menschen denen ich begegne, Liebe aus.

2898. Ich bin frei von allen unbegründeten Ängsten.

2899. Ich lasse alle (unbegründeten) Ängste los.

2900. Ich bin mutig und schaffe das!

2901. Voller Mut, Zuversicht und Kraft meistere ich diesen Tag. (... mein Leben.)

2902. Ich bin von Liebe umgeben. Alles ist gut.

2903. Ich ziehe Liebe und Freundschaft an.

2904. Es ist in Ordnung nicht zu wissen, wie es weiter geht.

2905. Das Universum schickt mir, was ich brauche.

2906. Ich halte inne und lenke meine Gedanken auf Erbauliches und Schönes.

2907. Was ich aussende, fließt zu mir zurück.

Ängste

2908. Jeder Tag ist ein schöner Tag.

2909. Ich mache aus jedem Tag einen guten Tag.

2910. Ich bin eine wertvolle Frau (ein wertvoller Mann).

2911. Ich werde immer unabhängiger (freier).

2912. Ich lasse Altes los und gewinne (umarme) Neues.

2913. Ich gebe täglich mein Bestes.

2914. Ich bin dankbar verzeihen und loslassen zu können.

2915. Ich bin gut zu mir selbst.

2916. Ich lasse einfach los.

2917. Ich löse mich von der Vergangenheit.

2918. Ganz leicht und frei gehe ich meinen Weg.

2919. Ich bin kraftvoll, ja, ich stehe für mich ein.

2920. Ich werde immer ruhiger und gelassener. (Ich bin ruhig und gelassen.)

2921. Ich bin gut (genug).

2922. Ich bin zuversichtlich, dass sich alles zu meinem Besten entwickelt.

2923. Ich gehe meinen Weg mutig und frei, ja, ich gehe meinen Weg.

2924. Ich spüre meine Kraft täglich neu.

2925. Mit Hilfe meiner inneren Stärke verwirkliche ich meine Ziele.

2926. Ich bin für all die Liebe in meinem Leben sehr dankbar.

Deprimiert?
Du lebst zu sehr in der Vergangenheit.

Ängstlich?
Du lebst in der Zukunft.

Du empfindest Frieden?
Du lebst in der Gegenwart.

N.N.

Ängste

2927. Ich sende viel Liebe aus.

2928. Ich öffne mich jetzt und die Liebe strömt in mein Leben.

2929. Ich liebe und werde geliebt.

2930. Ich liebe mich selbst, daher lieben mich auch andere.

Halte niemals an der Vergangenheit fest, denn du brauchst beide Hände für das Jetzt.

N.N.

2931. Je mehr Liebe ich anderen schenke, desto mehr Liebe erhalte ich zurück.

2932. Ich strahle Liebe und Licht aus.

2933. Andere Menschen lieben und respektieren mich so, wie ich bin.

2934. Ich fühle mich geborgen in der Gegenwart anderer Menschen.

2935. Ich fühle mich geborgen, ja, ich bin geborgen!

2936. Ich bin voller Vertrauen.

2937. Mein Vertrauen gegenüber dem Leben gibt mir Sicherheit.

2938. Ich habe großes Vertrauen in die Zukunft.

2939. Ich mag mich.

2940. Ich achte mich.

2941. Ich liebe und achte mich.

2942. Gott liebt mich (über alles).

2943. Ich fühle mich wohl in meiner Haut.

2944. Ich fühle mich wohl und geborgen.

2945. Ich meistere mein Leben.

Ängste

2946. Ich habe das Selbstvertrauen und die Sicherheit, um im Leben kraftvoll voranzukommen.

2947. Von Tag zu Tag wächst mein Vertrauen mehr und mehr.

2948. Ich bin mutig.

2949. Ich sage JA zu mir und meinem Leben.

2950. Ich sage JA zum Leben.

2951. Ich vertraue mir.

2952. Ich vertraue dem Leben.

2953. Ich vertraue meinem Partner.

2954. Vertrauen erleichtert mein Leben.

2955. Ich bin zuversichtlich.

2956. Ich denke (nur) positiv über mich.

2957. Ich denke (nur) positiv und konstruktiv.

2958. Ich entscheide mich für gute Gedanken.

2959. Ich habe die Kraft alles zu überwinden.

2960. Ich bin frei.

2961. Ich achte auf meinen inneren Dialog.

2962. Ich denke klar und kraftvoll.

2963. Meine Gedanken sind klar und rein.

2964. Ich bin eine strahlende Sonne der Liebe.

2965. Harmonie und Frieden durchströmen mein ganzes Sein.

Wirf Deine Angst ab, verlass Dich auf Deine inneren Hilfsquellen. Vertraue dem Leben und es wird's Dir vergelten. Du vermagst mehr, als Du denkst.

Ralph Waldo Emerson

Ängste

2966. Ich habe Vertrauen.

2967. Ich bin (nun, jetzt, jederzeit) sicher und geborgen.

2968. Ich bin voller Glauben und Zuversicht.

2969. Freude und Zuversicht bestimmen mein Leben.

2970. Licht und Liebe stehen mir zur Seite.

2971. Ich habe Vertrauen in den Prozess des Lebens.

2972. Nur was gut und richtig für mich ist, findet in meinem Leben statt.

2973. Ich liebe und akzeptiere mich so, wie ich bin.

2974. Ich richte mich bei Zweifeln nach meiner inneren Führung, nach dem sicheren Wissen meines Gewissens.

2975. Ich bin in Sicherheit und kann mich verändern.

2976. Ich fühle mich (bin) jeden Tag sicherer und freier.

2977. Ich schlafe sicher und friedvoll.

2978. Ich bin frei von allen emotionalen Belastungen.

2979. Ich bin gelassen, zufrieden und ruhig.

2980. Ich bin stets ruhig, gelassen und selbstsicher.

2981. Ich bin in Frieden mit mir selbst.

2982. Ich spüre den Frieden und die Harmonie in mir.

2983. Ich erfülle mein Leben mit Sonnenschein, Glück und Zufriedenheit.

2984. Ich gehe meinen Weg mit Mut, Kraft und Vertrauen.

Ängste

2985. Ich bin eine starke Persönlichkeit.

2986. Jeder Tag ist ein neuer Anfang.

2987. Ich löse alle Angst im Licht auf.

2988. Ich besiege jetzt jegliche Angst in mir, ja, ich bin stärker als jegliche Angst und fülle mich mit Liebe.

2989. Ich bin voller Frieden, Ausgeglichenheit und unerschütterlicher Sicherheit.

2990. Ich atme jetzt mit jedem Atemzug Angst aus und ersetze sie mit reiner Liebe.

2991. Ich atme mit jedem Atemzug Liebe ein!

2992. Ich bin jetzt völlig furchtlos.

2993. Gott ist mit mir, wer kann gegen mich sein.

2994. Ich fühle mich gut, ruhig und bin in Frieden mit mir.

2995. Ich verspüre einen großen Frieden in mir.

2996. Mir ist vergeben. Gott liebt mich.

2997. Ich vergebe allen Menschen.

2998. Es geht mir in jeder Hinsicht von Tag zu Tag besser und besser.

Süchte und Abhängigkeiten

2999. Ich bin mein eigener Herr.

3000. AO: Seit wann bin ich eigentlich mein eigener Herr?

3001. Ich bin voller Energie und Durchhaltevermögen.

3002. AO: Warum bin ich jetzt so voller Energie und Durchhaltevermögen?

3003. AO: Woher habe ich diese Energie und dieses Durchhaltevermögen?

Benutze deine Jugend nicht, um dein Alter zu ruinieren!

Michael Bellersen

3004. Ich bin frei, endlich frei.

3005. AO: Seit wann bin ich eigentlich frei?

3006. Mein Herz und Verstand sind eins, sie sind in Kohärenz (Harmonie).

3007. Ich bin (so) wertvoll.

3008. Ich entscheide mich jetzt für einen guten, erfolgreichen (und produktiven) Tag.

3009. Ich werde geliebt.

3010. Meine Familie und meine Freunde unterstützen mich und dafür bin ich sehr dankbar.

3011. Allein ich bin für mich verantwortlich.

3012. ICH übernehme JETZT die Verantwortung für mein Leben.

3013. Ich fülle mein Leben mit sinnvollen Beschäftigungen.

3014. Ich bin frei von allen Süchten.

3015. Ich mache mich von allen Abhängigkeiten frei.

3016. Ich lasse alle Abhängigkeiten gehen.

Süchte und Abhängigkeiten

3017. Ich bin stark und widerstehe.

3018. Ich habe die Willenskraft, alles zu tun, was ich möchte.

3019. Ich bin gut mit mir und widerstehe.

3020. Ich habe große Selbstdisziplin und nutze diese, um stets drogenfrei zu leben.

3021. Drogen ekeln mich an, ja, ich verabscheue sie.

3022. Drogen zu nehmen, ist dumm und lächerlich.

3023. Drogen sind OUT.

3024. Ich habe klare Gedanken und liebe es frei und unabhängig zu sein.

3025. Mein ganzer Körper erfreut sich jetzt bester Gesundheit.

3026. Ich bin neu geboren! (Ich bin von neuem geboren)

3027. Ich bin eine gepflegte Erscheinung und andere Menschen freuen sich, wenn sie mich sehen.

3028. Ich bin dankbar, dass ich frei von Zwängen, Drogen, Alkohol und Rauchen bin.

3029. Alle Dinge, die zur Abhängigkeit führen können, vermeide ich konsequent.

3030. Alkohol kotzt (ekelt) mich an.

3031. Immer wenn ich die kleinste Menge Alkohol zu mir nehme, wird mir speiübel.

3032. Ich habe großen Spaß nüchtern zu sein, ja, es begeistert mich und ich bin der Meister.

3033. Ich genieße mein natürliches Wohlbefinden.

Süchte und Abhängigkeiten

3034. Ich bin stark und habe großes Selbstvertrauen.

3035. Ich meide schlechte Gesellschaft und Orte.

3036. Ich halte mich nur in guter Gesellschaft auf.

3037. Ich habe gute und zuverlässige Freunde, die zu mir stehen.

3038. Ich bewege mich ausreichend und bin ganz gesund.

3039. Ich liebe Sport.

3040. Ich bin dankbar für meinen gesunden Körper.

3041. Meine Atemwege sind frei und (absolut) gesund.

3042. Ich gehe gerne an die frische Luft.

3043. Ich erkenne die Ursachen meiner Abhängigkeit und löse sie auf eine sanfte und sichere Art und Weise.

3044. Ich lasse alle Ängste los.

3045. Ich bin stark.

3046. Ich habe ein starkes und gesundes Selbstbewusstsein.

3047. Ich habe ein gesundes Selbstwertgefühl.

3048. Ich werde (bin) akzeptiert.

3049. Ich bin stark und lasse (meine Abhängigkeiten) los.

3050. Ich löse mich von allen Süchten.

3051. Ich liebe mich, deshalb befreie ich mich von allen Süchten.

3052. Ich schaffe das!

Süchte und Abhängigkeiten

3053. Ich habe es geschafft!

3054. Ich bin so, wie ich immer sein wollte.

3055. Ich bin ganz gesund und dafür bin ich dankbar.

3056. Mein Körper ist frei von allen Abhängigkeiten.

3057. Geist und Körper sind (jetzt) frei (von allen Süchten).

3058. Ich konzentriere mich auf das Gute und bin frei.

3059. Leicht und locker überwinde ich jetzt (meine Abhängigkeiten).

3060. Ich akzeptiere, dass ich drogenfrei lebe.

3061. Ich bin Antialkoholiker.

3062. Ich akzeptiere, dass ich jetzt rauchfrei lebe.

3063. Zigaretten ekeln mich an.

3064. Vom Rauch der Zigaretten wird mir schlecht.

3065. Sobald ich eine Zigarette in meinen Händen halte, empfinde ich einen abscheulichen Ekel.

3066. Ich verabscheue Tabak und empfinde Ekel davor.

3067. Ich bin jetzt endlich frei vom Rauchen.

3068. Meine Kleider riechen sauber und frisch.

3069. Ich atme nur saubere Luft.

3070. Da ich gut auf meinen Körper achte, dankt er es mir mit Gesundheit, Leistungsfähigkeit und Wohlbefinden.

3071. Ich bin und bleibe vollkommen gesund, vital und fit.

Süchte und Abhängigkeiten

3072. Ich behandle meinen Körper behutsam und liebevoll.

3073. Ich liebe meinen Körper, daher sorge ich jederzeit gut für ihn.

3074. Ich bin ein Sieger und befreie mich von allen Süchten, ja, ICH bin der Sieger.

3075. Ich konzentriere mich auf das Gute und Schöne im Leben.

3076. Mein Geist und Körper erholen sich jeden Tag mehr und mehr und ich bin endlich frei von den Süchten.

3077. Ich liebe mich und bin völlig frei.

3078. Ich erkenne jetzt (jederzeit), was gut für mich ist und handle danach.

3079. Von Tag zu Tag geht es mir immer besser und besser. Ich bin glücklich und frei.

Verlust und Trauer

3080. Ich bin dankbar für meine Empfindungen.

3081. Ich drücke meine Trauer frei und leicht aus.

3082. AO: Warum kann ich meine Trauer jetzt frei und leicht ausdrücken?

3083. Ich erlaube mir zu trauern.

3084. AO: Seit wann kann ich mir erlauben zu trauern?

3085. Meine Trauer ist ein Heilungsprozess, ja, ich heile schnell.

3086. AO: Warum heile ich so schnell? Danke dafür!

3087. Ich kann zur richtigen Zeit trauern.

3088. Alles hat seine Zeit, auch die Trauer.

3089. Ich bin stark und überwinde meine Trauer.

3090. Ich gebe mir die Zeit und den Raum zu trauern.

3091. Mein Schmerz wird von Tag zu Tag weniger.

3092. Ich ersetze meine Trauer durch Liebe, Freude und Tatkraft.

3093. Ich lasse los und wende mich neuen Dingen zu.

3094. Ich bin aktiv und schaue auf das Morgen.

3095. Ich lasse meine Trauer los und doch verspüre ich eine tiefe Verbindung.

3096. Ich drücke meine Trauer aus, lasse los und gehe mit meinem Leben kraftvoll weiter.

3097. Ich lasse diese Trauer jetzt los.

3098. Mein Herz ist offen.

Wer lachen kann, dort wo er hätte heulen können, bekommt wieder Lust zum Leben.

Werner Finck

Verlust und Trauer

3099. Meine Gefühle fließen.

3100. Ich darf meine Trauer loslassen und voller Liebe und Freude an ... denken.

3101. Ich lasse jegliches Selbstmitleid und Vorwürfe los.

3102. Ich werde von allen Seiten unterstützt.

3103. Ich werde geliebt, ja, ich bin liebenswert.

Aus den Trümmern unserer Verzweiflung bauen wir unseren Charakter.

Ralph Waldo Emerson

3104. Ich liebe mich und bin gut zu mir.

3105. Ich lebe in einem Zustand der Liebe.

3106. Ich besinne mich auf meine Stärken und Möglichkeiten.

3107. Ich entscheide mich jetzt für gute Gefühle.

3108. Ich entscheide mich für innere Ruhe und Wohlbefinden.

3109. Ich habe großes Vertrauen in die Zukunft.

3110. Gott ist mit mir und liebt mich.

3111. Ich konzentriere mich auf das Jetzt.

3112. Ich schaue mit Freude und Zuversicht nach vorne.

3113. Ich bin sicher und geborgen.

3114. Ich folge meinem Herzen.

3115. Ich beende nun meine Trauer und habe wieder Freude am Leben.

3116. Ich löse mich von der Energie der Trauer.

3117. Durch die Trauer mache ich wichtige neue Erfahrungen.

Verlust und Trauer

3118. Ich tue jetzt, was notwendig ist, um den Trauerprozess abzuschließen.

3119. Ich schenke meinen Gefühlen Beachtung.

3120. Ich löse alle Ängste im Licht auf.

3121. Ich bin wieder ganz heil.

3122. Es ist schön wieder zu lachen.

3123. Mir geht es jetzt gut!

3124. Ich lasse los und habe Frieden in mir.

3125. Ich bin jetzt völlig furchtlos, ja, ich wähle Frieden.

3126. Ich finde in jeder Situation Licht und das Gute.

3127. Ich atme jetzt mit jedem Atemzug Frieden, Glück und Liebe.

3128. Mit jedem Tag geht es mir besser und besser.

3129. Ich bin jetzt glücklich, ja, so ist es.

Das Leben ist wundervoll. Es gibt Augenblicke, da möchte man sterben. Aber dann geschieht etwas Neues, und man glaubt, man sei im Himmel.

Édith Piaf

Ich werde die wiedersehen, die ich auf Erden geliebt habe, und jene erwarten, die mich lieben.

Antoine de Saint-Exupéry

Vergeben und Loslassen

3130. Ich bin ... (Name) ... und fühle mich so wohl. (Ich ... (Name) ... fühle mich so wohl.)

3131. Ich fühle mich sehr (so) wohl (gut, ausgezeichnet...).

3132. Ich bin gut zu mir selbst.

3133. AO: Seit wann bin ich bloß so gut zu mir?

3134. Mein Leben ist Freiheit.

3135. AO: Seit wann ist mein Leben Freiheit?

3136. AO: Warum ist mein Leben jetzt Freiheit?

3137. Ich bin (jetzt, endlich) frei.

3138. AO: Weshalb bin ich (jetzt) frei?

3139. Ich lasse Altes los und bin frei.

3140. Ich lasse jetzt (einfach) los.

3141. Ich entlasse Negatives und bin frei.

3142. Weil ich vergebe, bin ich wieder heil.

3143. Ich vergebe und bin froh und glücklich.

3144. Ich begegne jedem mit Wohlwollen.

3145. Ich bin stark und kann alles (er)tragen.

3146. Ich bin versöhnlich und gehe auf andere zu.

3147. Ich löse mich von der Vergangenheit.

3148. Die Vergangenheit ist abgeschlossen und ich bin nun froh und glücklich.

3149. Ich bin jetzt endlich frei. Ich fühle mich so wohl. Danke!

3150. Ich bin frei von der Vergangenheit.

Irren ist menschlich, aber vergeben ist göttlich.

Alexander Pope

Vergeben und Loslassen

3151. Ich lebe jetzt in der Gegenwart und lasse die Vergangenheit los.

3152. Ich schaue mit leichten und glücklichen Gefühlen auf meine Vergangenheit zurück.

3153. AO: Seit wann kann ich denn mit so leichten und glücklichen Gefühlen auf meine Vergangenheit blicken?

3154. Indem ich loslasse, entwickle ich mich weiter.

3155. Ich lasse Altes los und umarme Neues.

3156. Ich lasse los und vertraue dem Fluss des Lebens.

3157. Ich schaue mutig nach vorne.

3158. Ich gebe andere liebevoll und großzügig frei und lebe mein Leben.

3159. Ganz leicht und frei gehe ich meinen Weg.

3160. Ich bin freundlich und voller Liebe.

3161. Vergebung ist meine eigene Belohnung.

3162. Ich segne und vergebe allen und bin frei.

3163. Wie ich vergebe, so ist mir vergeben.

3164. Ich vergebe mir und anderen.

3165. Ich vergebe gerne.

3166. Frieden, Vergebung und Harmonie sind von nun an meine beständigen Begleiter.

3167. Ich entziehe mich dem Sumpf von Wut und Ärger.

3168. Ich lege meine Fehler ab, lasse sie zurück und empfange Vergebung.

Es gibt Augenblicke, in denen man nicht nur sehen, sondern ein Auge zudrücken muss.

Benjamin Franklin

Wer anderen nicht verzeihen kann, zerstört die Brücke, über die er selbst gehen muss. Jeder Mensch braucht Vergebung.

Thomas Fuller

Vergeben und Loslassen

3169. Ich vergebe … (Namen).

3170. Vergebung bringt mir Frieden und Freude.

3171. Vergebung ist Stärke.

3172. Es fällt mir leicht zu vergeben.

3173. Ich bin offen, Vergebung zu empfangen.

3174. Ich vergebe mir.

Der Friede beginnt in mir!
Michael Bellersen

3175. Ich darf jetzt vergeben.

3176. Ich vergebe anderen.

3177. Ich kann mich leicht entschuldigen.

3178. Ich entschuldige mich für …

3179. Es wird mir vergeben.

3180. Mir ist vergeben.

3181. Ich lasse Wut und Ärger los und vergebe.

3182. Ich lasse los und vergebe.

3183. Ich vergebe allen, die mir Unrecht getan haben.

3184. Vergebungsbereit gehe ich auf andere zu.

3185. Durch Vergebung gelange ich zur Liebe.

3186. Ich vergebe und verzeihe und fühle mich dabei sehr wohl.

3187. Ich vergebe jetzt allen Menschen aus meiner Vergangenheit und lasse (sie) los.

3188. Ich bin immer vergebungsbereit.

3189. Indem ich vergebe, befreie ich mich.

Vergeben und Loslassen

3190. Verzeihen schenkt mir (inneren) Frieden.

3191. Ich verzeihe.

3192. Ich spüre Frieden.

3193. Ich bin dankbar.

3194. Ich bin bereit, Neues zu empfangen.

3195. Ich bin bereit, mich zu wandeln.

3196. Ich vertraue dem Prozess des Lebens.

3197. Vergebung ist das Heilmittel, das ich immer mit mir führe.

3198. Ich bin bereit zu vergeben und fühle mich wohl und zufrieden.

3199. Ich habe Geduld mit mir und meinen Mitmenschen.

3200. Das Leben meint es gut mit mir.

3201. Ich nehme mich so an, wie ich bin.

3202. Ich finde mein Gleichgewicht stets neu.

3203. Ich lebe im Hier und Jetzt.

3204. Freude und Zuversicht bestimmen mein Leben.

3205. Licht und Liebe stehen mir zur Seite.

3206. Ich lerne immer besser anzuerkennen, was ich nicht ändern kann.

3207. Ich bin bereit nachzugeben.

3208. Ich kann anderen ihre Wahrheit lassen.

3209. Ich bin behutsam mit mir und anderen.

Wer Reue zeigt, den soll man nicht an seine früheren Sünden erinnern.

Jüdisches Sprichwort

Vergeben und Loslassen

3210. Ich heiße Veränderung willkommen.

3211. Innehalten unterstützt mich.

3212. Ich halte inne und bin ruhig und gelassen.

3213. Ich kann zulassen, was ist.

3214. Es finden sich Lösungen für alle Probleme.

Verzeihen ist eine Eigenschaft des Starken.

Mahatma Gandhi

3215. Ich achte auf meine Intuition.

3216. Ich achte auf meine Gefühle.

3217. Ich habe alle Zeit, die ich brauche.

3218. Ich erkenne meinen Lebensweg.

3219. Es ist in Ordnung nicht zu wissen, wie es weitergeht, aber es gibt einen guten Weg für mich.

3220. Ich vertraue mich dem Fluss des Lebens an.

3221. Die Welt ist mir wohl gesonnen.

3222. Alles ist für etwas gut.

3223. Mein Leben ist friedvoll.

3224. Ich bin gelassen und emotional ausgeglichen.

3225. Ich schenke mir Freiheit von der Vergangenheit.

3226. Ich habe Mitgefühl mit allen Wesen.

3227. Gestern ist erledigt und vorbei. Heute ist der erste Tag meiner Zukunft.

3228. Ich gebe täglich mein Bestes.

3229. Ich bin dankbar verzeihen und loslassen zu können.

3230. Das Leben ist frei und leicht.

Vergeben und Loslassen

3231. Ich vergebe und habe gute Gefühle.

3232. Durch Vergebung erfahre ich Liebe.

3233. Ich höre auf meine Gefühle und bin gut zu mir.

3234. Ich bin bereit zu vergeben und zu verzeihen.

3235. Ich bin jetzt frei und voller guter Gefühle.

3236. Ich bin mir meiner eigenen Macht bewusst.

3237. Ich schreite voran.

3238. Ich blicke nach vorne, Altes ist vergangen.

3239. Ich habe alle Hilfe, die ich brauche (benötige).

3240. Für mich gibt es immer eine Lösung.

3241. Jeder Tag ist eine neue Chance, gestern ist vorbei und kommt nie wieder.

3242. Jeder neue Tag ist der Beginn meiner Zukunft.

3243. Ich vergebe allen Menschen, alles, was sie mir (scheinbar) angetan haben.

3244. Alles ist gut so, wie es ist.

3245. Jeder Fehler ist eine Gelegenheit, um zu wachsen.

3246. Ich habe Mitgefühl mit allen Menschen.

3247. Ich vergebe (verzeihe) mir (selbst).

3248. Ich vergebe allen andweren.

3249. Ich bitte, dass mir vergeben wird.

3250. Mir wird großherzig vergeben.

Alles verstehen heißt alles verzeihen.

Madame de Stael

Vergeben und Loslassen

3251. Ich bin frei von Schuld.

3252. Ich vergebe von ganzem Herzen.

3253. Ich bin stark und vergebe.

3254. Ich bin versöhnlich, liebevoll, sanftmütig und gütig.

3255. Ich bin frei von allen negativen Mustern.

3256. Ich lasse vergangene Beziehungen los.

3257. Ich lasse alles los, was mich blockiert.

3258. Ich bin frei von allen Blockaden.

3259. Ich lasse andere so, wie sie sind.

3260. Ich vergebe mir, ich weiß, dass ich immer (damals) mein Bestes tat.

3261. Vergebung ist ein Heilmittel und macht mich frei.

3262. Indem ich mir selbst vergebe, befreie ich mich und lasse los.

3263. Ich bin jetzt frei und es geht mir von Tag zu Tag besser und besser. Danke!

Loslassen, was nicht froh sein lässt. Um Illusionen ärmer, an Gelassenheit reicher.

Else Pannek

Spiritualität

3264. Ich fühle mich sehr wohl und bin froh und dankbar.

3265. Ich plane mein Leben.

3266. AO: Seit wann plane ich mein Leben?

3267. Kontinuierlich gehe ich Schritt für Schritt voran.

3268. AO: Seit wann gehe ich nun Schritt für Schritt voran?

3269. Wenn ich handle, vertraue ich.

3270. AO: Warum handle und traue ich mich jetzt?

3271. Ich verwirkliche meine Visionen.

3272. AO: Seit wann kann ich meine Visionen verwirklichen?

Man sieht nur mit dem Herzen gut. Das Wesentliche ist für die Augen unsichtbar.

Antoine de Saint-Exupéry

3273. Ich schätze die Lage realistisch ein.

3274. Ich ziehe alle Kräfte heran, die mir helfen, mein Ziel direkt zu erreichen.

3275. AO: Woher habe ich die Kräfte, die mir helfen, mein Ziel direkt zu erreichen?

3276. Ich bin immer offen für die Chancen, die sich mir bieten.

3277. Ich liebe mich so, wie ich bin.

3278. Ich bin liebenswert, ja, ich verdiene es, geliebt zu werden.

3279. Ich erkenne die göttliche Kraft in mir und lasse mich von ihr in meinem Leben leiten.

3280. Ich vertraue meiner inneren Göttlichkeit.

3281. Alles, was ich benötige, erhalte ich.

Spiritualität

3282. Alles in meinem Leben entwickelt sich nun zum Guten.

3283. Ich nehme all meine Gefühle als Teil von mir selbst an.

3284. Ich lasse mich jetzt ganz auf den göttlichen Plan in meinem Leben ein.

> Bete, als ob alles von Gott abhängt und arbeite, als ob alles von Dir abhängt.

3285. Alles ist gut in meinem Leben, ja, ich bin großartig gesegnet.

3286. Alle Dinge wirken zusammen für das Gute in meinem Leben.

3287. Gott begleitet mich durch alle Veränderungen, er führt, schützt und leitet mich auf meinen Wegen.

3288. Ich weile in der Gegenwart der Liebe Gottes.

3289. Wenn eine Tür zufällt, öffnet sich eine neue.

3290. Ich bin auf all meinen Wegen göttlich geführt.

3291. Ich danke für die Wunder, die in meinem Leben geschehen.

3292. Da ich meine spirituelle Entwicklung an die erste Stelle setze, werden auch alle anderen Bedürfnisse zufrieden gestellt.

3293. Ich sehe in allen Aufgaben Gelegenheiten zu wachsen.

3294. Ich horche in mich hinein und handle danach.

3295. Ich bin jetzt bereit spirituell zu wachsen.

3296. Ich überwinde alle Herausforderungen.

3297. Ich sage danke - für alles.

3298. Alles entwickelt sich zu meinem Besten.

Spiritualität

3299. Ich zentriere mich auf das Beste für mich und andere.

3300. Ich bin eins mit meiner inneren Quelle der Kraft und Freude begleitet mein Leben.

3301. Mein Glaube macht mich heil und gesund.

3302. Gottes Weisheit erhellt mich und erleuchtet meinen Weg.

3303. Ich empfange Wunder in meinem Leben.

3304. Ich sehe die Wunder in meinem Leben.

3305. Aus jeder Situation, die mir begegnet, lerne ich.

3306. Ich lasse Altes los und schaffe Raum für Neues.

3307. Ich bin für die Wunder in meinem Leben sehr dankbar.

3308. Ich widme mich mehr und mehr auch geistigen Dingen.

3309. Ich nehme mir regelmäßig Zeit, um über mein Leben nachzudenken.

3310. Meine Geduld, Ausdauer und Entschlossenheit wirken Wunder.

3311. Das Leben hält großartige Dinge für mich bereit.

3312. Ich begrüße Veränderungen in meinem Leben.

3313. Ich bin offen für Veränderungen und mache das Beste daraus.

3314. Wo ich auch hinschaue, sehe ich Gelegenheiten zu dienen.

3315. Immer wieder ergeben sich gute Möglichkeiten für mein spirituelles Wachstum.

3316. Ich liebe Herausforderungen. Dadurch wachse ich.

Mein Leben ist erfüllt, wenn ich das in die Welt einbringen kann, was Gott sich für mich gedacht hat.

Helga Schäferling

Spiritualität

3317. Ich bin bereit mich zum Guten zu verändern.

3318. Von Tag zu Tag werde ich immer dankbarer.

3319. Jede Erfahrung im Leben bringt mich näher zu Gott.

3320. Ich bin ein wunderbares, spirituelles Wesen und mache die Erfahrung des Menschseins.

3321. Gott liebt mich (über alles) und hört mir zu.

3322. Ich kann ganz frei und offen im Gebet mein Herz ausschütten.

Wer nicht an Wunder glaubt, ist kein Realist.

Walter Gallmeier

3323. Ich denke über mein Leben nach und erhalte neue, großartige Einsichten.

3324. Ich nehme mir Zeit, um nachzudenken.

3325. Ich nehme mir jetzt eine Auszeit um über die wirklich wichtigen Dinge des Lebens nachzudenken.

3326. Ich nehme mir Zeit für die wesentlichen Dinge in meinem Leben.

3327. Mein Leben ist voller Wunder.

3328. Ich bin mit Gott verbunden.

3329. Ich tue die richtigen Dinge.

3330. Ich bin beschützt und habe die (alle) Kraft, meine Aufgaben zu erfüllen.

3331. Ich erkenne den Sinn meines Lebens.

3332. Ich erfülle den Zweck meines Daseins.

3333. Ich erschaffe meine eigenen Wunder.

3334. Ich verursache Wunder.

Spiritualität

3335. Ich bete, als ob alles von Gott abhängt und arbeite, als ob alles von mir abhängt.

3336. Durch meine innere Stimme und meine Gefühle empfange ich Führung von Gott.

3337. Ich bitte Gott, mir zu helfen und mich zu führen.

3338. Wunder sind Teil meines Lebens.

3339. Ich glaube, hoffe und liebe.

3340. Ich liebe das Leben.

3341. Ich nehme die Liebe Gottes dankbar an.

3342. Ich habe (erhalte) göttliche Führung.

3343. Ich lasse mich durch meine innere Stimme leiten.

3344. Ich weiß, dass Gott mich hier und jetzt liebt und mich sicher durch mein Leben führt.

3345. Ich höre auf meine innere Stimme und handle danach.

3346. Gottes Wege sind wunderbar, seine Methoden sind sicher.

3347. Gott ist mein Begleiter, ich bin froh und heiter.

3348. Ich bin offen für alle Geschenke des Geistes.

3349. Ich bin mit Gottes Liebe erfüllt.

3350. Alles, was Gott für mich und das Universum beabsichtigt, hat Priorität für mich.

3351. Ich stelle mich den Herausforderungen meines Lebens.

3352. Ich verbringe Zeit mit Ruhe und Nachdenken, ich höre auf meine innere Führung.

Erzähl Gott nicht, wie groß Deine Probleme sind, sondern erzähl Deinen Problemen, wie groß Gott ist!

N.N.

Spiritualität

3353. Ich lebe jeden Tag so, als ob es der letzte wäre.

3354. Ich richte mich nach meiner inneren Führung.

3355. Ich vertraue und folge meiner inneren Führung.

3356. Ich achte auf meine intuitive Führung und bin dem göttlichen Willen gehorsam.

3357. Ich bitte um höhere Führung und empfange sie.

3358. Liebe, Mitgefühl und Führung stehen in Fülle zur Verfügung.

3359. Ich handle immer rechtschaffen und ethisch.

3360. Ich entscheide mich jetzt zu glauben!

3361. Ich bin so dankbar für meine geistige Führung, danke, danke.

3362. Von Tag zu Tag empfange ich mehr und mehr geistige Führung.

3363. Herr, danke für die täglichen Segnungen, die ich empfange!

Zum Schluss

In einer indianischen Überlieferung wird von einem alten Cherokee-Häuptling berichtet, derw seinem Enkel eine Lebensweisheit beibringt. *„In mir tobt ein mächtiger Kampf"*, sagt er dem Jungen. *„Es ist ein schrecklicher Kampf zwischen zwei Wölfen. Der eine trägt Böses in sich. Es sind Zorn, Eifersucht, Bitterkeit, Neid, Ablehnung, Streit, Rachsucht, Arroganz, Überheblichkeit, Habgier, Selbstmitleid, Groll, Missgunst, Minderwertigkeit, Ärger, Lügen und falscher Stolz."*

„Der andere Wolf ist gut und er besteht aus Frieden, Gelassenheit, Liebe, Demut, Güte, Hoffnung, Wohlwollen, Freundlichkeit, Einfühlungsvermögen, Großzügigkeit, Vergebung, Heiterkeit, Wahrheit, Anteilnahme und Glaube. Der gleiche Kampf tobt auch in dir und in jedem anderen Menschen."

Der Enkel dachte eine Zeit lang darüber nach und fragte dann seinen Großvater: *„Welcher Wolf gewinnt?"* Der alte Cherokee antwortete schlicht: *„Der, den du fütterst."*

Was Menschen vor Jahrtausenden bereits wussten, nämlich, dass unsere Gedanken, Gefühle, Emotionen, Visionen und Ernährungsgewohnheiten den entscheidenden Einfluss auf unser seelisches und körperliches Wohlergehen haben, wird heute von Wissenschaftlern nahezu täglich durch neue und tiefer gehende Untersuchungen bestätigt.

Immer mehr Ärzte arbeiten inzwischen mit der sogenannten Salutogenese, der Gesundheitsentstehung. Anstatt sich auf die Krankheit (Pathologie) zu konzentrieren, wird der Fokus verstärkt auf die Gesundheit gerichtet, wodurch nachweislich die Selbstheilungskräfte enorm gestärkt werden.

Mit zielgerichteten Visionen können unzählige Leiden gelindert und in zahlreichen Fällen auch kuriert werden. So wurde in einer amerikanischen Studie davon berichtet, dass todkranke Patienten ihren Sterbetag um Wochen hinausschieben konnten, weil sie sich vorgenommen hatten,

Der innere Kampf zwischen dem bösen und guten Wolf. [1]

M an sollte sich weniger mit der Frage "Warum bin ich krank geworden?" beschäftigen, als sich darauf konzentrieren: "Warum will ich gesund werden?"

Helga Schäferling

---

1 Illustration mit freundlicher Genehmigung von Allen Garns
www.allengarns.com

einen bestimmten Feiertag nochmals mit ihrer Familie zu erleben. Nur wenige Tage danach verstarben sie dann. Hier wird deutlich, welche immense Kraft unsere Gedanken, Ziele und Visionen erzeugen und dass tiefe Überzeugungen die Biologie unseres Körpers steuern.

Alle Zellen unseres Körpers kommunizieren miteinander, tauschen sich aus. So ist es kein Wunder, dass missmutige Menschen einen mangelnden Lebensmut aufweisen und deutlich schneller erkranken.

Wie jeder bereits erlebt hat, überträgt sich die Stimmung einer Person schnell auf andere. In dem Lied „Don't worry, be happy" von Bobby McFerrin heißt es frei übersetzt: „Mach ein freundliches Gesicht, sodass sich nicht alle Leute schlecht fühlen".

Umgeben Sie sich also mit positiven Menschen und seien Sie selbst einer!

Ich möchte Ihnen Mut machen, alle Ihre Körperzellen täglich mit möglichst vielen positiven, freundlichen und begeisternden Informationen zu „füttern", indem Sie Dankbarkeit ausdrücken, bewusst gute Gedanken pflegen, eine schöne, möglichst lebendige Vision in Ihrer Vorstellung kreieren und beständig „Ihre" Affirmationen nutzen.

Wenn Ihnen das gelingt, sind Sie auf dem besten Weg, ein erfüllter, glücklicher Mensch zu werden.

Ich wünsche Ihnen dabei viel Erfolg!

Ihr Michael Bellersen

Unsere Überzeugungen steuern unsere Biologie.

Bruce H. Lipton

Sei für diesen Moment glücklich, denn dieser Moment ist DEIN Leben.

Omar Khayyam

Danksagung

Es hat viel länger gedauert dieses Buch zu schreiben, als ursprünglich geplant. Dieses Buch stellt einen Prozess dar, der schon mehrere Stadien durchschritt und bis heute nicht gänzlich abgeschlossen ist.

Alles begann 1974 auf der Fahrt in die Schweiz. Ein Anhalter, den ich mitnahm, schenkte mir spontan das Buch „Psycho-Pictographie" von dem amerikanischen Lehrer und Philosophen Vernon Howard.

Bis dahin war ich aufgrund meiner Ausbildung und des Studiums technisch fixiert. Plötzlich öffnete sich mir eine neue Tür und es war wie der Beginn einer Reise mit unbekanntem Ziel.

Es folgten Bücher von Dale Carnegie, die mir in schwierigen Zeiten halfen, mich stark beeinflussten und motivierten. Das führte wiederum zu wunderbaren Erlebnissen sowohl mit bekannten - als auch bis dahin unbekannten Personen.

Weiter ging es u.a. mit Murphy, Sheldrake, Watzlawick, Carnegie, Hill, James Allen und in neuester Zeit besonders Bruce Lipton und Gregg Braden sowie einigen anderen Autoren. Alle erweiterten meinen Horizont und bewahrten mich vor einem technischen Tunnelblick.

1995 hatte ich die großartige Gelegenheit, in der Universitätsbibliothek von Jeddah (Saudi Arabien) das mehrbändige Buch „Successful Achievement" von Sidney N. Bremer zu entdecken. Eine Ausleihe war zwar nicht möglich, aber ich durfte die 1490 Seiten kopieren. Dieses ist noch immer ein besonderer Schatz in meiner Bibliothek und ich bin dankbar, dass ich davon ständig profitieren kann.

Für die Einsichten, Erkenntnisse und Erfahrungen, die ich mit Hilfe dieser großartigen Autoren noch immer machen darf, bin ich zutiefst dankbar. Sie haben zu einem großen Teil mein Leben geprägt und meinen spirituellen Horizont immens erweitert.

Im Jahre 1988 lernte ich Kurt Tepperwein kennen und erwarb von ihm meine erste Affirmations-Kassette mit dem Titel „Mehr Arbeitsfreude und Tatkraft". Diese Affirmation bewirkte Erstaunliches. Damals befand ich mich in einer „Unlust-Phase", hatte aber nach nur einer Woche täglicher Nutzung (ca. 40 Minuten) so viel Energie, dass ich mit Begeisterung über 14 Stunden pro Tag arbeitete. Meine Frau bat mich schließlich, die Affirmationen zu stoppen, da ich ihrer Meinung nach viel zu viel Zeit in der Firma verbrachte.

Ich bin dankbar, dass ich schon vor vielen Jahren das Potential der Affirmationen persönlich so kraftvoll erleben konnte und noch immer davon profitiere. Übrigens nutze ich diese Affirmation von Zeit zu Zeit noch heute.

Über einen guten Freund wurde ich auf das Ultraschall-Verfahren aufmerksam gemacht und die Firma Audivo stellte mir mehrere Testgeräte zur Verfügung. Das war der Beginn einer nun schon mehrere Jahre dauernden engen Zusammenarbeit. Es ist mir immer eine große Freude, mit der Geschäftsleitung, Frau Köder-Böhm und Herrn Böhm, zusammenzuarbeiten. Selten habe ich eine Firma kennengelernt, die so ethisch, korrekt und innovativ arbeitet. Gemeinsam haben wir mehrfach Ideen und Projekte angestoßen und ich bin für diese freundschaftliche und loyale Zusammenarbeit und Unterstützung sehr dankbar.

Auch meine Facebook-Freunde waren eine großartige Hilfe, als ich auf der Suche nach dem besten Buch-Cover darüber abstimmen ließ. Mehr als 42 % aller Stimmen fielen auf das jetzige Cover. Also liebe Facebook-Freunde, vielen Dank für eure Unterstützung und die Anregungen.

Mein besonderer Dank geht an Karin Kastner und Ulrike Gefeke, die mit viel Energie und Engagement das Korrektur-Lesen übernahmen.

Karin, danke für die vielen konstruktiven Anregungen und Gespräche die wir führen konnten. Ulrike, ich bewundere deine scharfen Augen, denen auch der kleinste Fehler nicht entging. Gut, dass ich nicht einer Deiner Schüler bin. ;-)

Ganz herzlichen Dank für eure Mühe. Ohne euch wäre das Buch nicht so, wie es jetzt vorliegt.

Georg Großpietsch möchte ich danken für seine scharfsinnigen Anmerkungen und Korrekturvorschläge, die dem Buch den letzten Schliff gegeben haben.

Mein Dank geht auch an Andreas Daum, der mich vielfältig unterstützte. Durch seine Kontakte war es möglich die aufwendigen EEG-Untersuchungen durchzuführen. Andreas, vielen Dank auch für die großartige Gastfreundschaft.

Thomas Bläsi, ein alter Freund, mit dem ich bereits mehrere Projekte durchführte, danke ich besonders für die vielen langen Telefonate, in denen wir zusammen Ideen und Visionen ausbrüteten und letztlich für seine wertvollen Tipps und Hinweise.

Abschließend möchte ich mich für die großartige Unterstützung meiner lieben Frau Mareike und unserem Sonnenschein Esther bedanken. Beide haben mir mit ihrer Geduld, Korrektur lesen, Umformulierungen von Textpassagen, gestalterischen Hinweisen und häufig einfach durch ihre weibliche Intuition weitergeholfen, indem sie mich auf bestimmte Dinge aufmerksam machten, die ich als Mann nicht erkannt hätte. Ganz lieben Dank an Euch beide!

Tostedt, im Oktober 2012

Literaturverzeichnis

Binsack, Carsten & Liebsch, Hilmar & Raabe, Kristin & Sachs, Corinna: Der Placeboeffekt – Glaube als Medizin? S. 27 bei: Quarks & Co.

Braden, Gregg (2010). Im Einklang mit der Natur der göttlichen Matrix, (S. 95). KOHA-Verlag, Burgrain

Brooks, David (2012). Das Soziale Tier, (S. 9). Deutsche Verlags-Anstalt, München

Byrne, Rhonda (2007). The Secret, (S. 95-96). Wilhelm Goldmann Verlag, München

Childre, Doc und Martin, Howard (2010). Die HerzIntelligenz Methode (S. 60, 283). VAK-Verlag, Kirchzarten.

Csíkszentmihályi, Mihály (2010). Das Flow Erlebnis (S. 26, 61). Klett-Cotta Verlag, Stuttgart.

Cutting, James E. & DeLong, Jordan E. & Nothelfer, Christine E. (2010). Attention and the Evolution of Hollywood Film. Psychological Science March 2010 (432-439), first published on February 5, 2010.

Dürr, Hans-Peter (2007). Sind Medizin und Biologie nur Physik? Reflexionen eines Quantenphysikers, http://www.gcn.de/download/Bio_Muenchen.pdf.

Eippert, Falk & Finsterbusch, Jürgen & Binge, Ulrike & Büchel, Christian: Direct Evidence for Spinal Cord Involvement in Placebo Analgesia. In: Science. 16 October 2009

FAZ,21.Sept.2009, bzw. amerikanisches Fachblatt General Hospital Psychiatry), http://www.faz.net/aktuell/wissen/medizin/psychologie-ich-werde-schaden-1858100.html

Halemba, Judith. Das Flow-Erlebnis, Hausarbeit, Universität des Saarlandes, http://www.uni-saarland.de/uploads/media/Das_Flow-Erlebnis.docx

Heiland, T. & Rovetti, R. (2010). Which images and image categories best support jump height? In: Solomon R, Solomon J (eds): Abstracts of the 20th Annual Meeting of the International Association for Dance Medicine & Science 2010. Birmingham, UK: IADMS, 2010, pp. 74-75.

Literaturverzeichnis

Heuer, Herbert (1985). Wie wirkt mentale Übung, Psychologische Rundschau 1985, Band XXXVI (Heft 3) (S. 191-200).

Kirsch, I. & Moore, T. J., et al. (2002). The Emperor's New Drugs: An Analysis of Antidepressant Medication Data Submitted to the U.S. Food and Drug Administration. Prevention & Treatment (American Psyhological Association) 5: Article 23.

Lipton, Bruce Lipton (2009). Intelligente Zellen: Wie Erfahrungen unsere Gene steuern, Koha Verlag, Burgrain

Luther, M. zitiert in einem Brief von Th. Fontane, Anmerkung aus Rechtsphilosophie II von Gustaf Radbruch, Gesamtausgabe Band 2 (1993), (S. 266). C.F.Müller Juristischer Verlag GmbH, Heidelberg.

Lyubomirsky, Sonja (2008). The How of Happiness: A New Approach to Getting the Life You Want. Penguin Books, London.

Medalie, Jack H. and Goldbourt, Uri (1976). Angina pectoris among 10,000 men. II. Psychosocial and other risk factors as evidenced by a multivariate analysis of a five year incidence study. The American Journal of Medicin, 1976 May 31; 60(6):910-21.

Moseley, J. Bruce, et al. A Controlled Trial of Arthroscopic Surgery for Osteoarthritis of the Knee. In: N Engl J Med. 2002 July 11; 347(2), S. 81-88.

Nauert PhD, R. (2009). Genetic Tendencies Can Be Overcome. Psych Central. Retrieved on September 29, 2012, from http://psychcentral.com/news/2009/04/30/genetic-tendencies-can-be-overcome/5620.html

O'Keefe, John and Nadel, Lynn (1978). The Hippocampus as a Cognitive Map. Clarendon Press, New York: Oxford University Press.

Oohashi,Tsutomu, et al. (2000). Inaudible High-Frequency Sounds Affect Brain Activity: Hypersonic Effect. Journal of Neurophysiology, Vol 83, No 6. 3548-3558, http://jn.physiology.org/content/83/6/3548.full

Persinger, et al. (1967). The effect of pulsating magnetic fields upon the behavior and gross physiological changes of the albino rat. Undergrad. Thesis. University of Wisconsin, Madison, Wisc., USA. Dec 1967

Literaturverzeichnis

Rein, Glen & Atkinson, Mike & McCraty, Rollin (1995). The Physiological and Psychological Effects of Compassion and Anger, Journal of Advancement in Medicin, Vol. 8, No. 2 (Summer1995).

Rizzolatti G. and Craighero L. (2004). The Mirror-Neuron System. Annual Rev. Neurosci. 27 (2004) 169-92.

Smith, Dave, et al. (2003). Impact and mechanism of mental practice effects on strength, Manchester Metropolitan University, International Journal of Sport and Exercise Psychology. Volume 1, Issue 3, 2003, (293-306)

Uexküll, Thure von & Langewitz, Wolf: Das Placebo-Phänomen. In: Psychosomatische Medizin: Modelle ärztlichen Denkens und Handelns. Urban & Fischer bei Elsevier, 2008, S. 311 ff

Vandell, R. A. & Davis, R. A. & Clugston, H. A. (1943). The function of mental practice in the acquisition of motor skills. Journal of General Psychology, 29, 1943, 243-250.

Wilson, Christine, et al. (2010). Participant-generated imagery scripts produce greater EMG activity and imagery ability. European Journal of Sport Science, 2010, vol. 10, no. 6, pp. 417-425

Literaturempfehlungen

Achterberg, Jeanne: *Gedanken heilen.*

Adams, Brian: *How to Succeed.*

Allen, James/Allen, Marc/Lüchow, Tatjana Kruse v.: *Heile Deine Gedanken: Werde Meister deines Schicksals.*

Birkenbihl, Vera F.: *Stroh im Kopf?: Vom Gehirn-Besitzer zum Gehirn-Benutzer.*

Braden, Gregg/de Haen, Nayoma: *Der Realitäts-Code: Wie Sie Ihre Wirklichkeit verändern können.*

Braden, Gregg/de Haen, Nayoma: *Im Einklang mit der göttlichen Matrix: Wie wir mit Allem verbunden sind.*

Bremer, Sidney N.: *Successfull Achievement.*

Bremer, Sidney N. & Runknagel, Rolf K. H.: *Die Kunst, glücklich, zufrieden und erfolgreich zu leben.*

Canfield, Jack & Switzer, Janet & Hickisch, Burkhard: *Kompass für die Seele: So bringen Sie Erfolg in Ihr Leben: 60 zeitlose Lebensgesetze.*

Carnegie, Dale: *Der Erfolg ist in dir.*

Carnegie, Dale: *Sorge dich nicht - lebe.*

Carnegie, Dale: *Wie man Freunde gewinnt: Die Kunst, beliebt und einflussreich zu werden.*

Childre, Doc & Martin, Howard & Seidel, Isolde: *Die HerzIntelligenz-Methode: Gesundheit stärken, Probleme meistern - mit der Kraft des Herzens.*

Chopra, Deepak: *Die sieben geistigen Gesetze des Erfolgs.*

Chopra, Deepak: *Alle Kraft steckt in dir.*

Coue, Emile: *Was ich sage.*

Covey, Stephens R.: *First Things First.*

Deyer, Wayne W.: *Sie sollten nach den Sternen greifen. Mit Mut zu neuen Zielen.*

Deyer, Wayne W.: *Ändere deine Gedanken - und dein Leben ändert sich: Die lebendige Weisheit des Tao.*

Diamond, John: *Die heilende Kraft der Emotionen.*

Literaturempfehlungen

Diamond, John: *Der Körper lügt nicht: Eine neue Methode, die Ihr Leben verändern wird.*

Dilts, Robert: *Beliefs.*

Ditfurth, Hoimar v.: *Unbegreifliche Realität.*

Frankh, Pierre: *Das Gesetz der Resonanz.*

Freitag, Erhard F.: *Die Macht Ihrer Gedanken - Kraftzentrale Unterbewusstsein.*

Freitag, Erhard F.: *Hilfe aus dem Unbewussten: Der spirituelle Weg zum Erfolg.*

Gawain, Shakti / Berger, Siegfried: *Stell Dir vor. Kreativ visualisieren.*

Hill, Napoleon: *Erfolg durch positives Denken.*

Hill, Napoleon: *Denke nach und werde reich. Die 13 Gesetze des Erfolgs.*

Hüther, Gerald: *Die Macht der inneren Bilder.*

Izzo, John: *Die fünf Geheimnisse die Sie entdecken sollten, bevor Sie sterben,*

Lauster, Peter: *Wege zur Gelassenheit: Souveränität durch innere Unabhängigkeit und Kraft.*

LeBoeuf, Michael: *Imagination, Inspiration, Innovation. Kreative Kräfte nutzen.*

Lipton, Bruce: *Wie Erfahrungen unsere Gene steuern.*

Marx, Susanne: Das große Buch der Affirmationen

McTaggart, Lynne & Kretzschmar, Gisela: *Das Nullpunkt-Feld: Auf der Suche nach der kosmischen Energie.*

McTaggart, Lynne & Seidel, Isolde: Intention: *Mit Gedankenkraft die Welt verändern. Globale Experimente mit fokussierter Energie.*

Murphy, Joseph: *Die Macht Ihres Unterbewusstseins. Affirmationen für Glück und Erfolg.*

Murphy, Joseph: *Die unendliche Quelle Ihrer Kraft: Ein Schlüsselbuch des positiven Denkens.*

Murphy, Joseph: *Die Gesetze des Denkens und Glaubens.*

Murphy, Joseph: *Die Macht des positiven Denkens: Das Große Lesebuch.*

Oakley, Gilbert: *Power of Self-Hypnosis: The Key to Confidence.*

Literaturempfehlungen

Peal, Norman Vincent: *Die Kraft positiven Denkens.*

Peat, F. David: *Synchronizität. Die verborgene Ordnung.*

Rauch, Erich: *Autosuggestion und Heilung. Die innere Selbst-Mithilfe.*

Robbins, Anthony: *Grenzenlose Energie - Das Power Prinzip.*

Schmidt, K. O.: *Gedanken sind wirkende Kräfte.*

Schmidt, K. O.: Seneca. *Der Lebensmeister. Daseins-Überlegenheit durch Gelassenheit.*

Schneider, Klaus W.: *Stell dir vor, es geht.*

Schneider, Klaus W.: *Glaub daran, dann schaffst du es. Probleme sind lösbar. Ein praktischer Ratgeber.*

Sheldrake, Rupret: *Das schöpferische Universum: Die Theorie des Morphogenetischen Feldes.*

Silva, José: *Der Silva-Mind Schlüssel zum Inneren Helfer.*

Silva, José: *Die Silva Mind Methode. Das Praxisbuch.*

Tracy, Brian: *Maximum Achievement: Strategies and Skills That Will Unlock Your Hidden Powers to Succeed.*

Tracy, Brian: *Das Gewinner-Prinzip. Wege zur persönlichen Spitzenleistung.*

Tracy, Brian & Proß-Gill, Ingrid: *Eat that frog.*

Tracy, Brian & Pyka, Petra: *Ziele: Setzen. Verfolgen. Erreichen.*

Tracy, Brian: *Die ewigen Gesetze des Erfolgs. 100 goldene Regeln für Beruf und Leben.*

Watzlawick, Paul: *Anleitung zum Unglücklichsein.*

Watzlawick, Paul: *Wie wirklich ist die Wirklichkeit?: Wahn, Täuschung, Verstehen.*

Wise v. Tarcher, Anna: *The High-Performance Mind*

Bildquellennachweis

Titelseite, © wenani - Fotolia.com (Hintergrund)

Titelseite, © Gina Sanders - Fotolia.com (Frau)

Seite 9, Wikipedia, public domain, gemeinfrei

Seite 12, © Sandra Cunningham - Fotolia.com

Seite 14, Wikipedia, public domain, gemeinfrei

Seite 16, © ferkelraggae - Fotolia.com

Seite 17, © Daniel Hughes - Fotolia.com

Seite 17, © duncan1890 - iStockphoto.com

Seite 18, Wikipedia, public domain, gemeinfrei

Seite 20, © yvart - Fotolia.com

Seite 25, © GiZGRAPHICS - Fotolia.com

Seite 34, © Jan Will - Fotolia.com

Seite 37, ktsdesign - 123rf.com

Seite 38, © Mikhail Avlasenko - 123rf.com

Seite 41, © shamleen - Fotolia.com (Vorlage)

Seite 42, © drx - Fotolia.com

Seite 43, mit frdl. Genehmigung, Restaurant zum Torwächter
        Bad Neuenahr-Ahrweiler

Seite 47, Michael Bellersen

Seite 49, Michael Bellersen

Seite 51, Michael Bellersen

Seite 51, © Sinisa Botas - Fotolia.com

Seite 52, © jokatoons - Fotolia.com

Seite 55, © Mike Haufe - Fotolia.com

Seite 56, © Peter Schmidhuber - Fotolia.com

Seite 57, Wikipedia, public domain, gemeinfrei

Seite 60, Wikipedia, public domain, gemeinfrei

Seite 63, © air - Fotolia.com

Seite 68, Michael Bellersen

Seite 72, © psdesign1 - Fotolia.com

Bildquellennachweis

Seite 73, TriteStatic, photobucket

Seite 77, © iofoto - 123rf.com

Seite 78, Wikipedia, public domain, gemeinfrei,
    published in the US before 1923 and public domain in the US

Seite 90, © sonne fleckl - Fotolia.com

Seite 90, © Taras Livyy - Fotolia.com

Seite 101, Wikipedia, public domain, gemeinfrei

Seite 105, © GiZGRAPHICS - Fotolia.com

Seite 109, Wikipedia, public domain, gemeinfrei

Seite 112, © Liu Feng - 123rf.com

Seite 113, Wikipedia, public domain, gemeinfrei

Seite 118, Sabrina Harder, www.pixblog.de

Seite 121, Wikipedia, public domain, gemeinfrei

Seite 129, Wikipedia, public domain, gemeinfrei

Seite 139, © adimas - Fotolia.com

Seite 142, Wikipedia, public domain, gemeinfrei

Seite 145, © diez-artwork - Fotolia.com

Seite 147, © duncan1890 - iStockphoto.com

Seite 149, wpclipart

Seite 194, Wikipedia, public domain, gemeinfrei

Seite 216, © ollirg - Fotolia.com

Seite 216, © UryadnikovS - Fotolia.com

Seite 260, Michael Bellersen

Seite 274, oldskoolmann.de (Hintergrund),
    © Sergey Galushko - Fotolia.com (Person)

Seite 277, © rook76 - Fotolia.com

Seite 278, Wikipedia, public domain, gemeinfrei

Seite 284, © Spencer - Fotolia.com

Seite 291, mit frdl. Genehmigung, Allen Garns, www.allengarns.com

Seite 292, © styleuneed - Fotolia.com

Stichwort- und Namensverzeichnis

Über den Autor

Michael Bellersen studierte Physikalische Technik und war lange Zeit in einem internationalen Elektronikunternehmen als Entwicklungsingenieur im Bereich der Halbleitertechnologie tätig, inklusive einem mehrjährigen Auslandsaufenthalt in einem renommierten Forschungslabor. Er war Sprecher auf internationalen Fachkonferenzen und hält mehrere Patente.

Während dieser Zeit wurde ihm bewusst, dass Erfolg - wenn ein Mensch wirklich zufrieden sein möchte - nicht einseitig ausgerichtet sein darf.

Er beschloss deshalb die Errichtung einer Lebensschule, die auf ethischen und ganzheitlichen Prinzipien beruhen sollte.

Während der Aufbauphase erhielt er ein Angebot aus Vorderasien, um ein technisches Pilotprojekt aufzubauen. In diesem Rahmen hat er das ausländische Management beraten, betreute die Ausbildung von Hochschulabgängern und leitete umfangreiche technische Projekte.

Parallel dazu baute er die Lebensschule weiter aus, hielt Vorträge und ließ sich unter anderem zum NLP- und Psych-K-Practitioner ausbilden.

Mit seinen Erfahrungen aus der Lebensschule, den neuen Erkenntnissen aus der Quantenphysik und Gehirnforschung startete er 2009 ein Projekt, das Personen bei der Entwicklung ihres vollen Potentiales und ihrer mentalen Stärke unterstützt.

Im Rahmen dieses Projektes entstand das vorliegende Affirmationsbuch. Basierend auf den neusten wissenschaftlichen Erkenntnissen erstellt er themenbezogene als auch individuelle Affirmationsprogramme und ist aktiv an der Weiterentwicklung eines Ultraschall-Verfahrens beteiligt, wodurch positive Informationen auf alle Körperzellen übertragen werden können.

Besuchen Sie Michael Bellersen auf seiner Internetseite speziell zum Buch: www.affirmation-power.de

Weitere Informationen zum Mindtrainer24: www.mindtrainer24.com